RAYMOND AYNARD

L'ŒUVRE FRANÇAISE
EN
ALGÉRIE

PRÉFACE DE M. C. JONNART
Ancien Gouverneur général de l'Algérie

PARIS — HACHETTE & Cie — 191?

L'ŒUVRE FRANÇAISE

EN

ALGÉRIE

RAYMOND AYNARD

L'ŒUVRE FRANÇAISE

EN

ALGÉRIE

PRÉFACE DE M. C. JONNART
Ancien Gouverneur général de l'Algérie

PARIS — HACHETTE & CIE — 1912

PRÉFACE

Mon cher ami,

VOTRE livre a le précieux mérite d'avoir été vécu. Vos conclusions procèdent d'observations pénétrantes et prolongées, et je ne crois pas que jusqu'ici personne ait mieux fait ressortir la beauté et la difficulté de l'œuvre algérienne.

Cette œuvre admirable dont le génie français peut s'enorgueillir est le résultat d'une longue suite d'efforts et de tâtonnements. Vous avez montré le danger des improvisations hâtives et de l'esprit de système. La pratique seule permet de dégager la solution des problèmes si nombreux et si complexes qui nous sollicitent dans nos possessions africaines. Avouerai-je même qu'après avoir depuis plus de trente ans suivi pas à pas, avec un intérêt passionné, le développement de notre colonisation, je ne me prononce que d'une voix hésitante sur la meilleure réponse à faire à quelques-unes des plus redoutables questions qui se dressent en face de la conscience française. Faire le bonheur d'un peuple, quel plus noble idéal ! Mais il faudrait d'abord définir le bonheur ! Est-ce possible ?

Cependant j'ai éprouvé une des plus vives satisfactions qui puissent être réservées à un homme public. J'ai eu la bonne fortune d'appliquer mes idées, celles que j'avais énoncées aux côtés de Jules Ferry, de Burdeau, et de ce grand administrateur qu'était M. Tirman, et les ayant réalisées, j'ai constaté qu'elles s'adaptaient généralement aux besoins permanents des races qu'il faut à tout prix rapprocher en Algérie. A vrai dire, je n'avais d'autre mérite que de venir après beaucoup d'hommes éminents qui avaient fait de dures écoles, et de m'approprier les enseignements d'un demi-siècle d'épreuves.

L'expérience avait révélé les graves inconvénients du régime de centralisation financière et administrative imposé à l'Algérie, le péril de l'application prématurée aux populations musulmanes de nos règlements et de nos Codes, et la nécessité chaque jour plus impérieuse d'une politique indigène nettement, généreusement définie et venant s'harmoniser avec les vues générales et les desseins de la politique française.

Il est incontestable que le régime de sage décentralisation inauguré il y a douze ans a eu des conséquences fécondes. Outre qu'il a fait pénétrer dans l'âme algérienne le sentiment des réalités et des responsabilités, il a contribué à l'éveil des initiatives et des énergies, à l'épanouissement de toutes les forces vives dans la colonie. Vous avez noté qu'en dix ans les recettes de chemin de fer ont doublé, le commerce général annuel s'est élevé de 500 millions de francs à plus d'un milliard, les plus-values des impôts n'ont cessé de croître d'année en année. L'honneur de ces remarquables progrès revient sans aucun doute au prodigieux labeur de nos colons, mais vous n'exagérez rien quand vous affirmez que la nouvelle charte algérienne n'est pas étrangère à l'essor de leurs entreprises.

Cette charte, il ne faut pas craindre de l'étendre. Une tutelle trop étroite, trop tâtillonne, trop souvent inintelligente des intérêts locaux, risque de paralyser l'action créatrice des colons, d'ajourner ou d'empêcher la mise en valeur des richesses du pays, de détendre à la longue les liens d'affection et de reconnaissance qui unissent la colonie à la métropole. Souhaitons donc l'attribution de nouvelles franchises aux Algériens, l'élargissement de leur horizon, avec une meilleure organisation du contrôle exercé par le pouvoir central.

La complexité du problème indigène apparaît avec une troublante précision dans les pages où vous projetez une vive lumière sur l'Islam immuable et fataliste. Quand il aura saisi les traits distinctifs de la terre africaine, l'originalité de la physionomie arabe et berbère, le lecteur découvrira tout ce qui s'oppose en Algérie à la création d'une âme commune, et justifie l'application de la formule d'association et de collaboration loyale. Jamais la politique musulmane n'a réclamé plus ardemment l'attention des pouvoirs publics. En discutant les mesures qui préparent l'amélioration matérielle et morale des populations indigènes, vous avez mis en évidence ce qu'elles ont de délicat, et exigent de tact, de compétence, de patience et de bonté.

Vous dirai-je enfin l'agrément que m'a causé votre peinture enthousiaste de l'Algérie pittoresque ? Vous avez eu raison d'insister sur le charme et la séduction de notre merveilleuse colonie. Elle est à quelques heures de nos côtes, et elle est encore trop ignorée, trop souvent méconnue. Il faut qu'on y aille, qu'on la juge mieux et qu'on l'aime. Soyez remercié de lui avoir apporté le témoignage de votre attachement et de votre admiration.

JONNART,

ancien Gouverneur général de l'Algérie.

L'ŒUVRE FRANÇAISE EN ALGÉRIE

PRÉLIMINAIRES

A QUOI bon, pensez-vous peut-être, un volume de plus sur cette Algérie, qui a été décrite, observée, pénétrée par tant d'écrivains excellents ? Mais tout n'est jamais dit, et puisque les livres qui, comme celui-ci, ne prétendent qu'à être vrais, ne peuvent rester longtemps exacts, le sujet en est inépuisable.

Dans le fait, bien qu'une foule d'esprits studieux aient élaboré, bien que maints talents aient éclairé ou coloré cette riche matière, tels Fromentin gravant les aspects de cette terre et de ces hommes en des images définitives, Prévost-Paradol annonçant avec un enthousiasme créateur les destinées de notre conquête, Burdeau perçant haut vers l'avenir, à travers l'amas des doctrines, des documents et des textes, la voie de la France africaine, cet objet de réflexions et de sentiments ne nous en semble pas moins nouveau.

On hésite à retracer un paysage trop connu, mais les spectacles humains sont moins durables et se transforment plus facilement sous notre action. Les dépeindre, c'est aussi défendre une cause, et qui n'est jamais toute entendue.

Il y a quatre-vingts ans, la France a jeté de ce côté un peu du superflu de sa force, et de savoir si ce courant sans cesse renouvelé agit ou se perd, s'il refluera sur elle en énergie bienfaisante ou nuisible, la question a de quoi échauffer longtemps notre enthousiasme ou notre critique.

En ce coin de monde, s'agite un grand débat, plus que

(1)

1

national, dans lequel chacun a la parole : c'est pourquoi nous nous sommes hasardés dans les fondrières d'une étude où nous nous heurterons souvent à des compétences discordantes et à des spécialités jalouses, et c'est pourquoi nous réclamons le droit de conjecturer, de généraliser et, s'il se peut, de conclure.

Placé en bon lieu d'observation, nous avons vécu sur cette terre algérienne, sans y dépasser cependant le temps de séjour après lequel on ne sait plus, dit-on, que penser d'un pays. Il nous a plu, après des années accélérées par l'afflux journalier des affaires, de jeter un regard en arrière, de contrôler nos impressions et nos jugements, d'évoquer aussi nos rêves, et l'on ne s'étonnera pas si parfois, écartant du coude les dossiers qui couvrent notre table, nous nous laissons aller à contempler et à songer.

Aussi bien, et la dernière raison sera pour nous la meilleure, nous aimons cette Algérie, et si nous réussissons à la faire aimer davantage, nous aurons tout gagné.

Pour juger l'œuvre de la France en Algérie, nous partirons de ce postulat que les nations ne peuvent vivre indéfiniment côte à côte, en se combattant ou en s'ignorant. Il est inévitable et il est bon que les sociétés agissent les unes sur les autres, comme les individus, mais entre elles les moyens de persuasion sont, hélas ! bien limités. S'il était possible d'amener, par la vertu de quelques apôtres, par des tournées de conférenciers parlementaires, les peuples arriérés à reconnaître l'inutilité de la résistance au progrès, à s'associer librement à leurs frères plus forts, plus riches, plus instruits, pour la lutte contre la nature, pour le mieux-vivre matériel et moral, quelle épargne de sang, d'or, de temps, de larmes parfois fécondes, cruelles toujours ! La contrainte est nécessaire, et si l'on peut s'en affliger, on peut aussi s'étonner de la voir réprouver si fort, en matière coloniale, par des réformateurs qui font de cette même contrainte le premier ingrédient de leur alchimie sociale.

Mais voyons les faits. L'Islam a pris à l'origine, vis-à-vis du reste du monde, une attitude d'irrévocable sécession : d'infidèles à croyants il n'y a de rapports normaux et stables que ceux d'esclave à maître ; seulement, tandis qu'en Orient les races musulmanes, la turque surtout, ont su peu à peu accommoder la religion à la politique et chaque jour entrer davantage dans la famille européenne, le Nord-Ouest africain, rude, fermé, violent autant que faible, non seulement ne laissait approcher les chrétiens qu'à leur honte et à leur péril, mais prolongeait jusqu'au dix-neuvième siècle les brigandages pieux des premiers temps de l'Hégire. Quand nous voyons sur la côte niçoise, monter comme de blanches stalagmites les villages escarpés de la montagne, nous avons peine à croire qu'il y a cent ans il était encore dangereux d'habiter sur cette plage riante où les corsaires de la Régence venaient encore de temps à autre faire des prises et des néophytes à main armée.

Assurément, en 1830, l'âge des vastes pirateries était déjà loin ; quand on lit l'énumération des griefs du Roi Très Chrétien contre le gouvernement du Dey, au moment où le fameux coup d'éventail (1) clôtura la liste séculaire des insolences et des iniquités barbaresques, on peut s'étonner d'y trouver si peu de charges récentes ; quelques bâtiments français molestés ou pillés, une maison consulaire violée, voilà tout le bilan des dix années qui précèdent la rupture. Mais si les faits sont peu nombreux, ils n'en parlent que plus haut : d'une part le trafic entre ces deux pays, si misérablement

(1) La réalité de cet incident a été mise en doute; elle paraît cependant certaine. Un rapport du consul général Deval au ministère des Affaires étrangères, daté de Paris, 26 février 1828 (Archives des Affaires étrangères), qui résume les réclamations du gouvernement du Roi contre la Régence, relate le fait en ces termes : " 30 avril 1827.... en l'accablant d'injures, le Day lui porte (au consul général) sur les épaules plusieurs coups d'un chasse-mouche qu'il tenait en mains ".

réduit qu'il fût à quelque six millions par an, ne pouvait s'opérer sans vexations et sans violences à notre détriment, d'autre part ce gouvernement décrépit se portait aux pires audaces vis-à-vis des puissances les plus redoutables. L'Angleterre, qui avait mis le Dey à sa merci en 1816, était encore obligée de bloquer les côtes de la Régence en 1824 ; l'Espagne était en guerre avec Alger en 1827, à la veille de l'orage français. Rien n'effrayait cet Etat brigand, fort de son ignorance, des basses rivalités entre ses grands adversaires (1), des subsides qu'il arrachait aux petites nations maritimes : " Comment pourrais-je vivre, disait ingénument un dey au consul des Etats-Unis, si j'étais en paix avec tout le monde (2) ?"

Que faire d'un pareil compagnon ? Accepter chrétiennement ses offenses, ou bien perpétuer l'alternance de négociations, de compromissions et de répressions inefficaces qui durait depuis que la France avait une diplomatie et une marine, ou enfin, mettre pour toujours, par un immense effort, le méchant hors d'état de nuire ? Il n'est pas douteux qu'un tel problème ne puisse se résoudre à l'entière satisfaction du moraliste et du philosophe politique ; mais il faut d'abord vivre, et du point de vue de la vie normale, on doit reconnaître que notre pays s'est arrêté au parti le plus franc et le plus courageux. Non sans hésitation, assurément, et c'est notre meilleure justification que la peine avec laquelle le gouvernement de la Restauration s'est décidé à entrer en campagne, la monarchie de Juillet à occuper puis à annexer le pays ; le projet de protectorat sur les beylicats de Constantine et Oran où des princes de la famille du Bey

(1) Un intéressant mémoire d'août 1827 conservé aux archives des Affaires étrangères rappelle que la France de l'Ancien Régime, toute-puissante dans la Méditerranée, avait une tendance à favoriser les corsaires barbaresques qui lui servaient à écarter les marines marchandes des autres nations : " Sire, laissez subsister Alger, disait la ville de Marseille à Louis XIV, ces pirates font toute notre richesse. "

(2) *Ibid.* La même note mentionne que " la Suède, le Danemark, Hambourg payent en munitions de guerre des sommes immenses " au Dey d'Alger.

de Tunis devaient régner sous notre contrôle, puis notre complaisance à laisser grandir le sultanat d'Abd-el-Kader qui, moins agressif, aurait pu subsister longtemps à nos côtés, furent autant de preuves de notre désir de limiter nos responsabilités dans cette affaire.

Cette grande entreprise a été et demeure désintéressée dans son principe ; elle dément la théorie qui rattache à des mobiles de faim et de lucre tous les grands mouvements de l'histoire et en même temps elle lui donne raison. Tout ce qu'elle gagne de noblesse à n'être point mercantile, elle le perd en puissance ; nos erreurs, nos contremarches, nos lenteurs viennent de ce que nous n'étions pas entraînés et éclairés par la vision du bénéfice immédiat. Pour les particuliers pas plus que pour la nation, l'Algérie n'a été un champ d'or. Si rapidement que sa prospérité s'accroisse à l'heure actuelle, il sera moins aisé, pendant bien des années encore, d'y faire une grande fortune qu'en Europe ; d'ici longtemps on y sera davantage attiré par le goût de l'aventure et de la nouveauté que par des chances plus grandes de gain.

Jusqu'à une époque récente, notre France africaine a été une arène pour nos énergies plutôt qu'un placement heureux : il ne faut pas le regretter. Pour un pays, les réalisations rapides ne sont pas le résultat le plus honorable ni le plus sûr à poursuivre : les succès faciles corrompent l'œuvre, surexcitent les appétits du dedans et du dehors. Et puis, pour être plus brillante cette affaire n'eût jamais été matériellement une grande affaire : quelle figure fera jamais ce petit coin d'Afrique auprès du foisonnement, de l'épanouissement énorme d'une Amérique du Nord, d'une Russie, d'une Allemagne ? La beauté de notre œuvre est ailleurs, dans sa difficulté, dans les grands chocs d'idées et de sentiments qui y résonnent et d'où elle essaye de tirer une harmonie supérieure.

L'Algérie a été, est encore une merveilleuse école d'initiative hardie et patiente, de courage et de constance pour notre armée, pour nos administrateurs, pour tous nos créateurs d'ordre et de richesse ; elle a formé, de Bugeaud à Lyautey, une famille de chefs militaires aux conceptions claires et vastes, aussi ardents aux travaux de la paix qu'ordonnés et méthodiques dans les opérations de guerre, généraux à la romaine qui ont ouvert à nos armes des voies nouvelles, aussi nobles et plus larges qu'aucunes autres.

Dans l'œuvre algérienne, il y a mieux que de la gloire, il y a de la vie : pour la comprendre, il faut aimer la vie et l'action, malgré leurs erreurs et leurs duretés, malgré les cruelles surprises de la nature et les âpres luttes des races ; et c'est pourquoi l'homme qui a le plus fait pour ce pays, le gouverneur général Jonnart, est aussi celui qui a le mieux compris la nécessité de l'effort et du risque, qui a prêché avec le plus d'entrain cordial la marche en avant et la foi dans l'avenir.

La France ne peut se tromper en poursuivant cette tâche à laquelle tout la destine, où tous les chemins de son histoire la mènent. C'est ici l'un des chants de cette geste millénaire, commencée à Poitiers il y a douze cents ans, et dont les Croisades n'ont été qu'un épisode. Quelque différentes que soient les images dont s'accompagnent dans notre esprit l'idée d'un héros de la Jérusalem délivrée et celle d'un sous-préfet d'Algérie, la force qui les a portés est la même. Pas plus que nos soldats et nos fonctionnaires, les croisés n'avaient traversé la mer pour aller convertir l'infidèle : seule la sublime confiance d'un François d'Assise ou d'un saint Louis pouvait suivre un instant semblable chimère. Reconquérir le Saint-Sépulcre, protéger les pèlerins, plus tard briser les geôles d'Alger, pacifier et ouvrir ces rivages trop voisins des nôtres, tel fut l'objet avoué des entreprises de l'Occident contre les peuples de Mahomet. Les ambitions et les négoces se taillèrent bientôt leur part, au dixième siècle comme au dix-neuvième, mais l'instinct premier était de nature plus haute.

*
* *

C'est une rencontre grandiose que celle de la France de la

évolution et du vieil Islam affrontés entre l'Atlas et la mer, ïais plus saisissante encore est la vue du combat intérieur ui se livre dans notre propre camp entre les deux grandes endances de l'âme moderne, l'esprit positif à base scienti- que, doctrine de travail et de progrès, établie sur l'obser- ation et l'expérience, et l'humanitarisme tout de sentiment et e rêve, produit inconscient de la pensée chrétienne.

Tout peuple veut s'agrandir aux dépens de ses voisins, mais ce qui distingue le conquérant moderne, le français sur- tout, c'est qu'à peine les armes posées il se prend d'amour pour le vaincu, il veut bon gré mal gré en faire un heureux, ce qui est malaisé, et un ami, ce qui l'est bien davantage. Il s'étonne des difficultés de l'entreprise, et, mal informé des différences foncières qui s'opposent à sa pénétration morale, il s'en prend volontiers à ceux de sa nation, ui sont en contact permanent avec la race soumise et qui, selon lui, s'en font haïr.

Nous aurons souvent maille à partir avec l'idée humani- taire, nous serons obligés de dénoncer l'injustice, de souli- gner la maladresse et le ridicule d'aucunes de ses mani- festations, mais nous n'en reconnaissons pas moins sa force, son sens profond et son efficacité. Il ne servirait de rien de dévoiler la misère de ce qui trop souvent se cache sous ses respectables dehors : jalousie contre les concurrents d'outre- mer qui se guinde à un amour immodéré de l'indigène, avidité de certains défenseurs locaux des orphelins de l'Islam, jeux de l'opposition politique, gloriole des briseurs de chaînes, peu soucieux des maux que leurs victoires sans péril coûteront à ceux mêmes qu'ils prétendent libérer ; il serait vain de confronter les principes et les actes, de se demander comment les partisans de l'expansion coloniale peuvent en même temps vitupérer contre les disciplines imposées à nos sujets, de noter que la sympathie du public français pour l'Arabe ou le Kabyle ne s'est jamais manifestée que par des mots, qu'aucun grand élan de philanthropie ne s'est jamais porté vers eux, même aux heures de détresse, que le Parlement lui-même, tant qu'il a tenu la clef de la caisse, ne leur a jamais fait largesse que de discours. Rien ne vaut contre un tel instinct : ne renfermât-il qu'un atome de désintéressement — et il en contient une large part, — il serait sûr de vivre et de créer. D'ailleurs l'illogisme et l'ignorance ne sont-ils pas le propre du sentiment, levier indispensable de tout effort moral ? Il faut seulement que des hommes de raison, et surtout celui qui concentre la direction des choses algériennes, s'emploient à canaliser ce courant fécond, au lieu de le laisser s'épancher en nuisibles divagations ; la haute administration de l'Algérie a donné en ces dernières années l'exemple de ce que peut le sens politique, uni à la générosité de cœur, pour réaliser cette délicate adaptation.

Ce que les Français veulent du musulman d'Algérie, ce qu'ils désirent pour lui, ce qu'ils aiment en lui, est si complexe, si divers, si confus parfois, si important aussi pour les uns et pour l'autre que cela vaut la peine d'être élucidé.

L'artiste ne lui demande que de rester ce qu'il est, superbe débris d'une des plus anciennes formes de la vie humaine, avec la simplicité libre de son existence, avec ses attitudes, ses mœurs, ses recherches de beauté, avec son costume surtout : seulement cela est impossible. La parure extérieure est ce qui choit tout d'abord dans le déclin d'une société ; bien avant notre arrivée, l'art musulman faiblissait au contact des Turcs et de l'Europe, et depuis lors peu à peu la machine a fait tomber l'outil de l'ornemaniste, a ralenti les vieux métiers, la chimie a corrompu les vieilles traditions là même où, comme au Maroc et en Perse, la civilisation scientifique commence à peine à pénétrer. De toutes les commodités modernes, c'est le bibelot de fabrique, c'est le vêtement européen, c'est la laideur que le musulman accepte le plus vite et le plus volontiers : le chapeau seul est mécréant.

A l'opposé, l'idéologue, l'émancipateur pénétré de cet esprit classique que le génie d'un Taine n'a pu exorciser, aspirent à effacer plus ou moins rapidement toute différence entre ces deux humanités séparées par des siècles d'hostilité et de développement divergent. Ils comptent sans l'avouer sur l'effondrement de la grande muraille, la religion ; et d'ailleurs, qu'importent les obstacles apparents ! Tous les hommes ne sont-ils pas semblables ? N'avons-nous pas parmi nos concitoyens des gens aussi ignorants et aussi fanatiques que le plus arriéré de nos Bédouins ? Et puis ne doit-on pas se fier à la vertu magique du droit ?

Entre ces deux extrêmes, l'opinion moyenne accepte l'évolution lente de ces primitifs, elle se résigne à leur voir acheter des pantalons et des armoires, mais elle voudrait, comme les mères, prolonger pour eux l'âge heureux de la robe et de l'insouciance. Et c'est bien, à tout prendre, ce qui proprement plaît en eux, c'est qu'ils sont enfants : chez eux tout agrée ou tout s'excuse, courtisanerie, forfanterie, fausseté ingénue, défaillances et vices même. L'Européen ne sent pas chez l'Arabe, voire chez le Kabyle, un rival comme le juif, mais un être mal armé pour la lutte moderne, et qu'il faut protéger ; mais comme tout bon Français se méfie de l'autorité, l'ami de l'indigène se double presque toujours d'un réformateur politique, et celui-là même qui comprendra le mieux l'incapacité de ces hommes à se défendre brûlera de les affranchir de la direction qui est leur sauvegarde.

La critique des procédés de gouvernement, voilà sur quoi on tombe le plus vite d'accord. L'administration est inesthétique, elle dresse à tous les tournants du sentier rêveur ses épouvantails en redingote ou en tunique, brandissant des règlements inexplicables ; l'administration est rétrograde, elle veut régner sur un peuple ignorant et muet ; l'administration peut tout contre l'indigène, elle ne peut presque rien pour lui, car elle ne s'en fait ni comprendre ni aimer.

L'accusée répond qu'elle accepte le rôle d'éducatrice qui lui revient dans ce pays plus qu'en aucun autre, mais qu'il faut comprendre les difficultés d'enseigner, là où les moindres classes comptent quelques dizaines de milliers d'élèves ; elle dit que pour se faire entendre et obéir il lui faut quelquefois élever la voix et user de la férule. Au demeurant, elle estime que son premier devoir est de maintenir l'ordre et la puissance française, et qu'ainsi faisant, elle travaille mieux pour l'humanité, pour l'avenir de la race dominée, qu'en lui donnant les moyens de secouer toute autorité et tout conseil.

Enfin, pour compléter la confusion des avis et des aspirations, une dernière école se prononce : c'est celle des Français d'Algérie, des colons. Pour eux, l'indigène est avant tout un auxiliaire de notre effort économique ; le plus grand service qu'on puisse lui rendre est de lui donner du travail, de le mettre, par la transformation du pays, dans la nécessité de renoncer à son existence oisive et trop souvent nuisible. Incontestable vérité où les vues des dirigeants et celles de l'initiative libre se rencontrent dans un désir de paix laborieuse et prospère ; c'est seulement dans la mise en pratique, dans le détail des opérations que le conflit éclate, et que l'administration, obligée de ménager tous les intérêts et tous les droits, entend les voix algériennes faire leur partie dans le concert des critiques. Elle comprend mal, dit-on, la justice vis-à-vis des indigènes, elle ne sait pas maîtriser les éléments malfaisants, elle ne manifeste sa bienveillance à la masse que par des créations ostentatoires et coûteuses.

Au milieu de ce fracas d'opinions, que pensent les principaux intéressés ? En principe, les indigènes sont de votre avis : ils savent qu'il faut répondre à un fonctionnaire en se déclarant satisfaits et à un journaliste en se disant persécutés. Quant au fond, l'homme est un animal mécontent, particulièrement de son maître et plus encore d'un maître étranger.

Plus nous ferons pour nos musulmans, plus leurs aspirations et leurs plaintes prendront de force, jusqu'au jour où peut-être ils rempliront le type du parfait Français, toujours réclamant, toujours censurant, et toujours docile et dévoué, toujours prêt à répondre à l'avertissement du percepteur ou à l'appel du drapeau.

La possibilité de la conquête morale, voilà ce qui fait l'anxieux intérêt du problème, et la beauté du but poursuivi. Il n'est rien de plus émouvant que de voir, près du tombeau d'une nation, un peuple nouveau qui s'éveille, et de chercher dans ces jeunes yeux si c'est la réconciliation qui s'annonce ou la vengeance. Nous avons beau nous raisonner, le souvenir de la morte nous obsède : peu importe qu'elle ait mal vécu et qu'elle n'eût guère chance de vivre quand nous lui avons donné le dernier coup. Son fantôme qui se dresse à tous les tournants de notre route, il serait vain de nous escrimer contre lui, de vouloir le chasser et plus encore de le suivre : nous pouvons seulement apaiser sa mémoire ou plutôt notre souci, en adoptant ses enfants.

Nous avons suffisamment indiqué que, dans ces pages, la plus grande place sera faite à ce qui regarde les indigènes : aucun esprit sincère, nous l'espérons, ne s'y trompera. Personne ne suit avec plus de sympathie que nous les entreprises et les aspirations de nos compatriotes en Algérie, personne ne souhaite plus cordialement leur constant succès, et si, au cours de cette étude, nous considérons surtout en eux les moniteurs du peuple conquis, ce n'est pas que leur cause nous paraisse d'un intérêt secondaire : c'est au contraire, à notre sens, le meilleur point de vue pour en montrer l'importance et la bonté ; c'est par là que leur activité concourt le mieux à l'effort général du pays. Pour être d'un exemple utile, il faut que leur travail soit heureux, et cela justifie d'avance les libertés que nous déclarerons nécessaires aux Français d'Afrique, et les ménagements que nous réclamerons vis-à-vis d'eux.

Avant tout il faut, en tel débat, rechercher où est l'honneur et le bien de la patrie commune, et c'est dans cette pensée que nous examinerons successivement le milieu et les origines du peuple dont nous avons assumé la conduite, les moyens dont nous disposons pour le guider et les résultats probables de notre action.

PREMIÈRE PARTIE

LE PEUPLE MUSULMAN

I

LE TERRAIN. — LES RACES

JETONS un regard sur cette terre et livrons-nous un moment à son charme.

En voyant surgir les images rapides qui ont défilé devant nous sur toute l'étendue de cette scène fastueuse et rude, nous ne pouvons nous défendre d'une ivresse où se mêle le regret de n'avoir pu, voyageur insouciant, nous arrêter plus longtemps dans ces retraites farouches ou devant ces grandeurs paisibles.

C'est la joie de voir, par une lumineuse journée d'hiver, la mer s'effeuiller en écume splendide aux pieds de la ville blanche, tandis que le rivage cendré s'effile à l'horizon et que dans l'azur les cimes neigeuses du Djurdjura s'éveillent. C'est, par les matins d'été, la brume éclatante qui submerge l'étendue marine et, déferlant en vagues fumeuses le long de la côte, inonde la plaine. Ce sont les chauds effluves de juin qui parcourent les ravins du Sahel remplis de verdures denses et brillantes et font osciller dans le ciel glorieux les hampes sombres des cyprès. C'est Alger qui tombe en cascade rocailleuse et claire à l'attaque du flot, reprenant à distance, loin des boulevards et des maisons de rapport, sa figure triomphante et dure de pirate. C'est Tipaza, baie de saphir à l'ombre des cimes, Tipaza, chapelle fleurie de méditation et d'histoire, où les chèvres bondissent parmi les tombeaux des premiers âges chrétiens, où la mer descelle encore les dalles des villas romaines, où l'odeur des vendanges monte parmi les ruines.

Voyez le rougeoiement des coteaux kabyles, dans l'hiver où s'exalte le vert naissant des blés, voyez le court et violent renouveau qui déborde sur les plaines constellées, voyez surtout le grand flamboiement de la saison chaude où la beauté de l'Algérie se livre avec le plus de force et de simplicité. Allez par les chemins quand les épis alourdis tombent sous la faucille, quand le bleu échauffé du ciel fond dans la mer, quand les broussailles sont blanches de clématites, quand les gerbes roses des lauriers s'étalent sur l'or de la grève, dans l'azur. Allez, quand le Tell n'est plus qu'un chaume immense, quand le faux désert se propage, s'élargit comme un vaste arc-en-ciel fauve, rosé et bleuissant, allez respirer l'ardeur patiente de la terre qui attend sous le soleil brutal l'heure de la fécondité. Quand même le sirocco soufflerait ses parfums embrasés dans les vallons, allez par les forêts crépitantes de chaleur, parmi les chênes pâles, les herbes blanchies et les genévriers bleus, parmi les pins dont la merveilleuse verdure s'exalte au sein de l'espace décoloré. Allez sur la côte constantinoise chercher les vallées boisées qui s'ouvrent sur la mer, larges conques pleines de feuillage, de brume et de mystère ; allez voir du haut des pentes violettes du Dahra la mer flamber au couchant et, par-dessus la plaine évaporée, s'exhaler, fantôme grandiose, le sommet tricéphale de l'Ouarsenis, l'Œil du monde....

Quittons la gloire de ce rivage, trop proche encore du nôtre, allons aux visions plus larges et plus simples du Sud. Voici que la grande prairie nous entoure et nous entraîne, le haut plateau revêtu de sa verdure invariable et sourde, de ses pâles champs d'alfa et de guettaf. C'est là qu'il faut s'attarder, c'est là qu'il faut se laisser bercer par les heures à l'amble de sa monture, en comptant les crêtes monotones qui jalonnent le chemin, en suivant des yeux les arabesques de l'alfa, les jeux des nuages qui animent la mer des herbes, ou bien une caravane lointaine qui fait briller quelques points palpitants et scintillants dans l'étendue glauque, ou bien, là-bas un vol de khangas, qui s'allonge, se ramasse, s'efface et reparaît, flottant comme un hydre ténu dans l'air limpide. C'est là qu'on peut goûter la caresse de la brise nue, de ce souffle qui nous arrive, allégé de tout bruit, et qui nous enveloppe avec l'immense herbage, de repos, de continuité et de silence....

La lumière est douce et fine, et sur le soir seulement, un sommet parfois s'allume, tison oublié dans les cendres de l'orient.

Pourtant le steppe finit, et maintenant, au détour d'un couloir de sable et de roche, apparaît l'oasis, Laghouat jetant parmi les palmes la neige rosée de son printemps ou l'or de son automne, Laghouat gardant malgré les bâtisses d'ingénieurs qui la couvrent une fierté de princesse du désert ; et du haut des bornes rongées de soleil qui la dominent, pour la première fois, l'immensité se déclare....

Ces tableaux se succèdent comme les âges d'une vie agitée et forte que le temps fait par degrés plus ample, moins féconde et plus calme, jusqu'à la paix sans limites.

Cette terre a quelque chose de plus grand, de plus profond que la nôtre, et la vie comme la mort y parlent plus à l'aise. Montons aux cèdres de Teniet el Hâd : c'est ici le temple de la durée. Du haut de leur citadelle, les arbres géants voient depuis des siècles la plaine verdoyer, jaunir et se dépouiller, avril jeter ses voiles d'or et d'azur à leurs pieds, les vieux chênes verts eux-mêmes blondir puis grisonner sous le poids de l'été, puis la neige s'amasser dans les replis profonds de la montagne ; depuis des siècles, ils étagent leurs dômes bleus, ils emplissent les ravins de leur grave assemblée, ils étendent sous les frimas et sous les feux leur geste d'apaisement. Une senteur pénétrante flotte sous leur ombre, évocatrice des demeures incorruptibles de l'Éternel, et rien ne rappellerait qu'il faut mourir, si les débris monstrueux d'un tronc abattu ne venaient obstruer le sentier, tordant vers le ciel ses branches énormes, d'où parfois un arbre nouveau s'élance.

Pourtant, hélas ! leur race antique est menacée : là-bas, dans l'Aurès, leur temple est celui de la destruction. Les cèdres qui gravissent les pentes en gradins d'émeraude sombre ne sont plus que les vestiges d'un palais dévasté. Du haut du Chélia, on voit se dresser une futaie blanche d'arbres desséchés, hauts et roides comme des combattants qui seraient restés debout après la mort. Mille autres sont gisants et s'effritent lentement, allongés sur leur lit de pierres que l'eau torrentielle a rendu pour toujours stérile ; d'autres s'accumulent, s'enchevêtrent au loin, misérables brindilles, vieilles grandeurs confondues dans l'oubli. Un immense horizon s'élargit et se drape dans la cendre et, si l'on y cherche quelque trace humaine, on n'en peut distinguer qu'une, et c'est une ruine, Timgad.

Et si cette mort vous paraît encore trop vivante, allez plus loin encore chercher l'immuable, la dune, mer immobile déployant à l'infini sa tempête gracieuse et molle, la dune envahissante et paisible ouvrant pour des races innombrables ses lits d'ombre légère, le linceul changeant de son sable éternellement pur....

Ce pays respire la rêverie et la conquête, la fécondité et la destruction, la quiétude et l'imprévu ; il est neuf et plein de passé ; il est fait de contrastes entre de vastes ensembles qui pourtant se pénètrent et se confondent.

L'homme y tient peu de place apparente ; aussi bien que dans l'Egypte surpeuplée, l'enfant de la terre se tasse et s'efface. A part les grandes cités et les gros villages kabyles, les agglomérations sont à peine visibles, petites villes européennes enfouies dans les plantations urbaines ou bien amas de gourbis qui se confondent avec la terre.

L'imprécision des limites entre les choses, entre les champs et la forêt, entre les diverses cultures, entre les pâturages et la brousse y est frappante, si bien que la seule comparaison de cette nature avec les correctes géométries de la campagne française fait pressentir des différences plus profondes.

La structure même du sol est vague dans le détail ; les rocs, les arêtes vives y sont rares, la montagne y apparaît comme une succession désordonnée de vagues croulantes, la plaine ondule ou fuit à l'aventure, faute d'un cours d'eau qui la dirige.

Sécheresse, absence d'arbres, voilà ce que le voyageur le plus hâtif ne peut manquer d'observer, et pour peu que son automobile, partie par un clair soleil, ait été arrêtée dans les steppes par une tourmente de neige, ou par une inondation dans le Tell, pour peu qu'il ait respiré dans la même journée le brouillard et le sirocco, il emportera une impression assez exacte de la rudesse et de l'instabilité qui se mêlent à la grâce sauvage de cette nature.

Si l'on s'abstrait des paysages et qu'on jette les yeux sur une carte d'Algérie, on n'y trouve pas moins de confusion. A côté du bel ordre de la France géographique qui développe comme les actes d'une pièce classique les clairs bassins de ses fleuves autour du Massif central, voici la grossière division en trois bandes longitudinales, le Tell, les Hauts Plateaux et le Sahara, si enchevêtrés qu'on les reconnaît moins à leur situation et à leur apparence qu'à leur climat. Rien n'y est écrit nettement que l'opposition entre la montagne et le plat pays, et aussi la grande direction d'est en ouest, celle qu'ont suivie les grandes invasions et les longues actions dominatrices, hormis la nôtre.

Puis, on remarque bien vite ce qui manque d'essentiel à ce pays, les moyens de pénétration commerciale et de communication interne, savoir les ports naturels et les cours d'eau. La tempête monte la faction devant le rivage pendant la moitié de l'année, de même que les pluies et les crues d'hiver ferment la montagne. Faute de routes solides et de fleuves, les nomades et les sédentaires qui, malgré leur hostilité naturelle, ont besoin les uns des autres, ne peuvent échanger leurs produits, huile contre grains, blé contre dattes, que par le moyen lent et coûteux des caravanes, cause constante d'oisiveté, de déprédations et de querelles.

Dès lors nous déchiffrons sans trop de peine, sur le grimoire de l'atlas, en nous aidant, comme tout bon devin, de la connaissance du passé, la destinée de ce pays âpre et instable, divisé, anarchique, facile à envahir et difficile à tenir.

Quelle race s'est donc formée là, parmi les embûches du climat et de l'homme, entre les disettes et les moissons prodigues, dans le fracas des rixes et des grands soulèvements ?

Les voici qui vous regardent passer, drapés dans leurs guenilles, dans leur attente imperturbable du siècle à venir, de la revanche en ce monde et dans l'autre ; les voici accroupis sous le toit de branchages d'un café maure, silencieux ou bien dévidant des conversations telles que si vous repassez à la fin de la journée, vous retrouverez les mêmes interlocuteurs et la même discussion. Les voici, foulant la poussière ou la boue de leurs plantes souples et rapides, les deux mains accrochées à leur bâton vers les épaules, les voici battant indolemment de leurs jambes les flancs de leurs ânes maigres ; ils affluent sur les marchés les mains vides, s'échauffent à des affaires de quelques centimes, et reviennent le soir en répétant des nouvelles étranges. Voyez ceux-là qui surgissent de la campagne déserte, accourent au moindre bruit, s'assemblent pour des commentaires infinis, et puis se dispersent pour annoncer l'événement, pour crier ou psalmodier une phrase obscure qui rebondit de colline en colline, apprenant aux innombrables initiés ce qu'il faut savoir. Voici les enfants gais et sordides, obscènes et gracieux, crachant parfois l'injure que leurs pères mâchonnent sur le passage du chrétien ; voici les femmes qui se traînent en fléchissant sous les fardeaux, ou qui piochent en portant sur leur dos un enfant ployé et serré comme dans le sein maternel. De Louqsor au pays kabyle, ce sont les mêmes porteuses d'amphores qui s'en vont solennelles ou rieuses, à la fontaine ; ce sont les mêmes vieilles, les mêmes réprouvées, avec les dures cassures de leur masque, avec les yeux d'astuce et de mauvais sort, avec leurs faces immuables, images de servitude et de misère éternelles.

De Bagdad à Marrakech, ce peuple musulman nous offre des aspects comparables qui émeuvent en nous les mêmes fibres. " Scènes bibliques ", telle est la rédite par laquelle le voyageur cherche à rendre son impression, aussi bien devant les faciles enfants de l'Égypte que devant ceux de la grave Palestine ou de l'âpre Moghreb. Et de fait, il y a bien quelque chose de commun entre ces êtres si différents, c'est la simplicité de la vie et du costume, la puissance expressive de l'attitude et du mouvement, qui font surgir en nous les souvenirs et les rêves des grands âges merveilleux.

Mais ne sût-on rien de Rebecca ou de Booz, on admirerait la généralité et la grandeur de ces tableaux. Cet homme qui se repose dans la chaleur du midi, le bras au front, la main au cœur, semble dormir pour tout le genre humain ; c'est l'éternel moissonneur interrompant son vain travail pour s'élever dans une rêverie divine ; cette femme à demi cachée derrière les trames, semble tisser le vêtement de noces de l'humanité ou son suaire ; voyez ce vieil homme défendre sa cause : quelle flamme, quelle assurance de parole, quels serments, quels gestes à ses lèvres, à son front et à son cœur, que de preuves dans ce visage vénérable, dans ces grands chemins de vérité qui descendent de ses yeux et qui entourent sa bouche, quel témoin de l'universelle injustice ou quel beau parjure ! Et celui-là qui se prosterne devant le désert, quels vastes échos ne réveillera pas sa prière silencieuse ?

Les gens d'Europe, ceux mêmes qui ont conservé le mieux l'allure des vieux temps, ne nous reportent jamais bien loin dans le passé ni dans l'imaginaire : ils expriment toujours l'effort de la vie réduite et transitoire. Aux méridionaux, nous trouvons du pathétique, rarement de la noblesse. Les races sauvages, la noire surtout, nous égaient et nous attachent par leur force et leur exubérance d'enfant ; les jaunes nous apparaissent comme des vieillards avisés, inquiétants, impénétrables. Seul l'Islam, dans son domaine le plus ancien, nous offre une humanité primitive, parente et très distincte de la nôtre, qui nous attire et nous fait souci, que nous respectons et dont nous sourions comme d'une sagesse surannée.

Mais si l'on ne s'en tient pas au premier contact, si l'on ne considère plus ces êtres comme des statues ou des symboles, que voit-on en eux de particulier et qui leur soit commun à tous ?

Ce qu'on observe d'abord chez presque tous les habitants de cette longue zone qui borde les déserts depuis l'Altaï jusqu'à l'Atlantique, c'est le travail faible ou intermittent, et la facilité avec laquelle l'apparence tranquille et grave fait place à une agitation violente de colère, d'émotion ou de joie. Leur norme paraît être l'irrégularité du rythme vital. L'Égyptien lui-même, type de la passivité, étonne par l'éclat soudain de ses querelles bruyantes, souvent brutales. Le Kabyle laborieux rentre dans la règle par l'oisiveté familiale qui succède longuement à son labeur d'émigrant. Du Persan et de l'Hindou jusqu'au Marocain, les musulmans les plus dissemblables ont bien ce même trait.

Ce qu'on retrouve aussi chez eux, partout où ils sont livrés à eux-mêmes, c'est l'incurie publique et privée, l'inexactitude, une certaine allure tortueuse, qu'il s'agisse de tirer une ligne, d'attaquer l'ennemi, d'appliquer une règle ou de relater un fait. Le goût de la ruse, de la dissimulation, de la tromperie, est inné chez ces peuples comme chez tous les êtres primitifs ou passifs. Leurs idées sur l'honneur sont à l'opposé des nôtres : l'avarice leur est plus honteuse que l'improbité ; la faiblesse qui pardonne est pire que la lâcheté qui se dérobe ; le combat singulier que les Germains nous ont appris semblerait ridicule et inopportun à un Arabe offensé, mais il tirera de l'outrage, peut-être par simple complaisance pour l'opinion, une vengeance plus dangereuse pour lui-même que la plupart de nos duels. Là comme dans la tactique de leurs armées, identique depuis le temps des Parthes et de Jugurtha, c'est la lutte ouverte, l'attaque de front qui répugne à ces races ; hormis la turque, elles n'ont fourni de soldats patients et solides que sous des chefs étrangers.

Cette même discontinuité de l'énergie se traduit dans le domaine intellectuel par le désordre, l'imprécision et la paresse d'esprit ; par là ils commencent à se distinguer nettement de leurs voisins méditerranéens, plus aptes aux combinaisons d'idées, aux recherches scientifiques, à la composition esthétique ; ils ne sont pas inventifs ; leur préférence va aux notions et aux formes toutes faites.

Leur philosophie, vite étouffée, s'est bornée à exploiter Aristote sans y trouver les brillantes sources de controverse que notre Moyen Age en a fait jaillir ; leurs théologiens, aussi subtils que les nôtres, n'ont jamais élevé de monument comparable à une Somme de saint Thomas ; leur science n'a guère dépassé la mathématique pure qui enlève, par ses définitions rigoureuses, toute possibilité de s'évader du sujet.

Leurs penseurs les plus puissants, comme Ibn Khaldoun, n'échappent pas à la confusion et à la répétition, vices invétérés de cette lignée intellectuelle.

Ceux qui se rapprochent le plus de nous, les Persans, ne savent guère mieux enfermer leur pensée, leur rêverie ardente, leurs spéculations audacieuses dans des formes arrêtées et cohérentes. Seuls ils se sont quelque peu essayés au drame et à la peinture, ces visions ramassées et précises de la vie, étrangères même avant l'Islam aux Berbères, aux Turcs et aux Arabes. Ceux-ci du moins ont créé un art, leur poésie, et qui vaut que l'on s'y arrête, car c'est chez elle que le fond de cette nature d'esprit se montre le plus à plein, surtout dans les œuvres antérieures à la grande refonte de ces peuples par Mahomet.

Peut-être nous trouvera-t-on audacieux de raisonner sur des ouvrages si anciens, si obscurs, qui, d'après les données de l'érudition, ne nous sont pas parvenus dans leur texte primitif (1). Mais d'abord, si le détail littéral en est extrêmement ardu, si très peu de savants, même en Orient, sont capables d'y goûter le choix des mots, le raffinement de l'expression et des tours, par contre le sens général, les indications et les tendances en sont parfaitement clairs. D'autre

(1) Voy. René Basset, *la Poésie arabe antéislamique*, p. 53 sq., et aussi Derenbourg, *le Diouan d'En Nabigha*, introduction, p. 62 sq.

part, ces morceaux fameux dans l'histoire littéraire des Arabes, ces *moallaqahs* que, suivant la légende (1), on conservait dans le sanctuaire de la Kaaba, à la Mecque, comme le témoignage de la perfection d'un art essentiellement national, fussent-ils très déchus de leur forme première, n'en sont pas moins des modèles admirés et fidèlement imités depuis quelque mille ans, donc des témoins de la tradition.

C'est ici le premier trait, et non le moins remarquable de cette école poétique, un attachement immuable à des formes une fois tracées. Dans toutes les littératures, le choix des sujets est très limité, mais dans aucune autre, à notre connaissance, on ne trouverait rien de semblable à la *Qacida*, à ce poème qui commence invariablement par l'arrivée de l'amoureux sur le campement abandonné par sa belle et par un message chanté à l'adresse de l'absente (2). La tradition est si forte que nous voyons la moallaqa de Harith (3), véritable discours politique, débuter par une invocation à la bien-aimée et que douze siècles après les vieux aèdes de l'Yémen, les chanteurs populaires de l'Algérie n'ont pas modifié cet exorde, dussent-ils le rajeunir

(1) Les moallaqahs étaient censées avoir été écrites en lettres d'or sur des étoffes précieuses et suspendues dans la Kaaba pour être conservées à la postérité. Cette légende, battue en brèche par l'érudition moderne, viendrait d'une fausse interprétation du mot *moallaqat* qui signifie " suspendues ", mais qui peut aussi vouloir dire " les colliers ", titre fréquent parmi les recueils de poésie arabe. (Basset, *Ibid.*, 77 à 81).

(2) " La poésie, dit Ibn Khaldoun (*Prolégomènes*, tr. de Slane, t. III p. 374 à 376), est un discours... ayant une marche réglée d'après les formes particulières que les Arabes lui ont assignées. ". Sinon " c'est seulement une sorte de discours versifié ". Et il observe que ce caractère " marque la distinction entre la poésie des Arabes et celle des autres peuples ". Il indique également (*Ibid.*, p. 369 à 371) les figures et les tournures que l'on peut employer, les sentiments qu'il est permis d'exprimer en poésie. Ainsi " on peut se montrer accablé par la gravité d'un événement,... on peut reprocher aux choses inanimées leur insensibilité ", parce que des poètes de la bonne époque en ont donné l'exemple.

(3) Caussin de Perceval, *Essai sur l'histoire des Arabes avant l'Islamisme*, t. II, p. 366.

en priant le télégraphe de porter leurs soupirs à la fugitive (1).

Tous les poètes ont chanté l'amour, mais nulle part, semble-t-il, ils ne l'ont exploité d'une façon aussi régulière et aussi étrange. On le trouve, et sous l'aspect le plus profane, là où il n'a que faire, dans les chants religieux, dans les prières funèbres ; par contre, là où il devrait régner en maître, il n'apparaît guère que comme un accessoire (2), ou bien il se montre sous un aspect bien typique de forfanterie, de langueur et de crudité ingénue. Ainsi, dans la pièce célèbre qu'Imrolqaïs consacre à son amante (3), et qui répond bien à notre conception d'une élégie amoureuse, on trouve avec des plaintes délicates et touchantes l'évocation des passions heureuses d'antan, ingrédient obligé de la qacida, mais particulièrement bizarre en cet endroit : après l'avoir vu lutiner une amie dans son palanquin, au risque de la faire choir de sa monture bossue, ce n'est pas sans étonnement que nous entendons le poète, entre deux lamentations, se vanter d'avoir séduit de jeunes beautés qui tenaient leurs nourrissons dans leurs bras ou qui portaient dans leur sein le fruit d'autres amours. Puis, après une belle invocation : " J'ai dit à la nuit : Fais enfin place à l'aurore, quoiqu'elle ne doive pas me rendre plus heureux. Mais les étoiles immobiles semblaient attachées aux rochers par d'invincibles liens ", voici que le jour paraît, et la pensée de son cheval, des belles antilopes sauvages fait tout oublier à l'enfant du désert, l'espace s'ouvre devant lui et le chant d'amour se termine par une description brillante, toute moderne dans son pittoresque, d'un orage saharien qui fait renaître la verdure et éclore les fleurs " comme un marchand du Yémen, à la halte, déploie mille étoffes variées ".

Dans la poésie arabe, amoureuse ou autre, la digression est d'ailleurs de règle, autant que l'ordonnance des idées dans la nôtre.

(1) Sonneck, *Chants arabes du Moghreb*, p. 212 et 213.
(2) Dans la moallaqah de Tarafa, l'éloge de la favorite tient quatre vers, celui de la chamelle du poète, trente-quatre.
(3) Caussin de Perceval, *Ibid.*, t. II, p. 302 sq.

La première inspiratrice de ces virtuoses minutieux, ce n'est ni la passion, ni même la sensualité, bien qu'elle tienne une place notable dans ces manifestations pour ainsi dire officielles des sentiments de la race, c'est la fierté sous toutes ses formes, l'orgueil de famille et de tribu, la générosité, le goût du faste, de la vie libre et aventureuse, enfin et surtout la vaillance.

Avec quelle superbe fougue Antar (1) passe de l'image d'Abla, mollement étendue sur sa couche tardive, à la vision des combats : " Mon lit à moi, c'est ma selle ! ", de la peinture d'une oasis fleurie " où le bourdonnement de la mouche résonne comme les gais fredons d'un buveur " à un récit guerrier où il abat un ennemi " dont les vêtements paraissaient envelopper un grand arbre plutôt qu'un homme ", d'un court gémissement d'amour à une pensée pour son cheval blessé ; " de tous côtés on criait Antar ! et les lances plongeaient dans le corps de mon coursier noir comme les cordes dans un puits ".

Quelle ardeur, quelle jactance à parler de leur valeur ou des exploits de leur tribu ! Ecoutez cet autre (2) : " Nous couvrons de nos combattants la terre trop étroite, nous couvrons les eaux de nos navires ; à nous appartiennent le monde et ceux qui l'habitent ; notre force ne connaît pas d'obstacles. A peine nos enfants sont-ils sevrés que les plus hautains se prosternent devant eux. " Hyperbole vraiment prophétique de ce barde d'une pauvre peuplade dont les fils devaient conquérir un monde.

" Lion dans la bataille et printemps bienfaisant du pauvre ", voilà la devise du chef et du poète, et ce Tarafa qui déclare aimer trois choses : " le vin, voler au secours d'un homme en danger, et pressser dans ses bras les jours pluvieux, sous une tente élevée, une beauté aux riches contours ", se vante d'être généreux autant que brave, et il ajoute avec une

(1) *Ibid.*, p. 521 sq.
(2) Moallaqah d'Amr ibn Colthoum. *Ibid.*, p. 384.

grâce mélancolique : " Le tombeau de l'avare et celui du prodigue ne diffèrent point ; ce sont deux petites buttes de terre recouvertes de pierres plates. "

Exploits, jouissances, folles largesses, jamais l'idéal des aristocraties de tous les temps ne s'est affirmé avec plus de franchise et d'éclat que chez ces Bédouins batailleurs, riches de mots d'ancêtres et d'air libre. Et c'est bien encore le modèle de vie que se proposent nos Arabes d'Algérie depuis le plus glorieux des bachaghas jusqu'à l'humble fellah prompt à gaspiller en bombances le produit d'une belle récolte et à faire parler la poudre pour défendre son bien ou son honneur.

Une autre caractéristique moins flatteuse, mais aussi vivace, est le mélange de fanfaronnade et d'humilité qui est commun à la plupart des sémites. Un des plus célèbres de leurs vieux chanteurs, En-Nabigha, avait mérité le titre de " poète des excuses ", tant il excellait dans les palinodies.

Malgré l'étrangeté de certains traits, l'impossibilité de saisir le rapprochement qui se produisait dans ces cerveaux entre certaines sensations subtiles de la vie du désert, malgré la platitude, le vide inexplicable de plus d'un passage, on ne peut s'empêcher de trouver une riche saveur à ces créations sorties toutes vives de ce sol brûlant, sans que nul germe étranger soit venu s'y mêler. Curieux produit de l'esprit que ces chants de chameliers incultes, soucieux avant tout d'assembler des mots rares en des mètres savants, d'observer scrupuleusement la pureté d'une langue prodigieusement compliquée ; peu leur importe, semble-t-il, ce qui doit remplir ce vase précieux, images consacrées ou figures imprévues, maximes ou rêves de plaisir, pensées, désirs et peines ou bien les plus banales impressions de leurs jours monotones. Par là même cet art est le moins apprêté, le plus révélateur de l'être qui fut jamais, car toute idée y est, si l'on peut dire, accueillie comme elle vient. On y retrouve aussi les qualités et les défauts intellectuels de ce groupe ethnique, l'extrême raffinement du détail dans un cadre invariable, avec le manque d'invention et de liaison.

Dans leurs récits même défaut d'ordre, sinon d'imagination : ils sont infinis, aussi bien les romans épiques d'Antar ou d'Abou Zeid, encore si populaires dans le peuple du Caire, que les Contes des Mille et Une Nuits où l'enchevêtrement des folles histoires inachevées devient une grâce. Notons d'ailleurs qu'il nous faut aller chercher en Orient ces grandes narrations. Tandis que l'Egypte a été, depuis les Pharaons, le pays des conteurs, le Moghreb a toujours été d'une pauvreté remarquable à cet égard. Ces hommes si sujets à conformer la vérité à leurs préférences, ne savent point se jouer dans la fiction désintéressée.

Dans les autres arts, aussi peu de hardiesse à créer, de facilité à renouveler, d'aptitude à concevoir un ensemble, et même richesse inépuisable dans le développement.

L'architecture mauresque ne présente jamais l'ordonnance imposante et claire des constructions égyptiennes ou gréco-latines, ni l'harmonie riche et savante du moyen âge français ; elle nous séduit par le jaillissement et la souplesse des lignes, par les délices du détail ornemental, plein de fortes oppositions et de nuances exquises, par l'expression de recueillement intense que donne la beauté tout intérieure de ses monuments. Ces artistes ont brodé à l'infini pendant des siècles sur les motifs peu variés des arabesques, comme les docteurs de l'Islam sur quelques versets du Coran, sur quelques paroles du Prophète.

Nous reprendrons ce sujet et nous retrouverons plus d'un trait de la race dans les caractères du monument et de la maison de ces pays.

La musique orientale, autant qu'un profane puisse en parler, apparaît comme à l'opposé de nos idées de composition, de choix d'un thème et d'adaptation des sons à la parole. Elle n'est évidemment pas sans règles, non plus que celle des oiseaux, mais on la dirait intermédiaire entre le savoir du rossignol et le nôtre. Il est permis aussi de retrouver dans ces mélodies traînantes, dans ces accélérations soudaines, dans ce rythme saccadé, dans ces finales brusques et comme exténuées, l'énergie intermittente et désordonnée qui fait le fond de ces êtres.

La danse enfin, qui tient si fort aux instincts d'un peuple, reproduit dans ces pays des formes anciennes et peu variées ; elle n'a jamais recherché de combinaisons complexes comme celles de nos menuets ou de nos ballets. Elle n'a rien de la fougue espagnole ; elle s'inspire généralement d'une sensualité froide et brutale, sauf dans l'art de certaines tribus, comme les Ouled Naïl, dont les femmes sèment si légèrement, de leurs mains allongées, de leur doigts agités d'un fluide secret, les vieux philtres mystérieux.

Venons maintenant aux manifestations les plus importantes et les plus durables du tempérament ethnique, aux institutions et aux mœurs. L'inconsistance du caractère et la stabilité des traditions, qui marquent leurs actions extérieures et les productions de leur esprit, s'affirment davantage dans la constitution des groupements sociaux, famille, tribu, Etat.

La première, dès avant l'Islam qui a limité le nombre des épouses et donné quelques garanties à la femme, était fondée, dans ces nations, sur la souveraineté du père et de l'époux, sur la polygamie et le droit marital de répudiation. Dans toutes les vieilles sociétés tournées vers le passé, le chef de famille, représentant de l'ordre et de la continuité, attire et sacrifie tout à lui, tandis que dans notre monde travaillé de changements, vivant pour l'avenir, l'enfant est tout, le souci de l'enfant absorbe tout, au point de mettre en péril cet avenir même. Tandis qu'on voit chez nous de vieux parents peiner jusqu'à leur dernier jour pour défrayer l'oisiveté de leur progéniture, en Orient comme au Moghreb, le fils à peine adolescent supplée le père dans son travail ou subvient à ses besoins. L'homme jeune se résigne d'autant plus facilement à cette sujétion que le mariage viendra de très bonne heure lui fournir des aides et des serviteurs.

Il ne faudrait pas d'ailleurs rapetisser le sentiment filial de ces races : en dehors de la crainte, de la paresse d'esprit et de corps qui enchaîne l'enfant au foyer et l'empêche d'aller chercher ailleurs une vie plus large et plus libre, il existe pour lui d'autres raisons d'obéir ; c'est un côté bien attachant de ce caractère que l'aptitude à servir avec cœur, à se dévouer corps et âme au maître donné par la nature ou par le hasard, père, aîné, grand de la tribu ou chef militaire. Instinct presque animal chez les plus humbles ou forme de l'esprit religieux chez les plus nobles âmes, c'est à coup sûr un penchant important qui actuellement fortifie notre armée indigène, qui pourrait être canalisé au profit de notre action administrative et politique et qui sera sans doute exploité quelque jour par les coteries électorales ou par le mouvement ouvrier.

L'esprit de soumission et de sacrifice a malheureusement pour revers les abus de l'autorité. Vis-à-vis des fils, la puissance paternelle n'a rien d'exorbitant : si loin que l'on remonte dans le passé de cette civilisation on ne retrouve guère les traces sanglantes d'une paternité à la romaine, portant droit de vie et de mort sur l'enfant mâle, droit de le vendre comme esclave ou de s'approprier le fruit de son travail. Une seule marque de la servitude primitive a subsisté, le *djebr*, le droit de marier les impubères sans leur consentement ; mais la facilité pour le mari enfant de répudier sa femme, dès qu'il atteint l'âge de convoler, rend inoffensive cette survivance des vieilles tyrannies, et puis, chez les musulmans, l'homme n'est pas de bonne vente dans le mariage.

Les filles au contraire sont demeurées bétail et marchandise comme dans l'ancien temps. Sans doute la loi coranique et la tradition ont beaucoup fait pour améliorer leur sort ; jadis en Arabie, on les supprimait fréquemment à leur naissance, comme les petits mal venus d'une portée ; enfants ou nubiles, elles pouvaient être vendues contre leur gré à un époux, et elles n'avaient aucun droit à la succession de leurs parents. Le Livre Saint leur donne une part égale à la moitié de celle des héritiers mâles du même degré et décide que la dot, prix de l'union, sera versée à la femme et non au père. Mahomet n'ayant pas de fils, donne l'exemple alors presque scandaleux de la tendresse pour sa descendance féminine, consulte sa Fatima avant de lui donner Ali pour époux, essaye d'atténuer le droit de *djebr*. En fait, une partie seulement des intentions du législateur sacré a été réalisée ; la musulmane, devenue héritière, est restée maîtresse de ses biens, mais elle ne l'est guère de sa personne ; elle peut encore, du moins dans l'Afrique du Nord, où l'interprétation malékite, la plus rigoureuse, a triomphé, être livrée à son corps défendant à un mari quelconque, pourvu qu'il ne soit pas " fou, esclave, infidèle, lépreux, éléphantiasique ou nègre ". Elle pourra seulement, sauf exceptions, se remarier librement. En fait de dot, elle a bien en théorie droit au prix du marché qu'on a fait d'elle, mais dans la pratique elle est bien souvent hors d'état de le réclamer, et d'ailleurs comment empêcher le père ou le tuteur de se faire payer sous main son consentement, tout en versant pour la forme une somme modique à l'épousée (1) ?

Le Kabyle, plus franc, s'approprie ouvertement la dot de la jeune fille. Obstinément fidèle au droit primitif, il n'admet presque jamais que la femme puisse disposer d'elle-même, comme il a, par une semblable violation de la loi coranique, maintenu l'exhérédation des femmes.

Le mari, ayant acheté sa femme ou lui ayant payé la dot, a logiquement le droit de s'en défaire à son gré : c'est dans la répudiation, plus encore que dans la polygamie, coûteuse et relativement rare, qu'il faut chercher la norme la plus générale et la plus ancienne de ces mœurs. On ne saurait exagérer l'importance de ce point : c'est ici que l'action du tempérament impulsif a été la plus pressante, c'est par là qu'il a saisi tout l'organisme social, qu'il l'a formé et dévié définitivement. La possession de femmes plus ou moins nombreuses est le but licite, le principal peut-être du plus

(1) Parfois l'exploitation se double de l'escroquerie, et l'on voit en Algérie des pères besogneux, grâce à l'absence de publicité du mariage musulman, vendre simultanément leurs filles à plusieurs maris.

grand nombre, des riches comme des pauvres, des vieux comme des jeunes, et l'on admirerait même que ces peuples ne fussent pas tombés dans l'antique promiscuité, si l'on ne songeait aux freins ordinaires d'un instinct si puissant, l'habitude, le sentiment paternel, la crainte des querelles et des vengeances, et surtout la pauvreté ou l'avarice. Aussi le Kabyle renvoie-t-il sa femme plus facilement encore que l'Arabe, parce qu'il obtient ainsi le remboursement de la dot qui lui permet d'acquérir une nouvelle épouse.

Quant aux enfants, la mère en a la garde, en droit coranique, et peut théoriquement s'en faire payer l'entretien, mais les commentateurs du Livre ont dispensé de cette obligation le père indigent, aussi sagement que le roi renonçait à ses droits là ou il n'y avait rien.

On entrevoit ce qui peut rester de l'institution familiale, quand la maison du mari devient un lieu de passage pour des hôtesses diverses qui emportent du jour au lendemain, avec leurs hardes et leurs coffres, les fruits d'une brève union, quand la tente paternelle s'ouvre périodiquement à la fille répudiée et à sa progéniture chaque fois accrue. Quelle misère, quel abandon dans la plupart des cas, quelles jalousies et quelles haines, quelles complications dans les règlements d'intérêts ! Et l'on peut mesurer l'étendue réelle du dommage au nombre des divorces qui s'élève, pour les musulmans d'Algérie, au tiers de celui des mariages, tandis qu'en France et parmi nos compatriotes algériens, la proportion se maintient encore entre trois et quatre pour cent, et que même dans les États américains du Nord, les plus riches en unions dissoutes, le pourcentage ne dépasse pas dix (1).

D'autre part, et c'est une nouvelle cause d'instabilité du mariage musulman, le juge libère facilement l'épouse malheureuse ou mécontente, mais elle ne peut quitter son mari de son plein gré ; lui seul peut, d'un mot, changer la vie de sa femme, sacrifier l'avenir de ses enfants ; son intérêt, sa volonté,

(1) V. Demontès, *le Peuple algérien*, p. 238 à 239.

si capricieuse et irréfléchie qu'elle soit, prédominent seuls. Et cette complaisance à l'égoïsme de l'homme réduit non seulement son horizon moral, mais son action en tout ordre d'idées. L'individualisme appliqué à une nature peu consistante produit non l'intensité de la vie, mais l'inertie. Travaillera-t-il avec ardeur pour sa femme ou ses enfants, celui qui accepte l'idée de s'en défaire du jour au lendemain ? Non plus il ne travaillera guère pour lui-même, car la facilité de ces amours licites l'amollit et le détourne de beaucoup d'autres jouissances, nobles ou futiles, des désirs de luxe, de confort, de décor intellectuel qui aiguillonnent le civilisé dans sa poursuite de la richesse. Il ne sera pas plus apte à conserver son bien qu'à en acquérir : tout barbon musulman rôdera quelque jour devant la porte de l'usurier pour satisfaire aux caprices d'une jeune épousée ; tout fellah, après une récolte bénie, rêvera parmi ses gerbes à de nouvelles noces ; et par contre les années de disette ramèneront l'affreux exode des femmes répudiées faute de pain.

Quant aux mœurs publiques, elles ne sont pas moins atteintes par ce régime : la polygamie proprement dite pèse d'autant plus lourdement sur la constitution de ces sociétés qu'elle est le fait d'une élite, et on ne peut nier qu'elle n'ait précipité leur déchéance politique. Aussi bien que la frivolité délicieuse de notre fin de royauté a semé des ruines ineffaçables, l'air du harem a empoisonné toute l'histoire de l'Orient depuis les Perses légendaires jusqu'à la chute de l'autocratie ottomane. Il nous souvient ici des pages pénétrantes où André Chevrillon a évoqué le parfum de volupté délétère qui s'exhale d'un *Crépuscule d'Islam*, entre les murs de la capitale marocaine.

Dira-t-on que la pluralité des femmes, la faiblesse du lien conjugal sont des garanties de morale moyenne, un compromis avec les sentiments et les instincts du vulgaire ? Les musulmans aiment à dire qu'ils pratiquent légalement ce que les chrétiens dissimulent ; mais ceci n'est que facétieux. Une interdiction est toujours de quelque conséquence ; l'inconduite entraîne,

même dans la société la moins sévère, une foule de désa-
gréments pour le pécheur, s'il n'est un privilégié de la naissance
ou de la destinée. Au demeurant, il n'est pas dans notre
nature de respecter davantage une contrainte parce qu'elle
est faible : l'homme ira toujours chercher le fruit défendu au
delà des limites qu'on lui a tracées, si larges qu'elles soient.
Les pays de polygamie, sans parler des pires perversions
qu'ils voient fleurir, ne sont pas moins fertiles que les autres
en tragi-comédies conjugales : la fringale du pauvre, la satiété
du riche y rivalisent. Nulle part on ne poursuit avec plus de
fureur les femmes de plaisir, les soi-disant artistes, celles qui
sont si joliment appelées les " savantes " (*alamyyat*, dont
dont nous avons fait *almées*). En Algérie, la plupart des
crimes juvéniles, assassinats ou vols à main armée, ont pour
mobile le désir de plaire à de tels objets. On s'étonne, non
tant des convoitises que de l'espèce de considération dont sont
entourées ces pauvres magiciennes. Elles bénéficient non
seulement de certaines idées superstitieuses (1), mais de leur
prestige de femmes libres, capables de se refuser et de choisir,
dominant la troupe inerte des épouses et des filles.

Quand on réfléchit à la condition si humble et si dure que
cette société fait à l'élément féminin, à cette suprématie
masculine qui remet toute une maisonnée au commandement
d'un garçonnet, on est tenté de conclure à une infériorité
foncière des femmes de cette race. Il serait doublement vain
de disserter sur un sujet aussi difficile à bien connaître et
cependant aussi rebattu que celui de l'Orientale, indolente et
trompeuse, idole ou jouet cassé, vouée aux adorations, aux
corvées et aux coups, sans défense contre la tyrannie domestique et contre les amours de rencontre. Peut-être y aurait-il
bien des retouches à faire à ce portrait, et parmi les héritières
de ces races si diverses, on pourrait découvrir plus d'une

(1) L'autorité administrative ayant voulu réglementer la prostitu-
tion dans l'Aurès, la population entière s'y opposa, prétextant que
cette mesure nuirait à l'abondance des récoltes. (Doutté, *Magie et Religion
dans l'Afrique du Nord*, p. 560.)

ligne révélatrice de développements imprévus. On y trouverait cependant, croyons-nous, la même variabilité soudaine des actions, le même contraste de passivité et de violence que nous avons aperçu chez l'homme, une semblable et plus grande possibilité d'abnégation, de dévouement absolu et de soudaines trahisons. Sa résignation est souvent celle de la femme de Sganarelle qui veut bien être battue, mais aussi se venger. Sans compter les grandes mésaventures, le foyer du musulman n'ignore pas la résistance sournoise, les petites vexations domestiques, les éclats même de la mégère. Les Mille et Une Nuits sont pleins de contes plaisants sur les méchantes femmes, et les moralistes du droit musulman laissent entrevoir par la minutie de leurs préceptes, la variété des petites persécutions conjugales. La résignation ou bien l'intrigue, l'opposition sourde, les plaintes et les cris, voilà les réactions ordinaires de ce tempérament contre l'oppression : ce qu'on en peut le moins attendre, c'est, chose toujours rare, la fermeté digne, la revendication patiente de ce qui est dû à la femme et à la mère. L'Islam a eu ses saintes, bien qu'à première vue, il n'y ait place dans cette religion, même au paradis, que pour les hommes, et qu'on ait pu se demander quelles récompenses étaient réservées aux croyantes, à moins d'en faire les houris promises aux élus. L'Arabie a eu ses poétesses et même ses guerrières (1), les Berbères leur Jeanne d'Arc, la reine juive de l'Aurès, la Kahina vaincue par les envahisseurs musulmans ; les Kabyles se font honneur de respecter leurs femmes et d'écouter leurs avis. Mais aucun de ces peuples n'a connu la reine du foyer, gardienne des mœurs, intendante laborieuse et sage conseillère, la *mater-familias* romaine, la bourgeoise ou la paysanne de France, la femme du pionnier anglo-saxon. La femme forte de la Bible, ce type si curieux de la commerçante habile et pieuse, appartient à un peuple d'Orient qui s'est toujours affirmé comme une exception.

(1) Voir Perron, *les Femmes arabes.*

(33)

Il y a quelque chose de plus instructif à cet égard que tous les écrits et tous les dires, c'est l'intuition des hommes d'Europe, à qui ces femmes n'inspirent qu'un rêve passager de voluptueux nonchaloir : ils ont peine à les imaginer comme des compagnes qui deviendraient leurs égales par le développement de quelque côté d'intelligence ou de caractère. Le peu de succès des rares unions formées en dépit de cet instinct n'est pas pour le démentir.

A cette race, nous demandons à peine des servantes. Autant les négresses sont renommées pour le soin des enfants, autant on hésite, sauf les cas de nécessité, à les confier à des Arabes ou à des Kabyles ; chez les musulmans eux-mêmes, l'esclavage domestique avait pour principale raison d'être la difficulté de trouver de bons serviteurs en dehors des noirs. Cette société, en ravalant la femme, en l'astreignant aux durs travaux qui reviendraient aux hommes, la détourne des tâches délicates qui lui appartiennent, aggravant le désordre et la négligence qui restent les caractéristiques les plus évidentes du groupe.

* * * *

Fondée sur l'égoïsme de l'homme, cette famille mal unie, où seule se perpétue l'autorité souveraine du père, a imprimé aux institutions politiques de ces pays ses marques d'instabilité, de discorde et aussi de pérennité. C'est à la fréquence ou à la pluralité des unions qui multiplient les ferments de rivalité et de haine, autant qu'à l'inconsistance générale des volontés et au défaut de rectitude des esprits, qu'est dû le caractère amorphe de ces organismes sociaux destinés à végéter indéfiniment, sans se développer, au cours de continuels changements extérieurs.

Le seul groupement qui soit naturel à ces hommes, la réunion de familles d'origine commune ou liées entre elles par des pactes anciens, par une coexistence immémoriale, est aussi le foyer de toutes les dissensions ; faute de la notion de primogéniture, peu compatible avec la polygamie (1), la tribu ne comporte pas de chef héréditaire, et la transmission de l'autorité est une cause d'incessantes difficultés. Aussi bien que la famille dont il est issu, ce groupe est désuni; le dévouement jusqu'à la mort et jusqu'au crime qu'inspire le clan dans certaines traditions, comme celles du Japon ou de l'ancienne Écosse, n'est pas connu de ces peuples; il est remplacé, surtout chez les Berbères, par l'attachement sans bornes au *çof*, à la faction, puissant dissolvant qui détruirait bientôt la tribu s'il se trouvait au-dessus d'elle un agrégat plus solide pour l'absorber.

Tous les conquérants avisés, depuis les Carthaginois jusqu'à nous, ont fait des discordes locales et familiales le ressort essentiel de leur pénétration. C'est sur ces petites nations sans cesse intriguant les unes chez les autres, rapprochées tour à tour et séparées par le jeu des combinaisons d'intérêt et des mariages entre les grands, c'est sur cette base indestructible et toujours branlante qu'est fondé l'Etat, issu de l'invasion étrangère ou de la victoire d'une confédération plus puissante que les autres. C'est pourquoi, dans cette civilisation, les dynasties nationales, alors même qu'elles se prolongeaient, n'ont jamais été solides. Ibn Khaldoun attribue à la force de l'idée de clan, à ce qu'il appelle " l'esprit de corps ", l'élévation de certaines familles au rang suprême (2), et à l'affaiblissement de l'union dans la tribu dominante, leur chute ou leur décadence rapide qui lui paraît normale dès la troisième génération (3).

Ces peuples ont peine à dépasser la notion de la parenté élargie, du village, du terrain de parcours; le concept de patrie, de terre natale, de cité étendue, si complexe et si riche, n'entre guère dans ces esprits étroitement réalistes, dans ces cerveaux comprimés par des jougs brutaux et changeants.

(1) Le droit d'aînesse des Arabes païens n'était guère que le droit du sabre.

(2) *Prolégomènes*, traduction de Slane, tome I, p. 291, 318 sq.

(3) *Ibid.*, notamment p. 347 sq.

Surtout ils n'ont pas le sens de la légalité, de la résistance raisonnée, de la règle détaillée et précise en matière de gouvernement. Songez, par exemple, aux prescriptions minutieuses de notre droit féodal, au sens de la hiérarchie et de la solidarité qu'il comporte, et voyez les rapports du Makhzen avec ses grands caïds en qui certains ont voulu voir quelque chose d'analogue à nos feudataires de jadis (1). Là-bas, depuis mille ans, le souverain est en guerre avec les pouvoirs locaux, sans que ni l'un ni les autres aient pu établir un régime normal. En Europe, un des deux partis eût tôt fait d'enserrer son adversaire dans ces mille liens de droit, souvent rompus, toujours renoués, qui font la contexture des états cohérents et durables. De même, en ces mille ans, les monarchies du Maghreb n'ont pu instituer la succession au trône dans un ordre simple et pratique : le Sultan qui doit être de la lignée du Prophète, et nommément, dans la dynastie actuelle, faire partie de la famille des Chérifs du Tafilalet, est proclamé devant le peuple de Fez, d'accord avec les hauts dignitaires du gouvernement précédent. On pense si pareil système qui se réclame à la fois du droit divin, de l'hérédité, du choix populaire et de la désignation par une oligarchie, est riche en compétitions et en désordres. Les rivalités entre héritiers des familles princières, conséquence de la polygamie autant que de l'improbité politique, sont endémiques en ces pays depuis les temps de Mithridate et de Jurgurtha. Songez que pendant huit cents ans la royauté française n'a pas connu d'usurpation, et comptez ce que, dans le même temps, l'histoire de l'Afrique et de l'Orient a enregistré de rébellions heureuses, de souverains massacrés ou déchus, sans faire état des pachas et deys d'Alger dont l'accession au pouvoir ressemblait trop à l'élection d'un chef de brigands.

Les Turcs eux-mêmes, si différents de leurs voisins asiatiques par leur capacité d'organisation et de discipline, n'ont

(1) Voir Doutté, *Merrakech*, p. 400 et 401.

maintenu leur dynastie que comme un étendard assailli et déchiré cent fois dans la mêlée des discordes sanglantes.

Individualiste et passionné, peu susceptible d'attachement à une idée, aussi prompt à la soumission qu'à la révolte, il semble que l'oriental ne soit conservateur que par instinct de désordre, par incapacité de créer. Au point de vue politique, cette humanité ressemble à ses déserts : elle ne change point, parce qu'elle ne produit rien de durable.

Nous avons considéré d'abord nos Africains dans leur dépendance vis-à-vis du groupe dont ils font partie ; il importe maintenant de les distinguer des autres peuples qui vivent, si l'on peut dire, sous la même latitude ethnique.

Les habitants du Maghreb ont en Orient une réputation de rudesse inculte qui les fait craindre et parfois mépriser. La grossièreté du Berbère est le thème d'une copieuse littérature arabe ; le Marocain est employé en Tunisie comme gardien, et fait peur ; dans les contes populaires de l'Egypte, le maugrébin est une espèce de sauvage, de sorcier méchant ; les pèlerins algériens sont redoutés des tribus pillardes du Hedjaz. Il est certain que ces hommes tranchent singulièrement avec le fellah des rives du Nil, et même avec les nomades qui éternisent leurs guerres inoffensives autour de la mer Morte. Leurs figures généralement rudes, souvent irrégulières et tourmentées, disent une race mêlée et forte ; ils n'ont ni la rondeur un peu molle et la bonne grâce de l'Egyptien, ni la finesse sévère de l'Arabe ; leur teint, leurs types divers rappellent souvent l'Européen. Chez eux rien de servile, ni même d'avenant, sauf aux habitants des villes et autres gens pliés au bon ton de l'Orient. Nous avons souvent remarqué l'air de liberté narquoise dont les musulmans d'Algérie considéraient les maîtres du pays, et l'aisance avec laquelle les moindres d'entre eux approchaient les plus hauts personnages français et s'exprimaient devant eux.

Leur courage physique n'est pas contesté, non plus que leur goût de l'indépendance qui a tant coûté à leurs conquérants. Leur goût de la violence est aussi certain ; ils sont connus comme particulièrement jaloux de leurs femmes, même dans les pays comme l'Aurès où la facilité des mœurs est très grande ; les crimes passionnels et ceux qu'engendrent les querelles de propriété sont une des caractéristiques de la criminalité en Algérie.

Faut-il ajouter à ces traits, comme on l'a fait quelquefois, une véritable infériorité d'esprit vis-à-vis des races voisines ? Nous ne le pensons pas. Les Algériens ont été retardés dans leur développement intellectuel par le manque de vie urbaine. Un Tlemcénien, un musulman d'Alger ou de Constantine lettré en français ou en arabe, n'est aucunement inférieur, nous avons pu nous en rendre compte, à la moyenne des Egyptiens formés à l'européenne. Un jeune Kabyle dont le père a sommeillé toute sa vie entre ses figuiers et ses jarres d'huile rance, fait en quelques années un instituteur d'esprit aussi alerte, aussi ouvert qu'un jeune Français.

On ne saurait non plus affirmer que les gens du Maghreb se distinguent par leur ferveur religieuse : si l'on trouve au Caire plus facilement peut-être qu'à Alger quelques musulmans qui se disent affranchis de toute croyance, la rareté en est toujours grande. Il est en réalité bien difficile de percevoir aucune différence sensible entre les manifestations extérieures de la piété moghrébine, les seules qu'on puisse apprécier, et les pratiques des musulmans d'Orient, sauf en ce qui concerne le pèlerinage de La Mecque que les Egyptiens, plus voisins des villes saintes, accomplissent peut-être moins volontiers que les gens de l'Ouest. L'observance du Ramadan, l'exactitude aux prières, l'abstention ou l'usage non public des boissons interdites, y semblent bien les mêmes de part et d'autre. Notons seulement que les Marocains affectent parfois de considérer les sujets de la France comme des demi-musulmans, réprouvés pour avoir accepté le joug de l'Infidèle, et que les Arabes d'Algérie sont portés, par antipathie de race, à accuser les Kabyles de tiédeur religieuse, sans rien pouvoir arguer contre eux que leur coutume contraire à la loi coranique.

Pour qui ne prétend pas sonder les cœurs, l'Islam ne se différencie en Afrique Mineure que par le développement du maraboutisme, de la dévotion aux saints locaux, aux familles investies de la bénédiction, héritières du caractère sacré et du pouvoir d'intercession. Cette disposition a renforcé parmi eux les influences locales, le particularisme, la haine du proche voisin, une des marques les plus profondes de l'esprit du Maghreb.

Ces peuples ombrageux, rebelles, jalousement attachés à un recoin de la terre natale, cet assemblage de dures molécules aussi difficiles à agréger entre elles qu'avec aucune substance étrangère, constituent avant tout une force de résistance à l'assimilation et à l'absorption. Les Berbères, qui en forment probablement le fond, ont, par un double prodige, résisté au creuset de la domination romaine et à celui de la conquête musulmane.

L'invasion arabe même, sept cents ans d'infiltration, de désagrégation continue par l'action de la civilisation dominante n'ont pu réduire les derniers remparts de la race autochtone, l'Aurès où sa langue est encore parlée, la Kabylie où elle demeure intacte avec son dialecte et ses lois, exemple presque unique d'une contrée où subsiste un idiome antérieur à la venue des Romains, exemple plus rare encore d'une communauté islamique qui ait rejeté la loi du Coran. C'est l'élément berbère qui fait la grande originalité de ce groupe de musulmans et qui par son alliage ou son contact avec l'Arabe en a modifié la couleur et la consistance.

Il est très difficile de déterminer, faute de documents même récents, la part de chacune des deux races dans la population indigène de l'Algérie. Il est certain que dans l'Afrique du Nord, surtout dans les steppes de Tunisie et d'Algérie, l'afflux des émigrants de l'Arabie au XI° siècle fut assez considérable, mais l'importance de tels mouvements est presque toujours exagérée par les témoignages anciens, et on peut présumer que les gens d'Orient ont moins agi par leur nombre que par leurs aptitudes dévastatrices et plus tard par leur pouvoir d'attraction (1).

L'origine arabe étant une présomption de supériorité sociale, nationale et religieuse, sans doute un grand nombre de tribus berbères ont de très bonne heure greffé leur généalogie sur celle des envahisseurs. D'autre part, le mariage a dû mêler beaucoup de familles arabes à celles des aborigènes. En outre, un mouvement d'épuration islamique a effacé peu à peu, et continue à faire disparaître les différences de langue, d'usages et de lois qui existaient entre les tribus arabes ou arabisées, et celles qui étaient restées fidèles aux traditions des anciens occupants du sol. Il existe encore de nos jours, en Algérie, des populations comme celles de la région du Rhummel, où seules les vieilles gens parlent encore le dialecte berbère. Dans le massif même du Djurdjura, la plupart des hommes parlent plus ou moins bien l'arabe, tandis que les femmes ne connaissent généralement que le vieux parler de leurs montagnes.

Dira-t-on que cette question d'origine n'a pas grand intérêt pratique, puisque les tribus qui se considèrent à tort comme arabes se comportent dans la vie politique et sociale comme si elles l'étaient réellement ? Cependant il n'est pas indifférent que ces peuples aient la possibilité de reconnaître quelque jour leur originalité ethnique et de se réclamer du véritable type du pays, et on peut regretter à cet égard, comme au nom de la science pure, que la carte anthropologique et linguistique de l'Algérie soit encore en préparation. Tout au

(1) Ibn Khaldoun constate que de son temps, au XIV° siècle, " sur le continent africain, les Berbers forment la masse de la population et leur langue est celle de toutes les parties du pays, à l'exception des grandes villes " (*Prolégomènes*, III, p. 358).

plus les principales divisions en sont-elles bien connues ; c'est la Grande Kabylie, qui jusqu'à l'insurrection de 1871 avait conservé intacte la vieille constitution de la société berbère, et qui, perdant alors ses franchises municipales, ses *djemaas*, assemblées administratives et judiciaires à la fois, a gardé seulement ses *kanouns*, ses lois civiles spéciales appliquées par le juge français ; entre Bougie, Beni Mansour et Constantine, c'est la Petite Kabylie, qui est comme le faubourg oriental de la première et dont les limites sont assez incertaines : ici la race a fléchi, la coutume a subsisté, mais le vieil idiome n'est plus parlé depuis longtemps. L'Aurès a gardé son dialecte, le *chaouïa*, mais non ses kanouns que, plus musulmans que les Berbères, nous avons eu la sottise d'abolir après l'insurrection de 1881. On assure d'ailleurs que les habitants de ce pays évitent autant que possible de se soumettre à notre juridiction et à notre Code aussi bien qu'à celui de Mahomet, et règlent le plus souvent leurs différends par voie d'arbitres, conformément à leur loi ancestrale.

En dehors des deux grands massifs, des deux grands témoins du passé, rien que des points, des traces, des souvenirs : sur le littoral autour de Cherchell, dans le Dahra, aux villages montagnards des Beni Snous, près de la frontière du Maroc, où les Beni Snassen, puis les Riffains continuent la chaîne berbère.

* *
*

On a mille fois opposé le Kabyle, plébéien sédentaire, âpre au travail et au gain, économe, égalitaire, à l'enfant indolent, généreux et chevaleresque de la tente ou du gourbi. Faut-il prendre à la lettre cette antithèse ?

Nous avons vu que l'Arabe d'Algérie apparaissait plutôt comme un type social que comme un élément ethnique. C'est dire que son contraste avec le Berbère n'est pas profond. D'ailleurs les plus anciennes traditions des deux races en Arabie et dans l'Afrique du Nord présentent de grandes analogies ; même condition des femmes avant l'Islam, même anarchie, même prédominance des groupes familiaux ou locaux avec cette conséquence de la responsabilité collective pour les actes de chacun des membres. Encore, sur ce point, tout l'avantage est-il du côté des Berbères, quant au point d'honneur, qu'on s'attendrait à trouver plus développé chez le chevalier arabe. Le droit musulman, comme les vieilles coutumes de l'Arabie, admet la *dya*, la réparation pécuniaire, qui efface le crime ; la légende d'Imrolqaïs fait gloire au héros poète d'avoir refusé le prix du sang offert par les assassins de son père (1). Au contraire, les kanouns kabyles, qui pourtant ne connaissaient guère d'autre peine que l'amende, n'admettaient pas la *dya* ; la dette de sang ne s'éteignait que par le sacrifice du coupable ou du membre de sa famille qui avait été choisi comme " égal au mort ou meilleur que lui " (2) ; même l'époux outragé, obligé par l'opinion d'immoler la femme adultère, attirait néanmoins, selon la coutume de certaines tribus, la mort sur sa propre famille (3), et le mari d'une femme coupable d'avortement avait le droit d'en tirer vengeance par le meurtre d'un de ses alliés (4).

Bien que notre domination ait forcément atténué ces mœurs sauvages, les vendettas kabyles sont encore aujourd'hui plus terribles que ne furent jamais celles de la Corse. On voit parfois le dernier rejeton mâle d'une lignée fuir la montagne, pour éviter le coup de fusil qui doit clôturer un long échange de meurtres entre deux clans ennemis.

Quant à l'honneur conjugal, à supposer, comme l'assurent Hanoteau et Letourneux, que les maris kabyles ne soient pas toujours ardents à le défendre, et que souvent ils aiment mieux revendre l'épouse infidèle que de la tuer (5), à coup sûr, les parents de la femme ne sont pas tendres pour la

(1) Caussin de Perceval, *Op. cit.*, tome II, p. 307.
(2) Hanoteau et Letourneux, *la Kabylie*, tome III, p. 62 et 64.
(3) *Ibid.*, p. 75.
(4) *Ibid.*, p. 64.
(5) *Ibid.*, p. 76.

coupable : on a vu, dans un flagrant délit, l'adultère égorgée par son jeune frère, sous les yeux du mari qui hésitait à se venger. Là plus qu'ailleurs, la jalousie se confond avec l'instinct de propriété : la femme est un bien d'espèce particulière qu'on peut toujours céder, jamais prêter. Les montagnards de l'Aurès, qui ne font aucune difficulté d'épouser des filles publiques, sont des gardiens aussi sévères de leur foyer que les gens de la Grande Kabylie, pays impitoyable à l'inconduite féminine.

C'est aussi, avec la dureté de leurs mœurs, ce qui nous paraît distinguer avant tout les Berbères, cette aptitude à garder leur bien. Chez eux, le pauvre se défend contre l'exaction aussi vaillamment que le riche contre la dépense : en Kabylie, les auxiliaires indigènes de l'administration ne peuvent guère abuser de leurs fonctions : les gens du parti qui leur est contraire — et chaque village a ses deux çofs — auraient tôt fait de les dénoncer. L'avarice des Kabyles est un sujet ordinaire de plaisanterie de la part des autres musulmans et des Européens : on voit bien les fils des principales familles, en parvenant aux postes honorifiques, imiter le luxe et les manières des chefs arabes, se couvrir comme eux de gandouras soyeuses et de dettes, mais l'origine reprend vite le dessus et le prodigue finit prêteur.

Quant au sens démocratique, les Berbères le possèdent bien, en ce sens qu'ils se passionnent pour la discussion de leurs affaires communes et qu'ils veulent choisir leurs chefs. Mais ils n'en respectent pas moins la naissance et des situations acquises : les *amins* ou chefs de villages de la Kabylie qui jusqu'en 1871 étaient élus, appartenaient toujours en fait à quelque famille influente ; ils étaient désignés soit par leur prédécesseur, soit par les notables, par les chefs de *çof*, dont le choix était presque toujours ratifié par le peuple ; de même pour les décisions du peuple, qui étaient généralement préparées par une réunion restreinte. Tout le monde pouvait prendre la parole dans l'assemblée du village ; mais les riches, les gens bien nés pouvaient seuls s'y faire écouter ; on ne votait point, les différends étant résolus par arbitrage entre les parties (1). Bien curieuse institution que ces parlements siégeant entre les oliviers et les frênes tondus des crêtes du Djurdjura, où se réglaient toutes affaires et tous litiges, sans écrits, sans élections et sans votes, où les minorités amenaient l'adversaire à composition par la menace constante de la guerre civile. Nous retrouvons là l'individualisme, le goût de la rébellion qui tient à cette race. Assurément un tel régime est loin de nos conceptions politiques, mais la survivance de ces traditions n'en prépare pas moins les Kabyles, mieux que les autres musulmans de l'Algérie, à débattre leurs intérêts d'accord avec nous.

En résumé, nos Berbères, sans différer essentiellement des enfants de l'Arabie ou soi-disant tels, s'en distinguent surtout par leur amour plus vif de la vengeance, du gain et de l'indépendance. C'est dire que si les premiers sont davantage attirés à nous par leurs intérêts, les seconds sont peut-être moins loin de nous par le cœur.

Les fonctionnaires qui en ont fait la double expérience se louent ordinairement de la bonhomie confiante de l'Arabe, et se plaignent du caractère hargneux et intrigant des gens de la montagne. Le colon au contraire préfère employer le Kabyle, généralement assidu et consciencieux, mais déjà il redoute en lui un concurrent. Les pessimistes le voient avec inquiétude racheter à des prix exorbitants toutes les terres que les Européens possèdent dans son pays et faire tache d'huile autour de la Kabylie ; dans la Medjana par exemple, il nous reprend les riches domaines à céréales confisqués aux Arabes, qui les avaient ravis à ses ancêtres il y a trois cents ans. Européens et indigènes le plaisantent comme ils faisaient naguères du Juif, sur son accoutrement misérable, sur son parler bizarre, mais ils savent que parfois ce burnous dépenaillé, cette chechia hors d'âge, contiennent assez de billets à ordre pour exproprier une bonne part du pays ; ils savent que ce

(1) Hanoteau et Letourneux, tome II, p. 21 à 26.

colporteur parle assez bien l'arabe pour ruiner une famille en vendant aux femmes sa pacotille à crédit, en l'absence du chef de la maison. Ce berbère est avide de terres et d'argent plus encore que de jouissances. Tel vendangeur qui revient avec son salaire presque entier, ayant vécu pour quelques sous pendant les longues et torrides journées de labeur, risquera tout son trésor au jeu avec ses compagnons et rentrera peut-être chez lui après avoir perdu jusqu'à sa gandoura et terminé à coups de couteau la dernière partie. Sa passion pour l'usure tient aussi de celle du joueur : on le voit parfois sur les marchés prêter à des inconnus, à des arabes naïfs ou roués, cinq francs remboursables à cent pour cent d'intérêts au marché suivant, huit jours plus tard. Laborieux, certes, mais hors de chez lui, et aventureux plus encore : malgré son amour du terroir, il part dès qu'il trouve une chance de trafiquer ; marchand ou manœuvre, il émigre généralement pendant la mauvaise saison, et rentre pour six mois en Kabylie, où il " boit le soleil " devant sa porte, aussi paresseux qu'un Arabe. Il cultive toute l'Algérie et néglige son pays qui, d'après tous les témoignages européens, pourrait rendre beaucoup plus qu'on ne lui demande.

Peut-être l'extrême division de la propriété en est-elle aussi la cause. Il est certain qu'un Kabyle propriétaire, comme on en voit, d'un seul frêne, ou même d'une branche de cet arbre, ne peut faire chez lui grand métier d'agriculteur, louât-il à ses voisins quelques propriétés de même importance. Sans doute, bien d'autres travaux manuels pourraient remplir son temps et sa bourse pendant ses longs chômages, mais il semble bien qu'au village plus encore qu'au douar le travail soit indigne du mâle.

Nous avons déjà vu que les Berbères avaient rejeté la plupart des prescriptions du Coran qui sont favorables à la femme. Généralement elle reste toute sa vie soumise à l'autorité ou plutôt au droit de propriété d'un homme : le père, le frère, l'oncle, à leur défaut un parent mâle quelconque du côté paternel (*aceb*), vend la jeune fille ; à défaut de parenté de cet ordre, le tuteur ou la mère-tutrice la marie et touche le prix : seulement l'un et l'autre doivent la consulter et la mère partage la dot avec elle. La veuve et la répudiée ne peuvent non plus choisir un époux, mais, dans la plupart des tribus, elles peuvent rejeter deux prétendants. La veuve est vendue par ses parents, ou, suivant d'autres coutumes, par les héritiers du mari, qui peuvent aussi l'épouser par privilège. Dans quelques villages, elle peut refuser de se remarier pour vivre avec ses fils, mais elle doit alors se racheter en payant une dot à son père (1) !

La femme ne peut presque rien posséder ; elle n'est même pas propriétaire des cadeaux que lui fait son mari, ni même, sauf convention expresse, de la dot qu'occasionnellement son père peut lui donner (2). Enfin, rompant avec la loi coranique, les montagnards berbères ont rétabli l'incapacité des filles à succéder : après avoir pendant longtemps tourné les prescriptions du texte sacré en constituant des habous, de prétendues fondations pieuses dont leurs descendants masculins devaient jouir exclusivement, ils décidèrent, en 1749, dans une assemblée de plusieurs grandes tribus de la Kabylie, l'exhérédation complète des femmes : ce triomphe des vieilles traditions fut si populaire qu'on planta de grandes pierres dans la montagne pour le célébrer (3). Dans la plupart des coutumes kabyles, les femmes ne succèdent qu'aux femmes, et cela à défaut de tout *aceb* si éloigné qu'il soit (4). Elles n'ont généralement droit qu'à leur entretien aux frais de la succession du père, si elles ne sont pas en puissance d'époux, et d'ordinaire, on leur fait durement gagner le vivre et le couvert.

Cet assujétissement étroit de la femme n'est cependant pas commun à tous les peuples berbères qui nous offrent, en même temps que le plus rigoureux des codes conjugaux,

(1) Hanoteau et Letourneux, tome II, p. 149 à 157.
(2) Id., tome II, p. 168.
(3) Id., tome II, p. 283.
(4) Id., p. 295 à 299. *Contra*, p. 239.

celui des Ibadites du Mzab, l'extrême liberté concédée par les Touareg à leurs filles, véritables américaines du Sahara.

Au demeurant, la sévérité kabyle ne va pas sans compensations, et la situation réelle de la femme dans cette société est en somme supérieure à celle qui lui est faite chez les Arabes. La Kabyle a moins de droits, mais plus de liberté : elle va et vient, non voilée ; elle est plus active, plus énergique, partant plus écoutée. Elle ne peut demander le divorce, mais elle a le droit de se réfugier dans sa famille, de " se mettre en insurrection ", quitte à son mari à l'empêcher de se remarier, soit par une interdiction formelle, soit " en mettant sur la tête " de la fugitive une forte somme qui devra lui être versée par son successeur. Elle ne peut hériter, mais cette exclusion théorique est surtout préjudiciable à son époux ; la femme arabe, en effet, ne pouvant agir que par mandataire, ne participe aux successions que par l'entremise de son mari, de son père, de ses frères, intéressés à la frustrer. Aussi bien l'indivision arabe favorise l'éviction pratique de la femme, et d'autre part une grande partie des terres indigènes de l'Algérie étant sous le régime collectif, ne sont transmissibles qu'aux enfants mâles.

Il est certain que la Kabyle ne respire pas la servitude comme la femme arabe. Nous les devinons malgré tout nos parentes, ces filles alertes et robustes du pays berbère, aux joues pleines et roses, qui dévalent nu-pieds les pentes rapides, ou remontent courbées sous la longue jarre historiée, gaies et farouches dans leur costume sombre qui semble empourpré de sang. Ce sont bien les cousines de nos rudes paysannes, avec l'insouciance des pays de soleil et de foi brute. Quelle force, quelle obstination dans ces figures larges et fermées ! Quel feu sourd apparaît parfois sous ces paupières, quelle ardeur guerrière on devine chez ces travailleuses patientes, quand on visite leurs antres où toute une famille s'entasse sur la terre battue, où les belles filles de la montagne roulent le couscous, les yeux baissés, ou bien, cachées derrière les trames, passent la chaîne en jetant un regard fauve sur l'étranger ! Nulle part on ne sent mieux qu'auprès d'elles la puissance de conservation et de destruction qui est dans cette race.

Un autre aspect significatif est celui des villages de la Grande Kabylie : rien qui nous rapproche plus de la France et qui nous dépayse davantage. Ces toits de tuiles, ces petites maisons de pierre entassées sur le sommet d'un monticule, c'est bien le vieux bourg montagnard de nos pays, où l'on se joint étroitement contre l'ennemi et contre la bise. Seulement, point de tête, point de silhouette de maison commune, de maison de prières ou de commandement ; les mosquées, très nombreuses, sont invisibles, masures elles aussi. Puis on remarque que toutes ces demeures sont aveugles, sans autres ouvertures que la porte et une lucarne par où s'échappe la fumée ; jalouses autant que fermées, elles sont posées les unes à côté des autres, sans se toucher, sans se former en ruelles ou en masses continues d'habitations fouillées de voûtes et de passages, comme on voit aux villes arabes. Rétraction vis-à-vis de l'extérieur et division à l'intérieur, toute l'âme berbère est là.

En tout ce qui précède, on n'a pu manquer de trouver des ressemblances frappantes entre le Berbère de sang pur ou mêlé, et l'Européen méridional. Le Kabyle, c'est le Corse, avec ses vendettas et son particularisme étroit, avec l'intensité de sa vie municipale ; c'est aussi l'Espagnol inactif dans son pays, acharné au travail quand il émigre. Quant aux analogies qui rapprochent l'Andalou, le Sicilien et l'Arabe, elles sont telles qu'on les attribue parfois à l'occupation sarrasine ; mais comme on peut présumer que l'élément oriental n'est aucunement prédominant dans les tribus arabisées d'Algérie, il est bien peu vraisemblable qu'il ait débordé hors de l'Afrique, à la faveur d'une conquête politique qui ne semble pas avoir entraîné un grand déplacement de peuples.

Assurément il existe entre ces voisins, fussent-ils parents, bien des différences, mais qui tiennent surtout aux influences diverses qui ont agi de part et d'autre. Si les uns sont moins farouches, plus intellectuels, peut-être plus artistes, ce n'est point sans doute par suite de quelque particularité de leur nature, mais par l'effet des longues disciplines qui leur sont venues du Nord. L'influence de la femme, par exemple, ne tient certes pas au respect foncier que les latins du Midi auraient pour elle, mais à la force qu'elle a puisée dans une antique reconnaissance de ses droits par la loi des deux Romes.

On ne peut dire que, dans l'ensemble, la mentalité du premier groupe soit supérieure à celle du second, plus droite, plus franche, plus réfléchie même ; on y trouverait seulement plus de stabilité, plus de maîtrise de soi, plus de suite dans les passions, une ruse plus patiente et plus secrète, et cela fait les ambitieux tenaces et les meneurs d'hommes ; mais, pour avoir enfanté un génie incomparable et nombre de grands intrigants, un Napoléon et quelques Crispi, ces races n'en sont que plus pauvres en citoyens, en aptitudes moyennes à se gouverner et à s'administrer.

Notons comme un point capital pour l'objet de notre étude, l'échec notoire du système politique que le libéralisme de l'Europe moderne a bien été obligé d'appliquer à ces régions, pour n'avoir pas osé les traiter en pays mineurs. Le grand empereur lui-même, après avoir un moment médité, avec sa pénétration ordinaire, de traiter son île natale en colonie, y renonça sur les instances de son frère Lucien. Il faut lire dans le rapport de M. Clemenceau, alors ministre de l'Intérieur, sur l'administration de la Corse (1), dans le beau travail où M. Delanney a résumé les travaux de la Commission nommée en vue de réformer la situation de

(1) *Journal officiel*, 26 septembre 1908.

(49)

4

ce département (1), la peinture des mœurs publiques de nos insulaires, de leurs passions farouches, de leur incapacité à s'élever au-dessus des intérêts de familles et de villages, de leur isolement ethnique et social, de leur misère et de leur frugalité ; on serait tenté parfois de remplacer dans ce document officiel le mot de Corse par celui de Kabyle si on n'était arrêté par cette réflexion : ici nous avons affaire à des hommes libres et qui ne travaillent point.

Nous admettrons volontiers que les indigènes de l'Algérie, subitement émancipés, feraient des électeurs dignes de la Corse, de la Sicile ou de l'Andalousie, violents, indulgents à la la corruption et à la fraude, asservis aux influences locales par le besoin ou par l'esprit de clan, et l'on pourrait alors proclamer l'identité de l'espèce humaine sous une latitude donnée, s'il ne restait entre ces peuples si semblables un fossé plus profond que la Méditerranée, la religion, source presque unique de leurs développements divergents.

C'est donc ici le nœud vital, et nous allons tâcher d'en suivre les replis, de rechercher comment il se raccorde à toutes les fibres de l'être, comment il les commande et les contracte à l'approche des organismes adverses.

(1) *Journal officiel*, 4 juillet 1909.

II

L'ISLAM

QUELS sont donc les ressorts de cette puissance religieuse qui oppose à l'Europe un front si égal et si dur, quels sont les traits par lesquels l'Islam s'apparente aux races qu'il a conquises, et les voies par lesquelles il les a si profondément pénétrées ?

La religion mulsumane nous paraît marquée de trois principaux caractères.

Elle est simple.

Elle consiste essentiellement dans l'affirmation de l'unité de Dieu et de la mission de Mahomet, et la seule attestation de cette double croyance suffit à faire un musulman.

Assurément il faut s'entendre sur la nature de cette simplicité, dont l'apologétique musulmane se targue comme d'une supériorité frappante vis-à-vis des dogmes si nombreux et si abstrus du christianisme. Il est évident que la conception de la divinité où se fonde l'Islam est la plus dépouillée qui soit, la plus voisine du déisme philosophique ; mais si l'ensemble de cette doctrine paraît peu complexe, c'est surtout parce qu'elle est peu connue de ses suivants : il n'y a point de religion qui soit aussi peu enseignée au peuple. Aussi bien, son credo, pour être bref, n'en est pas moins compréhensif, puisqu'il faut admettre comme vrai tout ce qui a été révélé au Prophète, comme obligatoire tout ce qu'il a commandé, comme juste tout ce qu'il a fait ou conseillé.

Dire qu'un primitif, un nègre de l'Afrique centrale, sera plus facilement conduit à la religion islamique, parce qu'il lui suffira pour y entrer de répéter une phrase et de revêtir un burnous, c'est simplement exprimer qu'il est plus facile de faire des prosélytes que des croyants. Le même sauvage pourrait tout aussi bien être dit chrétien aussitôt qu'il serait en état d'affirmer la divinité de Jésus.

Par contre, on ne voit pas pourquoi un esprit cultivé, qui ne rejetterait pas de prime abord la notion du surnaturel, trouverait plus de commodité logique dans la foi musulmane que dans toute autre. On ne sait même si le matérialisme de certains articles de foi ne lui paraîtrait pas particulièrement rebutant. Il lui faudra croire à la réalité du Trône et du Siège de Dieu, du Pont de Cirat, qui donne accès au Paradis, de la Balance qui pèse les actions humaines, de la Plume avec laquelle les anges inscrivent les actions des hommes, et de la Table sur laquelle ils les enregistrent (1).

Quant au soulagement que le croyant intelligent peut trouver dans une théologie éclairée, l'Islam n'a pas manqué d'apologistes subtils et profonds, mais le musulman moyen n'en a cure ; il considère ces argumentateurs avec une certaine crainte et s'en tient à part lui au vieux dicton : " L'interprétation c'est l'erreur, et l'erreur c'est la mécréance ".

Simple dans son principe, simplifiée dans ses formes de propagande et d'initiation, cette confession religieuse se développe et s'amplifie dans l'ordre des manifestations extérieures. En cela elle convient pleinement au tempérament de ces peuples, à leur peu de goût pour le raisonnement, à leur attachement à des formes imposées une fois pour toutes. Le fidèle trouve une double sécurité à ne point penser et à s'absorber dans l'observation minutieuse des gestes de la prière, des préceptes de la purification et du jeûne, dans la répétition indéfinie des paroles sacrées, dans l'exécution des mille petites prescriptions qui attendent le musulman à chaque moment de la journée, qui enserrent et dirigent sa vie entière,

(1) Voir *la Djaouhara*, traité abrégé de théologie, traduction Luciani, p. 28 à 30.

et l'entretiennent, comme une règle monastique, dans la pensée continuelle de sa vocation à Dieu. Nous reparlerons plus loin de cette pénétration journalière, de cette ubiquité de l'intervention religieuse dans la société musulmane.

En second lieu, on peut dire cette religion *facile*, humaine en ce sens qu'elle est moins surhumaine que ses grandes rivales, et qu'elle demande un moindre effort à l'homme pour se hausser hors de sa nature. De tous les mouvements que l'âme peut ressentir devant l'infini, elle a mis en œuvre celui qui est le plus spontané et le plus naturel, celui de l'admiration, de la confusion et de la crainte devant la force incommensurable qui nous domine, qui nous étreint de toutes parts. Sans doute, dans les louanges que le musulman adresse au Très-Haut, l'élan du cœur se mêle parfois à l'humble témoignage de fidélité et de soumission, mais nulle part n'apparaît rien de semblable au lien mystérieux qui unit le chrétien au Père Céleste, à ce devoir d'amour, prodigieux ressort que ne saurait mouvoir une autre religion que celle du Dieu fait homme. Aucune doctrine n'a mis la divinité aussi haut et aussi loin que l'a fait l'Islam, ne l'a coupé aussi profondément de sa créature. Entre elles il n'y a de rapport que de maître à esclave, presque d'esprit à matière. Les élus mêmes ne se rapprochent pas de l'essence divine par la compréhension et par l'amour, et pour combler un tel vide, pour réaliser son Éden, la dernière des grandes religions a eu recours à des imaginations trop humaines ; seule elle a osé éterniser les joies des sens, après leur avoir fait une si large part sur la terre.

Tandis que la discipline catholique s'adresse plus que toute autre au sentiment, et la protestante à la volonté, l'Islam fait davantage appel à l'intérêt et aux passions. Aussi impitoyable aux incroyants qu'aucune autre doctrine, il est plus indulgent que toute autre aux faiblesses du peuple de Dieu, témoin la manière dont il a résolu le dur problème de la rémission des fautes.

Les religions qui ont placé des intermédiaires humains entre la divinité et ses serviteurs, ont dû établir des formes et des moyens consacrés pour requérir le pardon ou les grâces célestes, depuis les offrandes et les sacrifices païens ou les moulins à prières d'un bouddhisme dégénéré, jusqu'aux plus hautes créations du sens divin et de la psychologie morale, les sacrements des églises chrétiennes. Mais là, où faute d'un clergé investi du pouvoir d'absoudre et de bénir, le croyant coupable se trouve dans une terrible solitude en face du Créateur, quel sera son apaisement ? Les sombres consciences du Nord ont rendu la réponse la plus sévère : le protestantisme ne mesure le pardon qu'au repentir efficace ; le pécheur n'en est jamais tout à fait sûr et il est presque certain de le voir échapper quand la route du bien se dérobe à lui avec la vie. Les gens d'Islam n'ont pu s'accommoder de telles angoisses. En dépit de quelques sentences, comme celle par laquelle le Coran punit expressément l'usure de la damnation éternelle (1), le consentement unanime des premiers docteurs, qui fait loi contre les textes les plus formels, s'est prononcé pour le salut de tous les musulmans.

"Un châtiment sera nécessairement infligé à quelques-uns de ceux qui auront commis des péchés mortels, mais leur châtiment ne sera pas éternel (2)." Assurément cette paix profonde pourrait être encore menacée : pour des âmes inquiètes comme celles d'Europe, un doute terrible subsisterait : Qui est croyant ? Suffit-il de l'affirmation sincère de la foi (3), ou faut-il avoir accompli les autres devoirs essentiels, la prière, le jeûne, l'aumône, le pèlerinage, et s'il n'est plus temps, que devenir ? Là encore, l'opinion commune a tranché dans le sens de la miséricorde : le témoignage de la croyance, la

(1) Sourate II, versets 276 et suivants. Pour les puritains Ouahabites eux-mêmes, il n'y a que deux péchés irrémissibles, l'idolâtrie et l'usage du tabac (Palgrave, *Voyage en Arabie*, tr. Belin de Launay, 199 et 202).
(2) *La Djaouhara*, p. 31.
(3) *Ibid.*, Introduction, p. 8. Voir aussi Houdas, *L'Islamisme*, p. 81 et 82.

chehada prévaut contre tout màl, efface toute offense. Quand la mort atteint le musulman, sa famille l'entoure anxieuse, guettant la dernière attestation du Dieu unique ; la parole lui manque, mais il connaît le signe consacré, il lève un doigt défaillant.... Alors une joie se mêle à la douleur des assistants : il est sauvé, le geste de son index a ouvert les portes du paradis.

Assurément il ne faudrait pas exagérer les conséquences morales de ces doctrines : une théorie ne rend jamais tout le bien ni tout le mal qu'elle contient, et de même que la logique fausse tout, la composition des instincts arrive à tout accommoder. Un musulman profondément pénétré de sa foi trouvera dans la pensée constante de la volonté divine qui domine sa vie, dans une crainte vague de la mécréance qui voisine avec le péché, un frein aussi puissant contre les écarts de conduite que ne ferait la menace positive de la perdition. On ne peut imputer à l'Islam la bassesse morale de beaucoup de ses suivants, pas plus qu'au protestantisme l'endurcissement du cœur ou de la conscience qu'il engendre parfois, ou au catholicisme l'idée qu'un grand nombre de ses fidèles se font de la confession, considérée comme un moyen de se laver périodiquement des mêmes fautes. Il est permis seulement de constater que les gens du Livre ont choisi, de toutes les solutions du problème, la plus commode (1), la moins susceptible d'inquiéter l'homme et par conséquent de le redresser, comme aussi peut-être la plus compatible avec la notion de la prédestination. Point de salut pour les non-musulmans (2), certitude

(1) Le Prophète avait très clairement aperçu le danger moral de la croyance dans le salut certain; il existe un hadits curieux à ce sujet : interrogé à ce sujet, le Prophète dit qu'il ne faut pas proclamer cette vérité, car les musulmans " pourraient alors se reposer entièrement là-dessus ". El Bokhari, trad. Houdas et Marçais, II, p. 302.

(2) Il est absolument inexact de dire, comme on le fait souvent et comme certains musulmans le laissent croire, que le Coran a réservé la question pour les " gens du Livre ", chrétiens ou juifs : les versets sur lesquels on fonde cette prétendue tolérance de l'Islam ont été *abrogés*. Voir Houdas, *l'Islamisme*.

du salut pour les croyants, cela s'entend, puisque si Dieu eût voulu faire grâce aux infidèles, il les eût éclairés d'abord.

Dans l'opinion commune, le fatalisme est une des pièces essentielles de ce système religieux, et c'est en effet l'un des points sur lesquels le tempérament de ces races et les tendances de cette doctrine s'unissent le plus fortement. En réalité, la foi musulmane n'est pas plus déterministe que celle de Calvin, par exemple, qui a surexcité tant d'énergies morales tout en proclamant que le terme heureux ou malheureux en était réglé d'avance et sans recours. Dans toutes les théologies qui admettent le libre arbitre, la difficulté de le concilier avec la prescience divine est la même. Cependant l'idée fataliste, sans être propre à l'Islam, y tient plus de place, parce que le principal attribut de Dieu, aux yeux des musulmans, semble être la puissance, plus que la bonté ou la justice ; seulement leur croyance dans les décrets irrévocables de la Providence, au lieu d'assombrir leur vie morale, les a confirmés dans une sereine attente du pardon et de la rétribution, tout en favorisant dans la vie pratique leur penchant à la passivité.

Dans certains cas, comme celui des épidémies, la loi sacrée prescrit formellement l'inaction : le croyant qui meurt de la peste est martyr (1) ; il ne doit point aller braver la maladie là où elle sévit, mais non plus la fuir (2), sage prescription au demeurant, pour une époque où on ne connaissait guère d'autres moyens de combattre les fléaux que de les circonscrire. Au demeurant personne, semble-t-il, n'est obligé au martyre et généralement les gens du Prophète ne font pas difficulté d'accepter les secours humains dans ces occasions, non plus qu'en toute autre maladie.

Il faut noter que la théologie musulmane, loin de recommander l'inertie et la paresse, a très finement et très judicieu-

---

(1) El Bokhari, II, 295. De même de celui qui meurt d'accident (noyé ou écrasé, dit le texte). C'est un moyen de plus de tranquilliser le musulman pour le cas où il ne pourrait attester sa foi à sa dernière heure.

(2) *Ibid.*, II, 531.

sement fait ressortir l'efficacité religieuse de l'action, aussi bien que celle de la résignation (1), tout en laissant au tempérament de chacun le soin de choisir : l'Orient et le Maghreb n'ont guère hésité.

L'acceptation sans lutte des maux envoyés par le Tout-Puissant se rencontre d'ailleurs dans toutes les sociétés attachées aux traditions, où elle n'est souvent qu'une forme de la résistance aux nouveautés. Si nous en croyons Ibsen (2), on trouve en Norvège des paysans qui refusent de s'assurer contre l'incendie par respect pour la volonté divine, et nous avons connaissance que cet état d'esprit existait encore en des coins de France, il n'y a pas longtemps. On ne peut donc s'étonner que des populations ignorantes et arriérées comme celles de la campagne algérienne rechignent à détruire les sauterelles, sous prétexte que Dieu les dirige toujours vers le Nord, où elles se noient dans la mer... en passant par les champs du voisin.

Le musulman saura toujours secouer son fatalisme quand l'utilité de la prévoyance lui apparaîtra évidente ; sinon, il sera toujours porté à revêtir des formules de la soumission religieuse son incurie ou son égoïsme.

Enfin cette religion est civile et guerrière.

Toute doctrine religieuse qui règne sans conteste dans un milieu tend à y donner force de loi à ses prescriptions. Mais davantage l'Islam, avant même de partir pour la conquête de la terre, avait légiféré sur toutes choses ; le second Moïse avait, en un Deutéronome rajeuni, réglé toute la vie privée et sociale du croyant.

Alors même qu'il eût ignoré la trace hébraïque, Mahomet n'aurait guère pu éviter de s'engager dans cette voie. Le christianisme naissant à qui l'amour de Dieu et des hommes

(1) Voir le Commentaire d'El Badjouri à *la Djaouhara*, p. 31.
(2) Voir *les Revenants*.

était toute la loi, n'avait que faire de régler des intérêts et des droits, et si plus tard il en eût été tenté, la perfection des monuments juridiques de Rome l'en eût détourné. Il lui suffit de les retoucher, d'en faire disparaître peu à peu ce qui le heurtait, comme le prêt à intérêt et le divorce.

Le Prophète arabe, au contraire, avait en face de lui une société anarchique vaguement ordonnée par des coutumes barbares et diverses. En l'absence de toute autorité reconnue, il ne pouvait se refuser à la tâche d'unifier et de réformer les institutions des peuples dont il avait entrepris de refaire l'âme. C'est ainsi que la révélation coranique s'est étendue non seulement au droit pénal et aux obligations civiles, prêt, vente, échange, qui sont encore du domaine de la morale, mais à des ordres de faits qui relèvent de la seule opportunité politique et économique, comme le système successoral. Et, conséquence naturelle et grave, toutes les solutions de ces problèmes pratiques sont arrêtées pour jamais.

Du moins, l'interprétation des sentences, souvent bien obscures et sommaires, du Livre Saint donnera-t-elle un peu de marge pour adapter ces formules inflexibles aux nécessités changeantes de la vie ? Non. Les innombrables *hadits*, dires ou récits du Prophète, recueillis par la *Sonna* ou Tradition qui est observée à l'égal des préceptes du Coran par tous les musulmans, hormis les hérétiques chiites, tranchent la plupart des controverses qui pourraient s'ouvrir sur la signification du texte sacré. Bien plus, sur tous les points de détail où quelque doute pourrait subsister, des opinions diverses ont été admises dès le second siècle de l'Hégire par les quatre imams inspirés, les chefs des quatre *rites* ou écoles de droit canon et de casuistique, et depuis lors, il n'y a place dans l'orthodoxie pour aucune divergence, pour aucune jurisprudence nouvelle.

De ces quatre systèmes d'interprétation, le plus libéral, le rite hanéfite, domine en Turquie, en Chine et dans l'Inde ; le plus rigoureux, le malékite, a son domaine exclusif dans l'Afrique du Nord où le premier n'a d'adeptes que dans les familles d'origine turque ; le rite chaféite, qui tient le milieu entre les deux autres, règne sur l'Égypte, une partie des Hindous et des Malais ; le quatrième, le Hanbalite, est à peu près délaissé.

Quant aux difficultés qui avaient échappé à la sagacité des chefs de rite, les nombreux commentateurs qui les ont suivis ont dès longtemps bouché ces fissures. En résumé, loi et jurisprudence sont immuables comme le dogme lui-même, et même le conflit de solutions contradictoires ne saurait ouvrir un recours à la raison contre l'interprétation traditionnelle. L'unanimité des docteurs, qui est une des sources de l'orthodoxie, a bien supprimé une partie de ces contradictions, en prononçant que certains versets du Coran " éternel et incréé " avaient été abrogés par d'autres, mais le nombre de ces textes abolis a été de bonne heure et irrévocablement fixé.

Pour ce qui est des tendances de cette législation, elle paraît avoir pour but principal de protéger le pauvre, l'enfant et la femme, tout en maintenant l'autocratie paternelle et maritale, qu'elle a fondée en Dieu même. D'une part elle s'est ingéniée à déjouer, dans les contrats, toute combinaison permettant de tourner l'interdiction du jeu et du prêt à intérêt. D'autre part, elle a, en réglant plus minutieusement qu'aucune autre loi, la transmission héréditaire des biens, garanti les membres les plus faibles de la famille contre la spoliation.

On devine que ces lois de protection, comme toutes autres semblables, n'ont eu qu'un effet très limité, et que, de toutes les parties de leur croyance c'est celle dont les musulmans ont fait meilleur marché. D'abord, en proscrivant le prêt à intérêt, l'Islam méconnaissait une des exigences les plus pressantes de la vie de ces sociétés. En des climats extrêmes et capricieux qui découragent la prévoyance, l'emprunt est inéluctable. Condamner non seulement l'usurier, mais le malheureux qui ne peut trouver le pain de ses enfants que dans les griffes d'un prêteur, est une énormité que la conscience populaire n'a pu s'assimiler. Aussi le monde musulman est-il celui où, malgré tous les anathèmes, les abus du crédit sont le plus vivaces, et la coutume est si puissante qu'on n'y voit presque jamais l'emprunteur réclamer contre les exactions les plus odieuses, bien que le souci de sa pécune dût appuyer les commandements de sa religion. Nous verrons même que les usuriers ont fort adroitement tiré parti des créations du droit musulman qui, comme la *rahnia*, ou gage immobilier, avaient pour objet de donner au croyant le moyen de venir en aide, gratuitement et sans risque, à un coreligionnaire dans l'embarras.

Quant au système successoral instauré par le prophète, la confusion, à première vue inextricable, qui le caractérise, a pour causes premières l'absence de toute liberté de tester en faveur des héritiers légaux et l'attribution du droit d'hérédité aux femmes. Cette nouveauté dut paraître si énorme que Mahomet n'osa sans doute réaliser toute sa pensée et n'accorda aux filles, petites-filles et sœurs que la moitié d'une part virile. Il en résulte d'abord une première complication de calcul, puis le fait que les femmes n'excluent jamais les héritiers du degré subséquent : l'héritage d'un homme qui ne laisse que des filles sera partagé entre ses enfants et ses collatéraux. Mais en n'accordant qu'à demi l'accès de la femme à la succession, la loi musulmane a voulu du moins l'assurer davantage ; elle lui a constitué une sorte de réserve ; elle doit être servie avant les *aceb* (agnats ou héritiers mâles du côté paternel). La veuve, la mère, l'aïeule, la sœur, sont héritières *fardh* (1) (privilégiées) ; de même la fille et la petite-fille vis-à-vis des ascendants et des collatéraux. Après avoir tant fait pour les membres les plus

---

(1) L'expression de *réservataire* par laquelle on traduit ce terme n'est pas tout à fait exacte, puisque tous les héritiers musulmans sont réservataires au sens de notre droit, le testateur ne pouvant jamais léguer plus du tiers de son bien, quels que soient les parents qu'il laisse après lui. Ils sont également réservataires vis-à-vis des autres héritiers, car aucun d'eux ne peut être avantagé par testament sans l'acquiescement des autres.

faibles de la famille, on ne put traiter moins bien les anciens et les chefs, le père, l'aïeul, le mari, et ce furent autant de nouveaux privilèges. D'autre part, la loi ne laissant aucune latitude au musulman pour apprécier les besoins divers des parents qui doivent recueillir sa succession, il a fallu prévoir le plus grand nombre d'hypothèses possibles pour éviter que tel héritier fût trop bien ou trop mal traité dans cette répartition préétablie : c'est pourquoi la portion assignée au *fardh* varie suivant la qualité et le nombre des successeurs avec lesquels il concourt. Il a paru équitable, par exemple, que si le défunt laissait des enfants, la part réservée à sa mère fût moins forte que dans le cas contraire (1) ; seulement les situations diverses qui ont été réglées par le Coran ou la tradition (2) sont si nombreuses que seuls les érudits peuvent en avoir une connaissance complète.

Ajoutez à ces difficultés de principe celles qui se produisent presque normalement dans une population primitive, savoir les retards dans le partage de l'hoirie au cours desquels un des héritiers vient à mourir, et vous arrivez mathématiquement à un fractionnement infinitésimal des parts qui est impossible à réaliser d'une façon rigoureuse. Ainsi, dans un cas assez simple, un héritage à répartir entre la veuve, la mère, un frère et deux sœurs du défunt ; la première prend 12/48, le deuxième 8/48, le troisième 14/48, autant les deux dernières ; si l'une des sœurs décède avant la liquidation de la succession, la part de la veuve restera la même, mais les autres se chiffreront ainsi : à la mère 165/864, au frère 322/864, à la sœur 161/864 (3). On voit comment au bout de quelques générations on arrive à ces fantastiques divisions par millionièmes et trillionièmes qui relèvent de la tératologie du droit.

(1) Coran, IV, 12.
(2) Voir Luciani, *Traité des successions musulmanes*, p. 207 à 254, les cas où les héritiers *fardh* ont droit au quart, à la moitié, au huitième, aux deux tiers, au tiers et au sixième.
(3) Pouyanne, *Op. cit.*, d'après Sautayra, p. 60 à 62.

On admire combien, en cette matière comme en bien d'autres, le grand législateur des Arabes eut peu souci des commodités de ses adeptes, de l'adaptation de ses idées au monde qui l'entourait. De même qu'il ordonnait des ablutions fréquentes dans un pays sans eau, il instituait des partages compliqués là où les héritages moyens se composaient de quelques têtes de bétail ou de quelques palmiers. Les régions plus fertiles, comme celles de l'Afrique du Nord, ne sauraient beaucoup mieux, en raison des procédés de la culture extensive, s'accommoder du morcellement des terres qui serait la conséquence logique de ce système successoral.

Aussi bien les peuples de Mahomet ont-ils trouvé plus d'un détour pour échapper à ces prescriptions. Quelques-uns, comme nos Kabyles, s'en sont délibérément affranchis. D'autres ont simplifié la question en supprimant à peu près la propriété foncière : les terres confisquées par droit de conquête, et attribuées à titre précaire sous condition de cultiver et de payer redevance, sont généralement dévolues de père en fils, à l'exclusion des femmes et des collatéraux. C'est le régime d'une grande partie des biens-fonds dans l'empire ottoman et en Algérie, où le Turc l'a introduit (1).

Là où la loi coranique maintient tout son empire, la plupart des héritiers ne voulant pas procéder à un partage amiable qui pourrait n'être pas conforme aux textes sacrés, ni subir les complications et les dépenses d'une procédure régulière, restent dans l'indivision par une crainte égale de Dieu et des vacations du cadi, sans considérer que l'ajournement indéfini d'une telle situation en augmente énormément les difficultés.

Bien qu'on soit tenté de conclure que ce système n'est tolérable qu'à condition de ne pas être appliqué, il ne faudrait pas lui dénier tout mérite ni en grossir les défauts. Dans un État bien ordonné où la connaissance de la loi serait suffisamment répandue, les frais de justice très réduits, la situa-

(1) Voir Pouyanne, *Op. cit.*, chap. IV.

tion des biens-fonds et l'enregistrement des mutations immobilières assurés avec soin, le régime successoral du Coran deviendrait d'une application presque aisée. La principale difficulté qu'on y trouve gît dans le dénominateur élevé des fractions qui représentent chacune des parts de l'hoirie ; mais pratiquement ces quantités peuvent se ramener par approximation à d'autres beaucoup plus simples ; ainsi dans l'exemple que nous citions tout à l'heure, la part de la sœur est exactement la moitié de celle du frère et équivalente à celle de la mère à 1/216 près, différence négligeable qui peut être légalement couverte par une soulte. Dans ce cas d'apparence ardue, il suffira donc de prélever un quart pour la veuve, de donner une moitié du restant à l'héritier mâle, et de diviser l'autre par parties égales entre les deux autres héritières, l'une d'elles ayant droit à un dédommagement minime. D'une façon générale, la réalisation de ces fractionnements sur le terrain n'est pas plus malaisée que s'il s'agissait d'appliquer une règle beaucoup plus simple à un domaine de forme irrégulière et d'une contenance exprimée en hectares, ares et centiares : c'est toujours une question d'arpentage plus ou moins minutieux.

Toujours est-il que, à tort ou à raison, la masse des musulmans considère tout partage comme une opération délicate et redoutable qu'il faut retarder autant que possible. Par là même, la famille et la propriété foncière sont constituées en équilibre instable. Tandis que le Coran a investi chacun des héritiers d'un droit très précis, intangible, aucun d'entre eux ne pouvant être avantagé, aucun ne pouvant même renoncer à prendre en nature sa part de l'hoirie, la pratique a installé une sorte de collectivisme de famille en marge de la loi et en contradiction avec les tendances réelles de ces peuples. Le droit d'aînesse des anciens Arabes (1), s'il eût été régulièrement constitué, eût été en somme plus conforme aux traditions autoritaires de la race et peut-être à

(1) Luciani, *Op. cit.*, p. 176.

l'intérêt économique, comme aussi la coutume kabyle qui s'est perpétuée jusqu'à nous de la division de l'héritage entre les mâles.

Autant les gens d'Islam ont été rebutés par la minutie de cette législation civile, autant ils se sont accommodés de ne trouver dans le Coran aucun verset sur l'organisation politique : pas de hiérarchie religieuse ou laïque, pas de système de droit public, c'était de quoi contenter l'instinct anarchique de l'Arabe et du Berbère. On se demande comment le Prophète a pu concevoir cette théocratie sans tête et ce qui a pu l'empêcher de compléter son œuvre gigantesque en courbant les actes les plus importants de la vie collective, la reconnaissance, le fonctionnement et la translation du pouvoir souverain, sous les décrets immuables d'un ordre révélé. Quelle raison a pu arrêter cette prodigieuse volonté ? C'est peut-être simplement faute d'un fils que l'Envoyé de Dieu laissa son peuple dans une si dangereuse incertitude, peut-être aussi faute de traditions et d'exemples voisins : dans l'Arabie païenne et tout autour d'elle, rien que des dynastes petits ou grands défendant par le fer et par le feu leurs domaines d'un jour ; nulle part aucune trace d'une règle d'Etat respectée de tous ; dans Byzance seulement il aurait pu trouver l'idée de l'institution divine du Prince, mais comment assurer la consécration du chef suprême dans une religion sans clergé ?

D'ailleurs Mahomet eût-il arrêté plus fortement ses vues sur le choix de ses successeurs, leur mode d'accession, et l'étendue de leurs prérogatives, ses disciples auraient défailli sans doute à réaliser ces conceptions trop étrangères à celles de leur race.

Ce n'est pas qu'il ait manqué de théoriciens du khalifat, du souverain chargé par le Très-Haut d'assurer la stricte observance de la loi musulmane ; ce n'est pas que les croyants ne puissent, avec les yeux de la foi, voir le modèle de l'autorité sainte et bienfaisante dans le règne des premiers khalifes, compagnons du Prophète. Seulement ils peuvent bien y trouver des exemples de vertu légendaire, non le moindre rudiment de tradition politique. La communauté islamique n'a pas su prendre parti dès le début entre l'élection et l'hérédité dans la famille de l'Envoyé de Dieu, et quand ce dernier système l'emporta, ce fut au profit de la parenté éloignée du Prophète, aux dépens de son sang le plus pur, de ses petits-fils évincés ou égorgés. La descendance de Mahomet prit sa revanche dans l'Ouest en fondant la première dynastie marocaine, puis l'empire fatémide qui tint deux siècles l'Egypte et une partie de l'Orient musulman. Ainsi, dès les premiers siècles de l'hégire, le khalifat a été divisé et aujourd'hui encore, le sultan du Maroc, issu des chérifs du Tafilalet, peut se réclamer de la lignée de Mahomet, tandis que celui de Constantinople ne tient son investiture religieuse que d'une délégation des anciens khalifes du Caire. L'usurpation initiale a d'ailleurs permis aux revendications les plus douteuses, aux généalogies les plus apocryphes de s'imposer, tout ordre et toute hiérarchie étant rompus dans l'innombrable lignée du Prophète : rien de plus facile à un prétendant que de faire admettre sa qualité de chérif et, si Dieu lui donne la victoire, aucun bon musulman ne lui refusera l'hommage. En Islam, le droit divin est une cause d'instabilité.

Ebauche de royauté spirituelle, le khalifat a empêché l'éclosion de l'idée de patrie, en lui substituant dans l'esprit de ces races, une vision vague de l'unité islamique dont elles n'ont pas su faire une réalité. En même temps, les désordres infinis que cette notion informe a engendrés ont laissé au fond de l'âme musulmane un sentiment plus ou moins avoué de réprobation, mêlé de respect, pour toute autorité constituée. Depuis les plus vastes cerveaux de l'Islam comme Ibn Khaldoun, jusqu'au plus humble fellah, les gens du Prophète considèrent plus ou moins les gouvernements comme des fléaux de Dieu auxquels il faut se soumettre jusqu'au jour où Dieu les brise. Au souverain musulman,

(65)

on doit des gestes de vénération, comme à tout chérif ; au pouvoir chrétien, on réserve un secret mépris, mais ni l'un ni l'autre n'est aimé non plus qu'estimé.

Surtout l'attachement et la fidélité à une dynastie n'est pas le fait de l'Arabe ou du Berbère ; ils ne connaissent que le dévouement de l'homme de la tribu à son congénère parvenu au rang suprême, ou bien l'enthousiasme pour le combattant heureux, surtout lorsqu'il guerroie pour la religion.

La Guerre Sainte, voici le dernier trait, le plus original et le plus profond de cette foi, celui où se résume toute cette mâle et dure doctrine.

Assurément, il ne faut pas forcer le sens de cette obligation au point de vue de la conscience individuelle : la guerre à l'infidèle n'est pas un devoir strict comme la prière, l'aumône, le jeune et le pèlerinage ; on peut s'en acquitter à prix d'argent, et lors même qu'il est le plus pressant, savoir quand une terre d'Islam est envahie par les mécréants, il cède à la nécessité ; la lutte doit être abandonnée quand il n'en pourrait résulter que la destruction finale des musulmans. A défaut de la fameuse *fetoua* ou consultation obtenue par le faux *tidjani* Léon Roches (1), le bon sens, qui ne perd pas ses droits vis-à-vis des thèses les plus héroïques, aurait suffi à sanctionner cette exemption. En sens contraire, il faut noter que la guerre sainte peut très bien légitimer, dans l'opinion commune des musulmans, l'assassinat pur et simple : on trouve dans les hadits des exemples de meurtres atroces

(1) Voir Léon Roches, *Dix ans à travers l'Islam.* " Quand un peuple musulman, dont la terre a été envahie par les infidèles, les a combattus aussi longtemps qu'il a conservé l'espoir de les chasser, et qu'il est certain que la continuation de la guerre ne peut amener que misère, ruine et mort pour les musulmans sans aucune chance de vaincre les infidèles, ce peuple, *tout en conservant l'espoir de secouer leur joug avec l'aide de Dieu*, peut accepter de vivre sous leur domination, à la condition expresse qu'ils conservent le libre exercice de leur religion et que leurs femmes et leurs filles soient respectées. "

en traîtrise, sur l'ordre du Prophète, qui sont donnés comme œuvres pies (1).

Noble ou féroce, c'est à l'instinct belliqueux des premiers siècles qu'est due presque toute la fortune de l'Islam, et c'est à bon droit que la mort du guerrier, témoin du Dieu unique sur le champ de bataille, est regardée comme le plus haut épanouissement de la foi, le plus haut degré de la sainteté musulmane. Admirons ici le contraste entre cette religion et sa triomphante aînée, le paradoxe historique qui a transformé presque partout en vaincus résignés les adeptes de la guerre sainte, tandis que les suivants d'un Evangile de paix ont porté leurs armes victorieuses dans la terre entière. Telles sont les détentes imprévues de nos ressorts moraux : le christianisme, en exaltant l'idée de sacrifice, a réchauffé l'amour de la patrie, l'honneur, le loyalisme, si bien qu'ils se sont parfois dressés contre le principe qui les a nourris. Davantage l'esprit chrétien est ardent, altruiste, tout d'intervention et d'intolérance ; au contraire le Musulman orgueilleux et dur n'a souci de faire le bonheur des hommes malgré eux : il lui suffit de dominer ; sitôt qu'il occupe un pays en nombre suffisant pour que sa puissance y soit bien assise, sa force de prosélytisme s'arrête, et peu soucieux d'augmenter le nombre des privilégiés avec celui des élus, il abandonne la canaille mal croyante aux conséquences de son erreur dans ce monde et dans l'autre. Il laisse aux chrétiens et aux juifs leurs institutions et leurs lois, il ne veut rien connaître des infidèles du dedans et du dehors que les tributs et les hommages dus au peuple saint. Il se raidit dans cette attitude, alors même qu'elle est devenue le moins convenable à sa faiblesse, précipitant ainsi la ruine qu'ont préparées son incurie et son détachement du bien public.

Cependant, avant de périr par l'épée, l'Islam en a vécu. On imagine quel afflux le mouvement nouveau trouva dans

_____

(1) El Bohkari, trad. Houdas et Marçais, t. II, p. 354, chap. CLV : Du fait de tuer un polythéiste pendant son sommeil, et *Ibid.*, p. 356.

les populations brutes du désert ou de la montagne moghrébine, lancées à l'assaut du paradis et au sac de l'héritage romain. Ces nomades desséchés, aux yeux brûlants, ces troglodytes hérissés de l'Atlas, pareils à ceux qui, dans le Sud Oranais, se jetaient au-devant de nos colonnes, le poignard à la main, de quel cœur devaient-ils écouter les envoyés de Mahomet qui leur ouvraient les trésors des deux mondes en quelques paroles. Jamais le Prophète n'a trouvé d'accents plus forts que pour glorifier l'ivresse sacrée de combattre pour son Dieu. Aucun hôte du paradis ne se réjouirait, dit-il, de revenir sur cette terre, sauf le martyr de la guerre sainte, car il se réjouirait de revivre pour être tué de nouveau dans la voie de Dieu. Et il répète : " J'aimerais à être tué dans la guerre sainte, puis à être rappelé à la vie et tué encore, puis encore rappelé à la vie, et encore tué (1). "

Et certes, on dirait que jamais plus simple et plus magnifique expression n'a été donnée de la volupté de mourir pour le Maître Suprême, si plus loin cette hyperbole n'était expliquée : le héros musulman voudrait recommencer les combats de la foi, mais ce serait pour obtenir une récompense plus merveilleuse encore.

Nous nous sommes reportés plusieurs fois à cette source inépuisable de la pensée musulmane qu'on appelle la *Sonna* ou les *hadits*, relation des paroles ou des actes du Prophète et de ses compagnons d'après les témoignages directs de l'époque. On ne saurait mieux que d'après ces textes, dont le principal recueil, le *Çahih* d'El Bokhari, a été mis à la portée de tous par la belle traduction de MM. Houdas et Marçais, se faire une idée exacte et vivante de la religion islamique et de la société qu'elle a forcée dans un moule définitif. Livre étonnant, dont la puissance vient tout d'abord de la sincérité : aucune démarche, aucun mot de l'Envoyé de Dieu, si insignifiant qu'il paraisse, n'est consigné sans les

(1) El Bokhari, *Ibid.*, t. II, p. 284.

attestations successives des colonnes (*isnad*) de la tradition, depuis celui qui a vu ou entendu jusqu'au contemporain de l'auteur qui, trois cents ans après Mahomet, l'a fixé pour toujours. Tout importe au croyant en pareille matière ; tout ce qui vient du modèle humain le plus parfait a son prix ; aussi l'autorité de chaque témoin a-t-il été scrupuleusement discutée par les traditionnalistes, et les versions différentes du même récit ont-elles été reproduites à satiété pour mieux confirmer le point qui leur est commun.

Aucun document ne donne une impression de véracité plus saisissante : on y vit avec le Prophète dans une plus grande intimité qu'avec aucun géant de l'histoire, voire la plus rapprochée ; on l'entend qui s'entretient familièrement avec ses compagnons, avec un passant ; on le voit à l'occasion vilipendé par ses adversaires et même par ses amis, on distingue les inflexions de sa voix, les particularités de sa prononciation, on y retrouve ses gestes, on le voit manger, boire, s'acquitter des plus humbles fonctions de la vie ; et, si ses moindres actes tournent à l'édification et au précepte, ce n'est pas qu'ils soient jamais embellis par la légende : le musulman a été préservé des pieuses supercheries par la conviction que tout ce qu'a fait l'Homme Incomparable est digne d'approbation, alors même qu'il aurait enfreint la loi commune, comme il fit en conservant à la fois plus de quatre femmes, chose blâmable chez tout autre que Mahomet.

Étrange monument de l'instinct conservateur et aussi de la confusion d'esprit de ces races que cette encyclopédie où les objets les plus différents voisinent dans l'ordre apparent des chapitres, où les scènes familières, les anecdotes triviales côtoient les visions apocalyptiques, où les révélations sur la hiérarchie des prophètes voisinent avec les préceptes sur la teinture des cheveux, où les réflexions avisées de l'homme d'État et les décisions du législateur alternent avec les diableries burlesques et les recettes de magie ; mieux qu'aucun art, ce désordre donne une image frappante de ce que dut être ce prodigieux initiateur, de l'étonnant mélange de simplicité et de calcul, d'imagination délirante et de lucidité d'esprit qui était en lui.

Autant la lecture du Coran doit paraître ingrate et vide à qui ne peut goûter la résonance d'infini de ces oracles menaçants, vagues et chargés de sens, de ce long orage de mots parmi lesquels éclate çà et là un ordre, un appel, un anathème foudroyant, autant les hadits jettent un jour lumineux sur cette religion et sur sa pénétration intime de la vie du croyant. On y trouve sans doute beaucoup de recommandations peu connues de la masse, comme par exemple celles qui concernent les bons traitements dus aux animaux (1), mais on y reconnaît aussi l'origine de la plupart des usages suivis en Islam. On y surprend aussi le secret de cette dignité extérieure du musulman, le prix et le sens religieux qui s'attache pour lui aux actions les plus ordinaires.

* * *
*

Cette discipline constante, cette considération habituelle de la Force incommensurable, cette pensée que l'homme de foi doit se laisser " conduire ", entraîner par un ordre préétabli qui règle ses moindres mouvements, ont une incontestable grandeur, et si, du regard rapide qui vient d'être jeté sur les principaux aspects de l'Islamisme, on gardait une image un peu réduite, c'est maintenant qu'il conviendrait de la corriger, de mettre à sa place cette colossale création d'un seul esprit, en mesurant la hauteur des principes au nom desquels elle s'est érigée à l'encontre des autres conceptions de l'au-delà, et l'ampleur de la lutte qu'elle a menée contre leur empire.

Alors que le christianisme, encore uni, n'avait en face de lui que des vestiges de croyances abolies, et, dans les lointains

(1) *Ibid.*, par exemple II, 529, n° 2, et 533, n° 19, l'histoire de la prostituée juive pardonnée pour avoir donné à boire à un chien dans sa chaussure, et celle de la femme damnée pour avoir martyrisé une chatte. Le sujet du " Pourceau " de la *Légende des Siècles* est également emprunté aux hadits.

du monde connu, l'édifice déjà branlant du bouddhisme, alors qu'il espérait encore remplir le monde entier de sa flamme, un cri formidable parti du fond du désert est venu l'arrêter, le refouler, lui barrer le chemin depuis les Pyrénées jusqu'à l'Oural. Depuis lors, la clameur s'est apaisée, s'est éloignée, mais aujourd'hui, comme il y a douze cents ans, des milliers de minarets, des millions de fidèles jettent cinq fois par jour, de Tien Tsin à Merrakech, la phrase fatidique qui nie le Fils de Dieu.

Que le chrétien s'étonne de l'audace et de l'immense propagation du blasphème, ou que le philosophe admire l'expansion d'une idée simple et forte, la même impression de développement et de durée nous confond.

Sans l'idée de l'unité divine, qui le remplit, on peut dire que l'Islam ne pèserait guère ; il ne laisse à l'homme que son néant, il ne lui ouvre en ce monde et dans l'autre, que des destinées médiocres. Il n'en a pas moins haussé les premières générations des croyants à de superbes entreprises par la vertu génératrice qui appartient à toute illusion nouvelle ; il a beaucoup détruit et beaucoup créé ; il a ruiné l'Afrique romaine, vivifié le Maroc et l'Espagne. Peut-être aura-t-il encore d'éclatants réveils, et, pareil à ces femmes qu'on voit, par les étés, dormir le front dans la poussière brûlante des routes d'Algérie, peut-être redressera-t-il soudain vers le passant étonné un visage de roi. Mais, quel que soit son avenir, quelles les revanches qu'il pourra prendre, son action morale, sa capacité de transformer l'homme et la société seront toujours bornées.

Situé entre la plus merveilleuse floraison du sentiment religieux et le grand soulèvement du rationalisme des derniers temps, la révélation de Mahomet est tournée non point en avant, mais vers un passé antérieur au Christ, et le farouche poète qui, dans sa *Divine Comédie*, a représenté le Prophète errant, la tête tranchée et replacée à l'envers sur ses épaules, a, sans presque le connaître, fixé avec une incomparable énergie plastique, la position de ce continuateur de Moïse.

L'Homme de la Mecque a pris beaucoup plus à la loi du Sinaï qu'à celle de Jésus, mais il en a retiré le ressort essentiel, l'espérance de la régénération par le Messie ; au christianisme, il n'a guère emprunté qu'une doctrine plus précise des récompenses et des peines, et aussi l'idée d'une religion universelle : seulement, en appelant à lui tous les hommes, l'épée à la main, l'Islam retombait dans la notion du peuple élu, voué à la poursuite de la domination terrestre.

Enfin, si l'on compare ce vaste mouvement avec ceux dont la pensée contemporaine n'est pas près de sortir, on trouve encore et toujours, à l'esprit islamique, quelque chose de court et de fermé. Dans sa partie critique, il adopte les mêmes procédés que le scepticisme européen de ces derniers siècles, et on a souvent cité les railleries toutes voltairiennes de certains théologiens musulmans à l'égard des dogmes chrétiens. Mais, tout en devançant l'irréligion moderne dans son œuvre de destruction, à l'avance il se déclarait contraire à ce qu'elle a d'agissant et de fécond ; il paralysait tout progrès par la minutie des traditions et des réglementations immuables, et surtout par l'idée omniprésente de la toute-puissance divine.

Il semble donc que l'Islam ait participé en quelque manière à toutes ces grandes poussées de l'âme humaine, mais non aux aspirations qui les animent ; sa doctrine resserre et assagit l'homme autant que les trois autres l'enivrent ou le magnifient.

En face des immenses espoirs et des orgueils démesurés, en face du Dieu fait homme et de l'homme divinisé, en face des rêves d'amour universel ou de pouvoir infini donné par la science, l'Islam est là, dédaigneux et tranquille, fort de son adaptation à l'humanité commune, de sa discipline peu exigeante, mais exactement suivie. Il a traversé les épreuves les plus dures pour une religion de combat ; il a vu son empire temporel se rétrécir chaque jour, mais dans cette longue et pénible manœuvre de retraite, il n'a pas compté pour ainsi dire un seul déserteur. Il a conservé tout son prestige sur ses suivants, et ses revers ont même augmenté son emprise sur certaines races : l'Afrique du Nord ne s'est jetée ardemment en religion qu'au XVIIe siècle, après Charles-Quint, après les premières entailles faites par l'Europe chrétienne dans cette terre d'Islam, de même qu'après 1830, la propagande musulmane a entamé de plus en plus le continent noir.

Il reste ce qu'il a toujours été, une armée et un parti ; il en a la cohésion, l'objectif limité, le respect aveugle de la consigne et du secret. Il est peut-être aussi propre à soutenir les luttes politiques qu'il fut jadis à déchaîner les tumultes guerriers.

Peut-être formera-t-il encore de grands empires, sinon de grandes vertus, peut-être étonnera-t-il le monde par sa capacité d'adaptation aux temps nouveaux, peut-être se dressera-t-il un jour contre une Europe usée dont il mettra les leçons à profit avec une énergie intacte ; mais il n'aura jamais le pouvoir de rénovation sociale qui appartient à l'idée chrétienne et sans doute il ne saura jamais rien créer. L'Islam est avant tout fondé sur une négation, et de là vient sa puissance comme aussi sa stérilité.

III

L'HISTOIRE. --- CONCLUSION

LA foi musulmane a marqué d'une empreinte si profonde l'homme de l'Afrique du Nord qu'on pourrait, négligeant toute influence antérieure, commencer à l'hégire l'histoire de sa formation sociale aussi bien que la nôtre à la conquête romaine.

Des quatre siècles de domination latine, il ne reste guère davantage sur la terre africaine, que des cinq ou six cent ans qu'a duré l'empire punique : quelques ruines, des inscriptions funéraires, les noms des mois qui reproduisent ceux du calendrier Julien, certains usages, certaines fêtes comme celles du *Bou Ini* de l'Aurès et l'*Ennayer* de Tlemcen où l'on retrouve les mots *bonus annus*, et *januarius*, peut-être les anciens municipes de la Kabylie et une partie de ses coutumes, voilà tout ce qui reste du gigantesque effort de Rome dans ce pays.

Mais ce rien vaut aussi qu'on s'y arrête : n'est-il pas remarquable que la Ville Eternelle ait tout transformé autour d'elle, ait fait taire en Europe tout langage barbare, en dehors de quelques îlots montagneux comme le pays basque et l'Albanie, et que tout près d'elle, cette Afrique ait suffisamment résisté à sa pénétration pour que le vieil idiome lybique antérieur à Carthage y ait subsisté et pour que les moindres vestiges de la langue et de la religion de Rome en aient disparu. La passive Egypte au contraire a oublié le parler copte, mais a résisté à l'islamisation totale, et a conservé en ses ghettos, en ses villages isolés, une communauté de chrétiens qui compte actuellement près d'un million de fidèles. Faut-il en conclure que le Berbère tienne plus encore à sa personnalité ethnique qu'à sa religion ? L'Afrique du Nord est en effet, avec l'Arabie, le seul pays musulman d'où le christianisme ait été entièrement extirpé, et c'est pourtant le seul où la loi coranique ne règne pas sans partage sur les orthodoxes.

A coup sûr, de toutes les leçons de l'histoire ressort clairement l'impossibilité d'assimiler ces races en peu de siècles. L'Islam lui-même, qui les tient si fort, a mis plus de mille ans à les posséder complètement. La religion chrétienne luttait encore au XIIᵉ siècle (1) ; un passage bien connu d'Ibn Khaldoun rapporte que certaines tribus abjurèrent jusqu'à dix-sept fois l'islamisme. Enfin l'indifférence de ces populations succédant à leur résistance, ne céda qu'à l'élan de prédication du XVIᵉ et du XVIIᵉ siècle, provoqué par le mouvement offensif de l'Europe vers le Maghreb.

Il serait intéressant de rechercher les raisons qui ont fait disparaître le christianisme de cette partie de l'Afrique : peut-être les trouverait-on dans la répugnance du Berbère pour l'instruction et pour l'organisation. La religion catholique ne peut se maintenir, comme la musulmane, par la répétition de quelques actes et de courtes formules ; elle suppose un clergé possédant du moins quelque rudiment de doctrine ; elle réclame une superposition d'autorités insupportable à ces montagnards toujours en guerre avec leurs voisins. La hiérarchie a fait vivre le christianisme en Egypte et en Aybissinie, malgré la corruption des traditions et la séparation d'avec Rome, tandis que dans le Maghreb, l'anarchie sociale a dû ruiner l'ancienne foi, là où les barrières de la nature auraient pu la protéger.

Toujours est-il que l'héritage des civilisations antérieures étant dissipé, il faut se borner à rechercher les fruits que cette société a pu recueillir de la domination islamique. Aussi bien

(1) Voir Mercier, *Histoire de Constantine*, p. 100.

la période musulmane est-elle le temps le plus significatif de son histoire, puisque c'est le seul où elle aurait pu se constituer définitivement en nation. Les vicissitudes des pays barbaresques durant les mille ans qui séparent la venue des Arabes de celle des Turcs, sont au premier abord un des sujets les plus rebutants qui soient au monde. Tandis que nous voyons les destinées de l'ancienne Rome ou de la monarchie française se développer harmonieusement, s'élargir comme la ramure d'un arbre immense, qui arrive à ombrager une partie du monde, puis se dessèche et tombe foudroyé, ou bien longuement se survit, ici nous n'apercevons d'abord qu'une pénible confusion, qu'une répétition monotone de guerres faciles et vaines, de dissensions et de traîtrises, qu'un défilé de dynasties aussi vite élevées que renversées, de régimes sans principes et de royaumes sans frontières.

Cependant, à bien considérer ces mouvements, on y trouve de grandes directions ; un certain ordre s'établit dans ces remous indéfinis. Après les luttes sanglantes des Byzantins et surtout des petits potentats berbères, chrétiens ou juifs, contre les premiers envahisseurs arabes, peu à peu la réaction du tempérament national perd son caractère antimusulman ; seulement l'Afrique du Nord devient hérétique en Islam comme elle l'avait été dans la chrétienté. Une théocratie se forme, celle des Kharedjites, dissidents rigides dont le vague empire s'étend alors sur une grande partie de l'Afrique et qu'on retrouve encore aujourd'hui, cantonnés au Mzab, dans l'île de Djerba, à Zanzibar et à Mascate. Les chiites en ont raison, puis les Almohades chassent à leur tour les sectateurs d'Ali, et l'Afrique du Nord, à partir du XII° siècle, entre définitivement dans l'orthodoxie musulmane. Cependant, sous le couvert des querelles théologiques, l'instinct d'indépendance et de particularisme agit : du côté de l'Est, les Aghlabites de Kairouan s'efforcent à féconder le domaine dévasté de Carthage et de Rome ; à l'Ouest s'instaure un nouveau khalifat issu de la descendance du Prophète : les deux grands centres d'attraction commencent à se

former qui vont pendant des siècles s'arracher le pays intermédiaire, épave rejetée de l'un à l'autre, faute d'un point
stable où s'affermir. Assez longtemps un groupement résiste
vers le centre ; une royauté dure cent ans à la Kalaa puis à
Bougie, mais la grande rafale des Almohades commence sa
ruine. A ce moment, on peut croire qu'une monarchie unique
va tenir cette terre de Gabès à l'Atlantique, mais l'œuvre
du Charlemagne berbère Abd el Moumein n'est pas plus
durable que celle de l'Empereur à la barbe fleurie, et cinquante ans après lui, la division de l'Afrique antérieure est
plus fortement accusée que jamais ; les deux grandes rivales,
Tunis et Fez, les deux dynasties opposées, Mérinides du
Maroc et Hafsides de Tunisie, s'affrontent, se combattent
sans relâche. Entre elles rien ne peut vivre, sauf à Tlemcen
un royaume sans cesse battu par les deux flots contraires. Au
milieu du XIII⁰ siècle le Sultan tunisien fait sentir sa puissance
jusqu'à la Tafna ; cent ans plus tard, c'est le Marocain qui
enlève Bougie, Constantine, Tunis même et presque aussitôt
les perd ; puis les Hafsides reprennent le dessus, soumettent
de nouveau le pays d'Oran et Tlemcen qui, à travers maintes
vicissitudes, reste soumise à leur suzeraineté jusqu'à la fin
du XV⁰ siècle.

C'est dans ces luttes stériles, dans ces folles équipées que
toute l'énergie de cette race s'est usée ; toujours l'élan décor-
donné de l'homme de tribu, la razzia et la fuite ; régulliè-
rement les villes sont livrées par trahison à l'assaillant qui y
laisse ses lieutenants et qui le lendemain les voit se révolter
contre lui ; jamais l'esprit mobile et peu sûr de l'Arabe et
du Berbère ne s'est plus librement donné carrière. Versatilité à part, la géographie eût d'ailleurs suffi à faire échouer
cette velléité séculaire d'unité nationale : ce pays est poli-
tiquement mal conformé ; ses centres d'attraction se trouvent
à ses extrémités ; il n'est pas plus facile de gouverner Tlemcen
de Tunis que Constantine à travers l'Atlas. En outre, sa division parallèle en régions montagneuses et en longues plaines
alors presque désertes, autant qu'elle favorise l'envahisseur

qui chasse devant lui les nomades, embarrasse le conquérant qui veut s'implanter.

Enfin dans l'alarme du Maghreb attaqué par les Ibériens de Mogador à Tunis, survient le Turc qui impose sa suzeraineté jusqu'à la Moulouya et fonde la suprématie d'Alger sur cette vaste marche-frontière qui avait servi de champ de bataille pendant cette longue journée. Ainsi la cause était entendue : mille ans avaient été donnés à la Berbérie pour se former en un état ou en un groupe d'états capables de résister à ses voisins et de vivre normalement à leurs côtés ; l'expérience avait échoué, et voici que pour la troisième fois l'Orient voulait attirer et régenter ce pays qui chaque fois lui avait bientôt échappé.

On sait que l'empire ottoman ne réussit pas mieux que celui des Khalifes ou que l'antique Phénicie à conserver cette terre lointaine sous sa dépendance : la Régence d'Alger, plus encore que celle de Tunis, s'affranchit bien vite de l'autorité de Constantinople ; elle devint le domaine d'un petit nombre de Turcs et de pirates de toutes les nations, oligarchie batailleuse et pillarde, dont tout le programme était de garder les villes et de rançonner les tribus, toute la fonction de s'enrichir en courant sus aux voiles chrétiennes et de conspirer contre le Dey.

Pour rudimentaire qu'il fût, ce gouvernement n'en a pas moins établi un commencement d'ordre et de régularité dont notre régime a bénéficié : il a créé l'entité algérienne, avec les divisions administratives, les impôts sur les cultures des indigènes et le mode de tenure des terres qui ont subsisté sans grands changements jusqu'à aujourd'hui. Le Turc a apporté quelque esprit d'organisation chez ces Berbères arabisés qui en étaient si mal pourvus : c'est lui qui nous a révélé par ses formations de troupes ou de milices le parti qu'on pouvait tirer de ces populations en apparence si rebelles à toute discipline. Le nom même de *Beylik* que nos Arabes ont donné à l'autorité française marque l'origine de notre pouvoir, la tradition d'obéissance à l'étranger à qui Dieu octroie une supériorité temporaire dans les combats et dans les arts civils.

Mais si les fils de Stamboul ont tant bien que mal rangé leurs coreligionnaires de l'Ouest dans les cadres d'un état militarisé, ils ne pouvaient assurément leur enseigner le respect d'aucun droit ni le fonctionnement délicat et compliqué d'une administration moderne. La violence dans la transmission du pouvoir, la corruption guidant le choix des représentants de l'autorité, le poids des exactions s'aggravant de degré en degré du dey à l'agha, de l'agha au caïd et aux grands de la tribu, voilà toutes les leçons qui étaient dispensées à ces peuples dès longtemps voués au culte de la force et de la ruse. Quelques milliers d'étrangers redoutés et haïs étaient bien hors d'état, l'eussent-ils voulu, d'élever leurs sujets au-dessus de la conception des groupements locaux auxquels se limite la vie publique de l'Arabe et du Berbère. On peut admettre qu'à ce point de vue l'Africain du Nord n'est pas plus avancé qu'au premier jour de son histoire. Il n'a gardé aucune trace de l'idée romaine ; l'invasion arabe, quelle qu'en ait été l'importance, et les dominations qu'il a subies ne pouvaient que fortifier en lui cette résignation à l'incertitude, cette acceptation facile des changements politiques, cette insouciance de toute règle autre que la loi du Prophète. Il ne faut jamais perdre de vue, quand on parle d'adapter à cette société le mécanisme de nos institutions, que nous avons affaire à des contemporains des Gaulois conquis par César, avec, en moins, les grandes confédérations régionales qui élargissaient déjà l'horizon de nos lointains aïeux, et, en plus, le rattachement à une vaste collectivité religieuse qui n'a jamais pu les agréger dans l'ordre politique, mais qui les empêche de se fondre dans toute autre partie de l'humanité.

Géographiquement et moralement, l'Afrique barbaresque est isolée du reste du monde. Elle s'allonge, comme un rameau inquiet, très à l'écart de la souche des peuples orientaux. Distendue, dépourvue d'un point central d'activité et de direction, elle est condamnée à l'agitation et à la division éternelles, à moins de trouver au dehors le nœud de son unité et de sa stabilité. Encore cette aide extérieure et imposée ne peut-elle lui profiter qu'à grand'peine : l'Orient est trop loin dans l'espace, trop semblable à elle et trop arriéré, naguère comme aujourd'hui ; l'Europe est trop loin dans le monde des idées, trop différente et trop avancée dans son développement. Notre pays cependant pourra suffire à cette tâche, et à coup sûr aucun autre n'aurait assumé les sacrifices qu'il a consentis dans le passé et pour l'avenir afin de la mener à bien.

Nous croyons avoir suffisamment montré les difficultés originelles de notre action sur les musulmans d'Algérie, mais avant d'aborder l'étude des moyens dont nous disposons pour les rapprocher de nous, il importe de faire une distinction primordiale.

Quand on dit qu'il est malaisé ou même impossible d'assimiler l'indigène, il faut bien s'entendre : quelque attachés à leurs traditions que soient les gens d'Islam, ils ne sont pas si rebelles aux innovations qui leur paraissent favorables à leurs intérêts ou à leurs passions. Le plus ignare des Arabes comprendra l'utilité de l'instruction, s'il y voit le talisman qui doit ouvrir à son fils une carrière lucrative ou paisible. Le plus fanatique reconnaîtra la commodité de nous combattre avec nos propres armes, presse, réunions, associations, mandats publics. On peut tant bien que mal faire endosser au musulman tous les harnais du citoyen moderne, l'envoyer à l'école, à la caserne et à la salle de vote ; autre chose est d'en tirer utilité pour lui-même et pour nous.

Si l'on envisageait des réformes plus profondes dans l'ordre social, par exemple l'amélioration du sort de la femme, les obstacles seraient assurément beaucoup plus grands, non peut-être insurmontables. La tendance actuelle du monde moderne étant au relâchement du lien conjugal, il n'est pas probable que les croyants soient jamais amenés à restreindre bénévolement les facilités de dissolution du

(81)

mariage qu'ils tiennent de leur religion. Les musulmanes sauront peut-être un jour s'affranchir de la polygamie par l'engagement, dès aujourd'hui licite, pris par le futur mari de ne point épouser une autre femme ; pour ce qui est du droit de répudiation qui, reconnu à l'épouse, serait absolument incompatible avec le sentiment islamique, les émancipées de l'avenir sauront bien trouver la recette pour amener malgré lui un mari au divorce (1). Il ne nous siérait guère d'ailleurs de hâter de tels changements, que nous ne saurions vraiment considérer comme des progrès, et tout notre rôle devrait se borner, en pareille matière, à développer l'assistance, pour sauvegarder les générations compromises par l'instabilité de la famille. Seulement pareil remède n'est pas de nature à réduire le mal, et là encore, on voit bien l'intérêt vulgaire et immédiat que cette société peut retirer de son évolution, rien de plus.

La grande œuvre, la grande chimère peut-être, si attirante qu'on ne peut s'empêcher de la suivre, c'est l'assimilation du dedans, la création d'une âme commune.

Pour une telle entreprise, trois grandes forces nous font défaut, un crédo précis, la possibilité de la fusion ethnique, une suprématie évidente et universelle ; nous n'en possédons qu'une, mais bien active, la coopération.

On peut se demander ce qu'aurait été la conquête de l'Algérie à une époque de foi ardente, si un saint Louis ou un Charles-Quint, en faisant briller le sang des martyrs ou la flamme des autodafés, avait courbé cette race, si rude mais au fond si pliante, devant la croix qu'elle avait renversée jadis. Mais l'exemple d'Haïti, des colonies espagnoles, n'est-il pas là pour nous crier que la communauté de religion, pas plus que le mélange des races, n'est une garantie de bonne entente ? Admis dans le giron confessionnel, puis au foyer familial, le peuple conquis n'en est que plus âpre à récla-

(1) Nous ne parlons pas des Kabyles qui, par le *droit à l'insurrection*, donnent à la femme le moyen de se libérer et qui seront certainement obligés quelque jour d'admettre le remariage de l'insurgée, sans indemnité au mari.

mer l'égalité, et plus prompt à saisir toute occasion pour brusquer son émancipation. Il est vrai qu'en matière sociale aucune expérience n'est tout à fait concluante : le coefficient de la distance peut changer tout le problème. La disparition d'une croyance hostile et la formation d'une population arabo-latine auraient peut-être produit des effets tout différents au seuil de l'Europe.

Toujours est-il que l'intronisation en Algérie de la France libérale de 1830 fut si prudente au point de vue religieux, que dans les premières années de notre occupation, on n'osait célébrer aucune cérémonie extérieure du culte catholique ni même élever de croix sur les églises : " Nous avons, écrivait Genty de Bussy dans son rapport à la Commission d'enquête de 1833 (1), deux puissants éléments de conviction avec nous, notre religion et notre charte, employons-les avec prudence ; ne les appelons que quand l'heure en sera venue ; nos résultats n'en seront que plus assurés. " Et il ajoutait dans un style dont nos adminis-trations ont perdu le secret : " Que si, chez ces peuples des montagnes, ces Kabaïles qui n'ont d'autre religion que la force, d'autre Dieu que leur épée, de nouveaux apôtres chrétiens veulent tenter une conversion, qu'ils partent ; la lice est ouverte, nos vœux suivront leur audace ; l'Afrique profitera de leur triomphe et les couronnes du martyre qui les attendent seront dans ces contrées sauvages les marche-pieds de la civilisation. " L'intendant civil, assurément mal renseigné sur les habitants du Djurdjura, n'en était pas moins clairvoyant dans ses ironies.

Quant à " notre charte ", quant à l'ensemble des idées, des principes, des aspirations qui règlent nos actions collec-tives ou individuelles, elles ne peuvent se résumer en quel-ques formules frappantes comme les affirmations d'une reli-gion positive, et d'ailleurs on risquerait, en les propageant sous une forme trop sommaire, de faire tort à l'œuvre

(1) Archives du Gouvernement général de l'Algérie.

d'union que nous poursuivons. L'idéal de progrès, de développement de la personnalité humaine est peu entraînante quand on le conçoit comme la recherche d'une vie non point plus facile, mais plus forte, plus pleine et plus haute. Sous son aspect vulgaire, celui du bien-être et de l'affaiblissement des contraintes, il est moralement peu efficace et en outre inconciliable, pour des esprits simples, avec les gênes multiples que la civilisation apporte avec elle, avec les précautions particulières qu'elle exige pour le maintien de l'ordre dans la population qu'elle élabore.

Pour ce qui est de la fusion des sangs, l'Islam admet le mariage du croyant avec la *kitabia* chrétienne ou juive, mais il fait un crime à la musulmane d'accepter un infidèle pour époux. En fait, ces unions de part et d'autre sont extrêmement rares en Algérie : on en compte 360 en soixante-treize ans pour toutes les nationalités européennes (1). D'ailleurs, si elles devenaient très fréquentes, elles auraient vraisemblablement pour effet l'absorption de l'élément le moins nombreux et le moins bien adapté qui est le nôtre. On a remarqué combien, dans certains petits centres, les colons européens arrivent à prendre les allures de l'indigène, son esprit, sa façon de vivre ; boisson à part, on les croirait musulmans, et peut-être la polygamie ne les effraierait-elle pas, n'était la loi. Si une puissance musulmane prenait possession de l'Algérie, on verrait peut-être dans les campagnes beaucoup d'immigrés, les plus pauvres, les mieux enracinés, sans parler des ambitieux, se convertir à la religion du Prophète.

Assurément une telle restauration politique de l'Islamisme est hors de toute probabilité, mais l'indigène du commun en est moins que nous convaincu ; dominé par la foi dans le triomphe final de sa religion, il n'attache qu'une importance temporaire aux manifestations de notre puissance : tout aux impressions du moment, il criera : " Dieu est grand ! " en

(1) Demontès, *le Peuple algérien* p. 214, sq.

voyant nos canons et nos cuirassés, mais s'il assiste à un embarquement de spahis pour le Maroc, il ira répétant que la France n'a plus de soldats, hors les musulmans. S'il sentait autour de lui une puissance unique comme la Rome des Césars, peut-être courberait-il la tête ; mais si inculte qu'il soit, il ne considère nullement la grandeur de notre pays comme incomparable, il guette toutes les rumeurs du dehors qui peuvent annoncer quelque changement dans sa destinée. Des bruits de guerre européenne s'étant répandus en Algérie, il y a quelques années, les écoliers kabyles disaient à leurs camarades français : " Maintenant ce sont nos pères qui vont commander aux vôtres ! " Les grands mouvements de la politique extérieure viennent par de longs cheminements ébranler ces cerveaux primitifs et y engendrer des images bizarres, presque toujours contraires à celles que nous essayons d'y former. Quand on commençait à parler du service militaire des indigènes algériens, quelques protestations anonymes qui parvinrent au Gouvernement général déclaraient que les musulmans allaient saisir l'Europe de la question. Galéjade si l'on veut, mais bien significative !

Cette fièvre secrète, cette attention maligne à tous les incidents qui peuvent nous atteindre, beaucoup de Français veulent y voir un effet de notre façon de gouverner : à notre avis, la cause en est ailleurs. Il est enfantin de croire qu'un gouvernement, si bon qu'il soit, puisse effacer rapidement l'antagonisme de deux races séparées par des siècles de guerre et de haine, par l'opposition des idées, des aspirations, des traditions, des croyances. Et puis, avant tout, l'Islam veut dominer : le dernier des musulmans est profondément imbu du sentiment de son institution divine au-dessus de tous les non-croyants, et rien ne peut le satisfaire pleinement que de reprendre rang éminent, autorité et suprématie sur le chrétien. Un compromis ne pourra durer avec les gens de Mahomet que lorsqu'ils apercevront nettement, entre la domination et la sujétion, le moyen terme de la collaboration loyale.

C'est à nous de les pénétrer de cette vérité, de les mettre

en confiance, de les faire œuvrer utilement avec nous ; seulement, pour réussir dans une série d'opérations aussi longues et aussi délicates, il nous est essentiel de ne pas être trop inquiétés au dedans et au dehors. Il ne suffit pas d'opposer à l'humeur paresseuse et mobile des disciples le calme, la sûreté de méthode, la fermeté d'un maître équitable et bienveillant, il ne suffit pas de bien choisir les représentants de la nation éducatrice, il faut encore leur laisser le champ libre, et ne point, sous prétexte d'empêcher le mal, paralyser tout effort vers le bien.

Pour la tâche colossale de rapprocher ces Colonnes d'Hercule, ces deux humanités qui se sont toujours ignorées ou combattues, nous bénéficions, nous Français, de quelques aptitudes particulières, notre penchant d'artistes à nous éprendre des formes de la vie primitive, notre bonhomie vis-à-vis du vaincu, tant qu'il est modeste, notre esprit de tolérance, nos qualités d'ordre et de clarté. Mais, par contre, quel embarras que notre pédanterie de bureaucrates et de juristes, quelle faiblesse que l'instabilité de notre pensée et de nos volontés s'agitant autour de cette masse d'hommes que mène et resserre le seul instinct de conversation du groupe ! Quel pitoyable contraste entre notre verbiage, nos fantaisies de rêveurs bayant à la fraternité universelle, et le mystérieux silence de ce peuple qui ne rêve point, sinon à la seule chose que nous ne puissions lui laisser espérer, la primauté !

Et pourtant il faut que la France agisse sur lui, de par sa supériorité de nation adulte, sortie de l'âge théologique, il faut qu'elle forme l'esprit de ses enfants d'adoption par l'autorité, par l'exemple, par l'emploi résolu et modéré de la contrainte. Elle ne peut les traiter comme des égaux, crainte de voir ses élèves renverser les bancs de l'école et troubler la rue, jusqu'au moment où un maître moins débonnaire viendra ressaisir la férule. Comment a-t-elle jusqu'ici ordonné sa tâche, comment pourrait-elle s'en acquitter au mieux, nous allons maintenant le rechercher.

DEUXIÈME PARTIE

L'ORGANISATION FRANÇAISE

I

LE GOUVERNEUR GÉNÉRAL. — LA REPRÉSENTATION PARLEMENTAIRE

LA période française a été remplie, pendant et depuis la conquête, qu'on peut considérer comme ayant duré jusqu'à la fin des insurrections de 1881, par la lutte entre deux conceptions opposées, centralisation et autonomie.

Dès les premiers essaimages de peuples, l'analogie des rapports de métropole à colonie avec ceux de parents à enfants ont frappé les esprits et se sont traduits dans le langage ; aussi bien le tempérament national produit-il les mêmes effets dans ces deux ordres de relations. De même que le père anglais lance de bonne heure son fils dans la vie, quitte de son autorité et de son appui, la Grande-Bretagne a bientôt lâché la bride à ses filles d'outre-mer et n'a guère consenti pour elles aucun sacrifice direct, ayant assuré d'avance leur sécurité par l'énorme développement de sa puissance maritime. Le Français, au contraire, qui couve sa progéniture au risque de l'étouffer, voit son gouvernement prolonger à l'égard des colonies qu'il a faites, le temps des débours et de la tutelle étroite. Comme les bourgeois de chez nous, la France craint avant tout que ses enfants ne s'éloignent d'elle ou ne la compromettent dans des entreprises imprudentes : elle préfère pour eux l'inertie à l'aventure.

Cette disposition, pour être mesquine, n'en est pas moins raisonnable jusqu'à un certain point. Nous ne sommes pas maîtres de la mer ; nos établissements hors d'Europe ne sont pas, comme les colonies autonomes de l'Angleterre, peuplées en majorité d'hommes de notre race : nous sommes donc obligés d'y maintenir beaucoup plus fermement l'emprise de la métropole. En outre, il est naturel que, sans vouloir considérer nos possessions comme des fermes bien payantes, nous désirions récupérer, en profits partagés avec elles, par le mouvement des échanges, par le libre accès des activités coloniales, les immenses sacrifices qu'elles nous ont coûtés, et partant nous prémunir contre toute exclusion de leur part. Enfin et surtout, nous tenons à ce qu'elles nous fassent honneur, et nous voulons pour cela conserver notre contrôle sur tous leurs actes. Encore ne faut-il pas créer les dangers en voulant les éviter, ne pas énerver ou dévoyer les énergies en voulant les tenir trop de court, et ne pas prétendre guider les gens sans bien connaître la route.

Cette lutte entre le pouvoir et le savoir, entre l'incompétence affairée de Paris et les idées, inspirées par l'expérience locale, cette divergence apparente des intérêts, à laquelle se joint un malentendu fondamental, signalé au début de ce livre, sur la conduite à tenir au regard des indigènes, ce conflit entre des idées, des sentiments et des amours-propres opposés, qui tour à tour prenaient l'avantage, s'est traduit par de trop fréquentes fluctuations dans notre politique administrative.

Tout d'abord, la conception de la première magistrature algérienne s'en est trouvée fréquemment modifiée. Nous ne dirons pas les métamorphoses du Gouverneur général, d'abord grand chef militaire chargé des affaires civiles, dont la fonction, un peu réduite après 1848, supprimée de 1858 à 1860, lors de l'essai malheureux d'un ministère de l'Algérie, rétablie et renforcée de 1860 à 1870, supprimée de nouveau, fut scindée en 1871 en un gouvernement général civil relevant du ministère de l'intérieur et un commandement militaire dépendant du ministère de la Guerre. Depuis lors, le rôle du premier représentant du Gouvernement en

Algérie, diminué en 1881 par le système dit des rattachements, a été considérablement accru par les décrets pris en sens contraire dix-sept ans plus tard et surtout par l'institution du budget spécial.

Les décrets de 1881, qui soustrayaient un certain nombre d'administrations algériennes à l'autorité du gouverneur pour les rattacher directement aux ministères dits compétents, sont une curieuse manifestation des tendances très diverses qui s'unissent parfois sous le vocable d'assimilation.

Tandis que dans la métropole on est volontiers partisan d'étendre à la colonie les règlements et les institutions de la France, par méconnaissance des conditions locales et par une fausse idée des garanties qu'en retireraient les populations de l'Algérie, de l'autre côté de la mer, on devient par moment assimilateur pour secouer le contrôle du pouvoir local. C'est ainsi que le gouverneur général fut pendant une vingtaine d'années quasiment annihilé, limité à une tâche d'observation, d'inspection et de conseil, par la coalition jalouse des coteries politiques de l'Algérie et de la bureaucratie métropolitaine. Là est encore le danger, et si ce grand ressort venait de nouveau à se détendre, ce serait par l'effet de cette double traction.

Qu'un haut fonctionnaire, muni de larges pouvoirs, coordonne l'action gouvernementale en Algérie, c'est une nécessité qui apparaîtra à tout esprit non prévenu, mais c'est aussi chose si gênante pour certaines influences, si choquante pour certains préjugés, qu'il n'est pas superflu d'y insister.

Tout le monde admettra, si habitué que l'on soit aux maux de l'irresponsabilité et de l'émiettement administratif, que les affaires d'Algérie doivent être concentrées quelque part dans un unique cerveau. Tous ceux qui peuvent se représenter la journée d'un ministre de l'Intérieur, reconnaîtront que ce n'est pas chez lui que peuvent aboutir tous les organes de manœuvre de la machine algérienne. Un ministre spécial ferait-il mieux ? Assurément, s'il n'a pas obtenu le portefeuille de l'Algérie, à défaut de celui de l'agriculture ou de l'instruction publique, au hasard d'une combinaison de cabinet. Encore faudrait-il qu'une fois l'homme compétent trouvé, perle rare, il fût soustrait à l'instabilité de cette charge, qu'il échappât aux préoccupations étrangères à sa tâche, au tourbillon parlementaire, au souci des grandes questions et des incidents minuscules qui se partagent une existence ministérielle. Au lieu d'un secrétaire d'Etat affairé et novice, aurons-nous à Paris un homme de carrière, un haut directeur des affaires algériennes ? Mais celui-là, si éminent qu'on le suppose dans sa partie, n'aura ni l'autorité d'un membre du gouvernement, ni l'action immédiate et l'influence que, sur place, un représentant du pouvoir peut bien vite exercer sur ses administrés. Plus grande sera sa connaissance de l'Algérie, plus nombreux seront ses conflits avec l'autorité locale, mieux avertie que lui des mouvements et des besoins du moment. Un tel personnage ne saurait en aucune façon remplir le rôle d'un gouverneur général, ni même à notre sens le seconder, à moins de présenter l'assemblage presque impossible de l'activité, de la pénétration intellectuelle et d'une complète abnégation.

Il faut donc se rendre à l'évidence, et du même coup, concédant la nécessité de l'emploi, lui donner le maximum d'utilité par une forte décentralisation. Ce serait folie que de redouter pour la métropole les abus d'autorité d'un gouverneur général : le pouvoir central, qui peut le briser d'un mot, intervient dans tous ses actes importants, et, quand il s'agit d'empêcher, le moindre nain administratif devient colosse. Si pourtant l'on rêvait d'un grand ambitieux qui, absorbant sourdement toutes les forces de l'Algérie, armée, fonctionnaires, corps élus, serait capable de distendre ou de trancher le lien national, il suffirait pour chasser un si noir fantôme de considérer que notre Afrique est avant tout le pays des dissentiments et de l'inconstance. Au demeurant, la démagogie souffle où elle veut, elle se soutient par le prestige et l'audace, non par l'usage régulier d'un droit, et le premier factieux, orateur de carrefour ou soldat de fortune, y sera toujours plus habile que l'administrateur le mieux pourvu de moyens d'action, de titres et de qualifications.

Les attributions du gouverneur général sont-elles d'ailleurs si vastes, si exceptionnelles ? Tout d'abord, plusieurs des principaux se lui échappent : la guerre, la marine, la justice, l'instruction publique. En toute autre matière, il a, sauf exceptions, les pouvoirs d'un ministre, mais il n'en est pas moins soumis au contrôle des différents départements et tout d'abord de celui de l'intérieur ; il ne saurait notamment se passer de leur concours dans toutes les circonstances où la ratification du Parlement, du Président de la République, ou du Conseil d'Etat lui est nécessaire pour réaliser projets ou réformes. Agit-il de son chef ? Le Gouvernement, qui répond de ses actes devant les Chambres, ne manque pas de lui en demander compte. Trop près de la métropole pour échapper aux cent yeux des mécontents et des jaloux qui se font signe des deux côtés de la mer, toujours attentifs à le prendre en faute, le chef de la colonie a plus de chances d'être paralysé par des freins trop nombreux qu'entraîné par l'excès de sa puissance.

Que l'exercice d'une si grande fonction soit étroitement surveillé par l'opinion et par les représentants du pays, personne ne peut y redire ; encore faut-il ne pas s'attaquer à qui n'en peut mais. Et c'est ici la raison la plus décisive pour donner au gouverneur général la situation à laquelle il a droit : quoi qu'on fasse, il sera toujours responsable aux yeux du public ; le plus démuni de pouvoirs ne sera pas le moins vilipendé, et quel meilleur exemple que Tirman, un des hommes les plus expérimentés, les plus consciencieux, les plus dévoués qui aient rempli cette haute fonction, Tirman, principale victime de ce système qui plaçait en belle vue un haut représentant du gouvernement, désarmé et stoïque comme un porte-drapeau mitraillé sur un retranchement.

Ce grand intendant de la France n'aura jamais trop

d'autorité, eu égard aux devoirs qui lui incombent : sa tâche est aussi lourde que celle d'un ministre, sa liberté d'action aussi entravée par la souveraineté parlementaire et par la féodalité bureaucratique ; il ne faut pas aggraver ces difficultés en faisant de lui un simple délégué des départements ministériels, un " surpréfet ".

Qui dit administration coloniale dit renforcement et concentration de l'autorité : il ne suffirait pas qu'un gouverneur général présidât à l'œuvre algérienne, dût-il même jouer le grand rôle que notre pratique constitutionnelle a trop rarement laissé au chef de l'État, celui de régulateur et d'arbitre entre les grandes forces de l'exécutif ; il lui faut tout voir et tout prévoir, répondre de tout, régler les affaires dans leur ensemble et en surprendre le menu détail, puisqu'aussi bien, il faut d'abord durer et que le moindre faux pas des gens qu'il conduit peut l'entraîner sur certains terrains à une glissade retentissante.

Une compréhension rapide des questions les plus nouvelles et les plus variées, un esprit constant d'à propos, une parole souple, aisée et chaude, une fermeté aimable et tranquille, une sérénité inaltérable en face des importunités, des sollicitations, des palinodies, des trahisons et des calomnies, une immense capacité de travail, une ténacité inlassable dans la réalisation, enfin et surtout l'art de se faire respecter et le don de se faire aimer, voilà quelques-unes des qualités qui font un gouverneur de l'Algérie ; les bons juges diront si, parmi les hommes qui se sont succédé depuis un quart de siècle à la tête de notre plus belle colonie, on peut trouver plusieurs exemplaires de ce modèle.

Nous retrouverons partout le personnage du haut délégué du Gouvernement, voire dans les affaires qui ne lui incombent pas directement ; aussi pouvons-nous n'en rien dire davantage, et passer, suivant la préséance et mieux, suivant l'ordre d'importance réelle, aux élus du peuple algérien.

Nommer ainsi les sénateurs et députés de la colonie, c'est supposer résolues les questions que leur institution soulève, et cependant il nous les faut discuter. Est-il bon que plusieurs millions d'hommes soient représentés au Parlement français par l'intermédiaire de cent mille électeurs dont les aspirations et les intérêts, ne fussent-ils pas *à priori* opposés à ceux de la majorité, sont aussitôt faussés par la prédominance qui leur est ainsi donnée ? Est-il bon qu'à côté du représentant de la République, plusieurs influences puissantes s'exercent en permanence dans ce pays, rompant la forte union qui nous est nécessaire dans notre effort collectif ? Est-il bon d'organiser à Paris, auprès du Gouvernement, l'intervention incessante de personnalités qui considèrent forcément les affaires de la colonie d'un point de vue différent et beaucoup plus étroit que celui de l'administration responsable ? Est-il bon de légiférer sur l'Algérie dans une assemblée où cette populeuse et vaste possession est représentée par un nombre infime de mandataires, qui, malgré le talent, la sympathie ou l'autorité que certains d'entre eux peuvent mettre en œuvre, sont considérés comme les porte-paroles d'une oligarchie et souvent peu écoutés ? Est-il bon de maintenir une sorte d'amorce de représentation des peuples de l'Algérie qui est comme la manifestation constante et visible de l'exclusion du plus grand nombre, et qui peut provoquer tôt ou tard l'extension inconsidérée du suffrage à nos sujets ?

Pour se faire une opinion sur cette question si scabreuse et si complexe, on est obligé de faire abstraction des services que tels élus de l'Algérie ont rendus à la colonie et à la France, comme il convient d'oublier le mal que d'autres ont fait. Il ne faut même pas regarder les entraves que ces pouvoirs rivaux peuvent imposer à la haute administration : toute grande action se heurte à des obstacles et doit éviter des embûches ; le gouvernement de nos colonies et protectorats qui ne possèdent pas de sièges au Parlement n'est pas plus facile que celui de l'Algérie, et puisque les intérêts coloniaux trouvent toujours à Paris des défenseurs avec lesquels on doit compter, mieux vaut en somme avoir affaire à leurs représentants officiels qu'à des puissances occultes. Il faut simplement se demander si le régime dont s'accommodent la plupart des pays d'Europe est convenable à une société aussi disparate, aussi différente de la nôtre qu'est le groupement algérien. Alors la chose devient claire.

La politique est comme l'alcool : elle peut être sans inconvénients pour une nation adulte, elle peut même, à défaut de mieux, y réchauffer par moments les activités et les énergies ; mais elle est toujours funeste à un organisme en croissance. Elle n'en attire pas moins les pays neufs, comme les adolescents recherchent les boissons dont usent les grandes personnes. La suppression de la représentation parlementaire serait certainement impopulaire dans la colonie : le caractère de ses habitants, leur façon de vivre, les loisirs querelleurs de ce grand village qu'est l'Algérie ne sont pas pour les éloigner du verbiage et des intrigues soi-disant politiques. Les latins d'Afrique, pleins de Rome et de la Révolution, seront toujours soucieux de traduire leurs rivalités de coteries en théories sur la réforme des institutions et des sociétés. Mais quelle erreur d'avoir ainsi flatté leurs goûts, d'avoir intronisé fiévreusement au lendemain d'une guerre malheureuse, au milieu d'une insurrection indigène, la souveraineté de quelques milliers d'immigrés, fonctionnaires, petits colons soutenus par l'administration, capitalistes venus de France pour chercher fortune, Espagnols, Napolitains, Juifs balbutiant à peine notre langue ! Ces hommes dont le seul désir commun devrait être de travailler à la prospérité de leur pays d'adoption, auraient dû être tenus à l'écart de nos dissensions, aussi bien qu'ils sont exonérés des milliards qu'elles nous ont coûté.

Que la France soit déchirée par les luttes d'idées, c'est encore, toutes défigurées que soient ces combattantes, un noble combat. Mais que reste-t-il des grands différends historiques, des grandes controverses sociales, dans une colonie où les influences traditionnelles des vieux pays, noblesse, clergé, héritages fonciers, grandes industries, n'existent pas, où toutes les affaires vitales, travaux publics, agriculture, propriété immobilière, administration des musulmans, sont purement algériennes ? Aussi bien la politique dans ce pays n'a présenté jusqu'ici qu'un seul trait original, et des moins nobles, l'antisémitisme, le déchaînement odieux d'une partie de la population contre une catégorie de citoyens dont le principal crime était de trop bien réussir dans leurs affaires.

A tout esprit réfléchi que la manie assimilatrice n'obscurcit pas, apparaît la nécessité pour ce pays d'une représentation particulière, subordonnée au conseil souverain de la métropole, mais adaptée à la diversité des races, à la spécialité des solutions et des résultats poursuivis. Cette conception a déjà été réalisée dans l'ordre budgétaire, par la création des Délégations financières que nous retrouverons bientôt ; nous indiquerons tout à l'heure de quelle manière on pourrait introduire la même réforme dans le domaine législatif, en assurant une plus utile coopération des élus de la France et de sa grande colonie.

Le système actuel de confection des lois intéressant l'Algérie est des plus compliqué et par conséquent des plus défectueux.

Au moment même de l'annexion, un principe parfaitement sage a été posé : " Jusqu'à ce qu'il en soit autrement ordonné, les possessions françaises du Nord de l'Afrique seront régies par des Ordonnances (1). " Telle est la règle qui a subsisté jusqu'à aujourd'hui ; comme presque toutes nos colonies, l'Algérie est sous le régime des décrets.

Cette précieuse prérogative de l'exécutif se justifiait entièrement par la nécessité où l'on se trouvait de pourvoir immédiatement ce pays d'un appareil de lois, si rudimentaire qu'il fût, et par l'impossibilité de parer par la voie législative aux innombrables difficultés qui pouvaient naître de l'application à l'Algérie de textes dont aucun n'était fait pour elle. Seulement il eût fallu décider, en outre, qu'aucune disposition ne pouvait être légalement obligatoire dans la colonie sans une promulgation spéciale. Il advint en effet qu'une jurisprudence tardive

(1) Ordonnance du 22 juillet 1834, art. 4.

déclara que toutes les lois antérieures à l'annexion étaient applicables à l'Algérie, sauf abrogation ou modification par un décret postérieur.

Ainsi les troupiers de 1830 avaient apporté dans leurs gibernes les énormes Pandectes de l'Empire et de la Restauration, avaient proclamé sans le savoir un immense fatras de lois, décrets et règlements, depuis le Code Napoléon jusqu'aux prescriptions relatives à l'exercice de la pharmacie, au curage des canaux et à l'interdiction de vendre les blés en vert (1). Et pour que la confusion fût plus complète, la Cour suprême admettait de nombreuses exceptions au principe, en raison des " conditions particulières ", de la " constitution politique et sociale de l'Algérie ", cote mal taillée entre l'esprit juridique et le sens pratique, restriction d'autant plus indispensable que, en dépit de toute logique, la plus grande partie des habitants de ce pays restaient soumis à la loi du Coran, par simple raison d'opportunité, en vertu d'une simple convention de capitulation signée par le Dey d'Alger à laquelle on donna, pour les besoins de la cause, force de loi (2).

En outre, le Parlement n'a jamais abdiqué son droit de légiférer sur l'Algérie, concurremment avec le chef de l'État, et, tandis qu'un décret peut défaire et refaire pour la colonie un texte législatif qui n'a pas été formellement édicté pour elle, l'exécutif ne peut toucher à une loi qui concerne ou vise spécialement l'Algérie. C'est ainsi que chaque jour le champ des décrets se restreint, et on ne songerait pas à s'en plaindre si seulement nos Chambres pouvaient consacrer quelques heures par an à ces affaires, au lieu d'étendre de temps à autre, en un article final, sans faire acception de tant de circonstances différentes, et généralement sans en délibérer, un ensemble de dispositions discordantes avec les conditions de la colonie.

Parfois un vague sentiment de l'inconnu algérien retient le

(1) Voir Estoublon, *Code de l'Algérie*, p. 5, en note.
(2) Estoublon, *Ibid*.

légiférant pressé, et les deux notions du décret et de la loi se mêlant dans son esprit, engendrent une sentence confuse comme celle qui termine quelques-uns des actes les plus importants des dernières législatures : " Un décret déterminera les conditions dans lesquelles la présente loi sera applicable à l'Algérie ". L'expérience a montré que, la jurisprudence aidant, c'était le meilleur moyen de faire pour la colonie, sans s'en douter, une loi fâcheuse.

Par contre, les réformes les plus utiles n'osent même plus affronter les délais de la petite vitesse parlementaire : " Il faut une loi " est devenu dans l'administration algérienne l'équivalent de : " C'est impossible ", Peut-être plus d'une erreur a été ainsi évitée, mais c'est un chemin bien ingrat que celui où l'on n'a pas occasion de se tromper.

Assurément notre Parlement est tout à fait capable de se hausser à l'étude des grandes questions algériennes quand un véritable homme d'État les lui expose, aussi bien qu'il est heureux d'applaudir tout orateur qui saura élégamment rosser le gendarme administratif et redire la cantilène de l'indigène opprimé, mais à l'ordinaire ces choses lointaines font environ la centième partie de ses soucis : l'Algérie a en effet six députés et trois sénateurs.

Ajoutons d'ailleurs à sa décharge que trop souvent les bureaux ne montrent pas beaucoup plus d'attention et d'empressement à examiner les projets intéressant ce pays. Certaines questions de la plus haute importance, comme celle de l'immatriculation des terres, posées depuis des années par la haute administration et les assemblées algériennes, n'ont pu encore être formulées devant les Chambres. A cet égard, le régime des décrets n'est pas plus favorable que la règle commune : il se prête mieux encore que la procédure parlementaire à l'enterrement des affaires, puisqu'il nécessite l'intervention d'administrations diverses qui, en vertu de la hiérarchie, ont à peine besoin de donner des raisons au Gouvernement général pour écarter ou ajourner ses propositions.

Telle est donc la situation que le Parlement délègue ou

non ses pouvoirs, c'est toujours Paris qui légifère en dernier ressort, Paris agité, changeant, bien intentionné, méfiant et naïf à la fois et avant tout distrait et oublieux. Si l'Algérie ne souffre pas trop de tant de désordre et de lenteur, c'est que la loi de 1900 lui a déjà concédé l'essentiel, l'autonomie de ses finances, ou plus exactement le droit d'en préparer le règlement, et d'en obtenir dans un délai donné l'approbation par les pouvoirs publics.

Il ne faudrait guère plus pour assurer en toute matière à l'Algérie, dans l'ordre législatif, l'examen sérieux et rapide de ses affaires, et pour atténuer en même temps les abus et les difficultés provenant de sa représentation au Parlement.

Il ne peut être question en effet ni d'enlever aux Algériens le droit de participer à l'élaboration des lois qui doivent leur être appliquées ni de donner aux diverses populations de la France africaine le nombre de représentants qui correspondrait à leur importance.

Nous voici au point le plus sensible, au nœud des destinées algériennes que nous sentirons partout, et qui nous apparaît ici dans toute son aspérité. Pour peu qu'on se rende compte de l'immense différence des milieux, des traditions, des éducations et des races, on admettra difficilement que ces indigènes, si éloignés de nos idées et de nos sentiments, participent à la direction de nos affaires, et qu'affranchis d'une partie de nos lois civiles ils légifèrent pour nous. On reconnaîtra qu'il serait dérisoire de leur accorder pour la forme quelques places au Palais Bourbon ou au Luxembourg, ou singulièrement périlleux de leur faire une part normale, de constituer dans nos assemblées un groupe musulman, qui pourrait devenir l'arbitre des partis en cas de crise, et qui, objet de leurs surenchères, accorderait son concours au prix des concessions les plus fâcheuses pour notre autorité et notre prestige. Si une pareille épreuve n'arrivait pas à miner notre domination, à tout le moins elle aurait pour effet d'encourager toutes les tendances rétrogrades. D'ici bien longtemps, la masse indigène sera complètement à la merci des grands propriétaires terriens, des confréries religieuses et des marabouts, habiles à monnayer leur influence autant qu'à paralyser toute réforme nuisible à leurs intérêts.

Nous nous excuserions de discuter de telles hypothèses, si l'on ne savait que parfois les idées les plus chimériques prennent soudain corps, au hasard d'une controverse, d'un discours éloquent, d'une combinaison politique, et si l'on n'avait connu, dans cet ordre de choses, des réalités moins dangereuses mais plus étranges que toutes celles auxquelles pourrait aboutir l'entrée de l'Algérie en burnous au Parlement français.

Peut-on cependant retarder indéfiniment l'initiation de ce peuple à la vie publique, ou bien l'ajourner au moment où peut-être une génération nouvelle, indocile, impatiente de réalisations matérielles, infatuée et déçue du savoir inutile que nous lui aurons donné, accédera à la liberté avec un esprit d'intrigue, de rancune et de rébellion ?

Assurément, quoi qu'on fasse, on n'évitera pas les temps difficiles, mais le mieux est de s'y préparer par une adaptation prudente, en procédant du connu à l'inconnu, en développant ce qui existe, la participation aux conseils locaux, en formant à notre contact une élite capable de discuter paisiblement avec nous ses affaires.

Tout justifierait donc l'attribution d'un certain rôle législatif aux assemblées algériennes où nos sujets sont représentés, aussi bien la nécessité d'apporter plus de célérité et de méthode dans la discussion des grands intérêts coloniaux, que l'opportunité de donner aux indigènes une part raisonnable dans l'examen des questions qui les concernent réellement. Il suffirait que le Parlement, complétant l'œuvre de 1900, laissât au Gouvernement général l'initiative et aux Corps élus de la colonie, Délégations et Conseil supérieur, la préparation des projets de lois applicables en Algérie, tout en conservant le droit d'y opposer son veto dans un délai donné, et en renforçant son contrôle autant qu'il serait nécessaire.

Une telle autonomie aurait d'autant moins de quoi effrayer, que le chef de la colonie, dépendant étroitement du pouvoir central, n'aurait garde de se mettre en opposition avec lui et d'ailleurs serait évidemment astreint à soumettre ses propositions au Gouvernement avant de les mettre en discussion devant les conseils de l'Algérie. Si l'on objectait que les droits du Parlement seraient insuffisamment sauvegardés par le droit de rejet sans amendement et qu'il serait d'ailleurs regrettable de voir repousser en bloc un texte législatif, reconnu bon à certains égards, faute de pouvoir le modifier, qu'en un mot ce système ne comporterait pas de milieu entre le conflit brutal et l'acquiescement silencieux, nous répondrions que la représentation nationale a plus d'un moyen d'imposer ses volontés, avant de recourir aux injonctions formelles : on a vu, sous le régime actuel des décrets, la Chambre intervenir pour faire amender un règlement du pouvoir exécutif concernant l'Algérie, tel le décret sur les tribunaux répressifs, et même une simple commission parlementaire obtenir par son intervention la réalisation anticipée d'un important programme scolaire.

Quant à la représentation de la colonie au Parlement, s'il paraissait nécessaire de la maintenir dans cette organisation nouvelle, pour des raisons de principe et comme un lien de plus entre ces deux parties de la France, députés et sénateurs de l'Algérie continueraient à plaider utilement pour elle dans les trop nombreuses occasions où ses intérêts ne concordent pas avec ceux de la métropole ; ils interviendraient alors d'autant plus efficacement qu'il ne s'agirait plus d'arracher une solution à l'indifférence ou à l'hostilité d'une assemblée, mais de défendre des décisions déjà acquises en principe ; ils pourraient, comme quelques-uns d'entre eux s'y sont parfois excellemment employés, seconder la haute administration dans l'arbitrage des grands différends, aussi bien que dans l'aplanissement des petites difficultés journalières.

Assurément leur immixtion dans toutes les décisions directes du pouvoir central concernant la colonie, notamment dans la nomination des principaux fonctionnaires, ne serait pas ainsi écartée, mais il serait loisible de renforcer à cet égard les attributions insuffisantes du Gouverneur général. Assurément enfin, le venin de la politique locale ne serait pas tout expurgé ; mais nous n'avons point inféré, dirait le père de Panurge, que de fol, le monde allait devenir sage.

LE BUDGET SPÉCIAL. — LES ASSEMBLÉES ALGÉRIENNES

VOUS possédez un château historique, un domaine pittoresque, plein de souvenirs et de riches promesses : seulement, pour remettre en l'état les champs délaissés depuis longtemps par les anciens possesseurs, il faut consentir de fortes avances ; vous avez commencé par financer patiemment et consciencieusement, puis comme vous avez par ailleurs d'énormes charges, comme vous avez rarement le loisir d'aller jeter un coup d'œil sur cette propriété lointaine, vous vous êtes un beau jour lassés. Vous avez alors essayé de tirer quelques revenus de l'immense capital engagé dans cette affaire, mais tout allait de mal en pis, vous dépensiez bon an mal an cent vingt pour encaisser quarante, et vous mécontentiez vos gens qui, privés de travail par votre esprit d'économie, se prenaient sottement de querelle et risquaient chaque jour, dans leurs bagarres, de mettre le feu chez vous. En fin de compte, vous avez renoncé à faire de ce beau coin de terre un immeuble de rapport, et, tout en continuant à solder les frais de garde, qui coûtent bon, vous avez laissé à vos tenanciers toutes les dépenses et tous les profits de l'exploitation. Le bien continue à vous appartenir, et vous entendez qu'on vous rende compte de tout ce qui s'y fait, crainte qu'on ne vous le gâte par lésine ou par hâte de profiter ; mais vous voulez, sauf exception, lâcher la bride à vos gérants ; ils sont sur place et savent mieux que personne ce qui leur est nécessaire pour réussir.

Vous n'avez pas fait un mauvais marché, car vous partagerez l'honneur et non plus le souci de l'entreprise.

Telle est l'histoire du budget spécial. Dès le lendemain de la conquête, l'administration algérienne demandait qu'on intéressât la colonie à la bonne gestion de ses affaires, en lui abandonnant pour ses dépenses civiles la totalité de ses recettes : le rapport Genty de Bussy, déjà cité, propose en propres termes " un budget spécial de travaux publics ". Il fallut soixante-dix ans pour que la réforme triomphât : Burdeau lui-même, cet esprit si clairvoyant et si large, n'en était pas partisan, ou la subordonnait à des conditions presque dérisoires, la prise en charge par l'Algérie des garanties d'intérêts des chemins de fer, avec une vingtaine de millions d'impôts nouveaux en balance. Surtout il était hostile à l'emprunt, jugé dès lors nécessaire pour mettre en valeur ce pays : une telle opération ne lui paraissait possible, en l'absence de gages certains, que grâce à la caution morale de la métropole. La France " serait toujours là pour payer, en sorte que malgré toute la spécialité possible du budget algérien, les engagements de l'Algérie seraient au fond les engagements de la France ; seulement ils seraient contractés à des taux plus onéreux (1) ". Pourtant, en reconnaissant la nécessité de changer de méthode, il admettait implicitement l'opportunité d'une certaine autonomie financière : " Tout ce que nous demandons, disait-il, c'est que la France puisse retirer progressivement la subvention qu'elle fournit encore à l'Algérie. L'intérêt de la colonie est d'accord ici avec celui de la métropole : en se prolongeant indéfiniment, la subvention retarderait le développement en Algérie de l'habitude virile de compter sur soi-même, seule vertu qui puisse assurer d'une façon durable la prospérité d'un pays neuf (2). "

L'ancien ministre des Finances du cabinet Casimir-Périer était hanté par l'idée de l'accroissement continu des

(1) Rapport sur le Budget de l'Intérieur, service de l'Algérie, pour l'exercice 1892. *Journal officiel*, n° 1647, p. 166.
(2) *Ibid.*, p. 171.

sacrifices que nous imposeraient les engagements pris pour l'établissement et l'exploitation des voies ferrées. C'était l'époque des vaches maigres ; aussi, des conseils de l'éminent rapporteur, on ne retint qu'une chose, c'est que le contribuable algérien pouvait et devait payer davantage. Dans les années qui suivirent, on octroya aux habitants de la colonie quelques impôts nouveaux sans leur accorder en échange aucune satisfaction notable.

Puis vint la longue crise de l'antisémitisme qui ouvrit tous les yeux sur la situation pitoyable d'un pays auquel on avait donné toutes les libertés, sauf celle de vaquer à ses affaires, et qui n'avait d'autre aliment à son activité que les haines de races et les combats brutaux des factions ; mais en dépit de tels avertissements, la méfiance et l'instinct centralisateur auraient encore retardé l'évolution nécessaire, si la vaste intelligence d'un Waldeck-Rousseau, appuyée sur l'expérience profonde, sur la rectitude et la fermeté de jugement d'un Jonnart, sur la ténacité du rapporteur de la loi, M. André Berthelot, n'avaient vaincu les hésitations des formalistes et des timides.

Désormais, la France continuera à solder les dépenses militaires et les garanties d'intérêt des chemins de fer, l'Algérie payera toutes les dépenses civiles et percevra tous les impôts et revenus. Les assemblées locales votent chaque année à Alger le budget colonial préparé par le Gouverneur général d'accord avec le Gouvernement ; l'état des dépenses est réglé par décret ; celui des recettes est soumis au Conseil d'Etat, puis au Parlement qui, pratiquement, les examine dans leur ensemble, sans en discuter le détail. Comme corollaire, la personnalité civile est conférée à la colonie, avec le droit d'emprunter sous le contrôle ordinaire du pouvoir central.

Telle est l'économie générale de la loi du 19 décembre 1900, acte de haute sagesse et de prévoyance généreuse auquel les événements ont donné pleinement raison. Les craintes de Burdeau ne se sont aucunement vérifiées ; le risque à prévoir pour les finances d'un pays purement agricole s'est réalisé sans conséquences appréciables : depuis le début du siècle, l'Algérie a connu, entre deux très belles années vinicoles, une assez longue période de mévente des vins, plusieurs mauvaises récoltes de céréales, et même une disette partielle : cependant le rendement des impôts s'est constamment accru, fournissant de 1901 à 1907 20 millions de plus-value (1); le fonds de réserve, qui bénéficie des excédents de recettes et des annulations de crédits, encaissait en neuf années 52 millions et en fournissait 27 pour les travaux publics, 5 comme secours à la suite d'événements calamiteux (2). En même temps, deux emprunts, l'un de 50, l'autre de 175 millions, venaient à l'aide du budget ordinaire et du fonds de réserve pour développer les voies de communication, les entreprises de colonisation, l'exploitation des forêts, pour créer les écoles qui manquaient de toutes parts, pour couvrir l'arriéré de dépenses productives ou obligatoires que le précédent régime avait léguées à l'Algérie. Et ces résultats considérables ont été atteints sans soumettre les habitants de la colonie à aucune charge nouvelle, sauf un léger impôt sur les tabacs, compensé et bien au delà par un dégrèvement sur les sucres.

Pour le coup, on va trouver que ces résultats sont trop beaux, et peut-être protestera-t-on contre une combinaison qui permet à une province privilégiée de vivre dans la prospérité budgétaire, tout en réduisant au minimum ses exigences fiscales, tandis que le Français, champion du monde pour le chiffre des contributions d'Etat, paye encore quatre-vingts millions par an pour une possession qui a déjà coûté plus de cinq milliards à la mère-patrie.

Avant de s'indigner il faut compter. A comparer simplement la proportion de l'un et l'autre budget au chiffre des

(1) Rapport de M. G. Cochery pour l'exercice 1909. *Journal officiel*, n° 2037, tome I, p. 278.
(2) Discours du Gouverneur général à la séance d'ouverture du Conseil supérieur du 17 juin 1910.

populations, la différence est assurément énorme : plus de 90 francs pour le Français, une douzaine de francs pour l'Algérien ; ou bien, en y ajoutant les contributions départementales et communales, 130 francs environ d'une part, et 20 de l'autre. Seulement, d'après les évaluations à peu près concordantes de Burdeau (1) et de M. Cochery (2), la part des Européens d'Algérie dans cette répartition des charges serait de 75 à 77 francs par tête, celle des indigènes, de 10 à 11. C'est donc pour les Européens, vis-à-vis des habitants de la France, une différence approximative de 3 à 5, pour les indigènes un rapport de 1 à 12 ou 13. D'autre part il faut aussi rapprocher les estimations de la fortune privée dans les deux pays, quelque 230 milliards pour l'un, et pour l'autre 4 milliards fortement réduits par la dette hypothécaire qui est, de notoriété publique, beaucoup plus considérable en Algérie qu'en France (3) : les facultés moyennes de l'Algérien ne représenteraient donc que 15 p. 100 de celles du métropolitain, rapport sensiblement identique à celui que nous avons trouvé entre leurs charges budgétaires, savoir 20 à 130 ou 15,3 p. 100. On peut discuter ces appréciations forcément hypothétiques des ressources de tout un peuple ; ce qui n'est malheureusement pas contestable, c'est la misère de la très grande majorité de la population algérienne. Attribuez aux Arabes 600 millions pour les cinq millions d'hectares qu'ils labourent, 150 à 200 millions pour leurs oliviers et leurs autres cultures, 300 à 400 millions pour leur cheptel, un demi-milliard pour tout le reste de leur avoir, maisons, meubles, instruments agricoles, numé-

(1) *Ibid.*, p. 330.
(2) Tome I, p. 114, *loc. cit.*
(3) Voir discours de M. Mallet, commissaire du Gouvernement général, à la discussion générale du budget aux Délégations financières (session de 1909). Dans une étude publiée par le journal *la France africaine*, M. Paul Alglave aboutit aux évaluations suivantes : la fortune privée de l'Algérie s'élèverait à 5 milliards 250 millions, dont 1 700 millions pour les indigènes, soit 425 francs par tête. Il estime à 750 millions la valeur des terres appartenant aux musulmans.

raire, valeurs, vous aurez compté largement, et vous trouverez pour chaque individu environ 400 francs : l'impôt prendrait donc à l'indigène 2,5 pour 100 de son capital, à peu près autant que le Français verse annuellement aux divers guichets publics.

Pour préciser davantage, si nous considérons ces petits propriétaires indigènes qui seraient, d'après les statistiques, plus de 500 000 dans la seule Algérie du Nord ; si nous admettons qu'en moyenne, puisqu'il faut faire la part de la grande propriété, ils ne peuvent disposer de plus de six à huit hectares à céréales, rapportant avec l'assolement biennal, semence déduite, deux à trois cents francs par an, auxquels il faut ajouter pour le produit du cheptel une centaine de francs ; si nous songeons qu'il leur faut généralement, avec ce revenu, faire face à l'entretien de cinq à six personnes, on reconnaîtra que, quelle que soit la sobriété de ces pauvres gens, ils ont peine à ne pas mourir de faim, et que les 15 ou 20 francs (1) que le fisc leur prend représentent un prélèvement non pas sur le superflu ou sur l'utile, comme chez le contribuable de France, mais sur l'indispensable. Cette population est si misérable, si peu active aussi, qu'il serait difficile d'en rien tirer de plus, même sous la forme d'impôts indirects : une augmentation des droits sur les cafés ou sur les tabacs, n'aboutirait probablement qu'à un resserrement de la consommation et au développement de la contrebande.

Assurément, il y a de choquantes anomalies : un millionnaire kabyle — il en existe — ne paiera pas plus de 100 francs de capitation : c'est la cote la plus élevée de la *lezma*, seul impôt de la Grande Kabylie. De même, il est

(1) L'*achour* ou dîme représente, à Alger et à Oran, 11 à 44 francs, suivant la récolte, par " charrue " conventionnelle de 10 hectares, soit 1,10 à 4,40 par hectare, centimes additionnels non compris. A Constantine, le maximum est de 25 francs par charrue, c'est-à-dire par culture labourée en une saison avec un seul attelage, mais il faut y ajouter 20 francs pour l'*hokkor*, impôt sur les terres collectives qui n'existe plus dans le reste de l'Algérie. L'impôt sur le bétail (*zekkat*) est de 4 francs par chameau, 3 francs par bœuf, 0fr.20 par mouton, 0 fr. 25 par chèvre.

étrange de voir les Européens exempts de toute contribution directe, autre que l'impôt sur la propriété bâtie et les patentes : il en résulte que, tandis que les habitants d'Alger sont aussi lourdement taxés que ceux de nos grandes villes, les gros colons qui composent la partie la plus prospère de la population n'apportent presque rien au budget colonial. Il y a là un privilège qui ne saurait se justifier, sauf pour les exploitations récemment créées, et qui ne pourra longtemps subsister.

En dehors de cette immunité, qui se chiffrerait par cinq millions, d'après le rapport de M. G. Cochery, les seuls avantages appréciables que l'Algérien tire de son régime fiscal consistent à payer meilleur marché son alcool, son tabac et ses allumettes : on admettra qu'il n'y a pas de quoi faire là un Eden, surtout si l'on songe à la contre-partie, à l'incommodité de la vie dans les petits centres, à l'absence de ressources locales, aux transports onéreux qui font des denrées même les plus abondantes en Algérie, comme le vin, un objet d'assez grosse dépense hors des régions viticoles. L'Algérie n'est pas un pays si agréable et si facile à celui qui y vient tenter la fortune, le taux des traitements et des salaires n'y est pas si élevé, l'afflux de l'immigration n'y est pas tel qu'il convienne d'y aggraver les conditions de l'existence par une fiscalité aussi excessive que celle de notre vieux pays.

Surtout, il ne faudrait pas se leurrer de l'idée que la nouvelle France cessera bientôt de grever l'ancienne. Tout d'abord, pour s'approcher de ce but, il ne faudrait pas que les pouvoirs publics, que l'opinion française fissent constamment subir de nouveaux à-coups au budget de la colonie : réformes sociales, enseignement des indigènes, amélioration de la situation des fonctionnaires, dégrèvements, il n'est guère d'année où quelque obligation directe ou imposée par la force de l'exemple ne vienne grossir les charges de l'Algérie, et ce mouvement ne fera très probablement que s'accélérer, en apportant, il faut le croire, quelque bien, mais en restreignant chaque jour davantage pour notre fille aînée, la possibilité de s'acquitter vis-à-vis de la mère-patrie.

D'autre part, on ne suppose pas qu'un budget dont les recettes fiscales ne dépassent pas actuellement une soixantaine de millions, pourrait tout d'un coup doubler ce chiffre, pour assumer les dépenses militaires et autres qui sont présentement payées par la France. Il serait radicalement impossible de faire rendre, en peu de temps, même vingt millions de plus, à des impôts nouveaux ou surélevés. Le fisc y briserait son pressoir : l'indigène ne fumerait plus qu'en contrebande, et les droits sur l'alcool devenus trop lourds ne donneraient plus que des mécomptes, comme il est advenu de ce côté-ci de la mer. Et puis, une pareille et soudaine exigence ne serait comprise de nos compatriotes africains que si elle survenait à la suite d'un véritable malheur national ; en temps normal, aucun homme d'État français ne sera jamais tenté de jeter une telle perturbation dans l'économie publique et dans les dispositions morales de notre colonie. On devra donc, en tout état de cause, graduer l'effort : chaque année, l'Algérie verserait quelques centaines de milliers de francs, quelques mesures de plus au gigantesque moulin de nos finances, et de ces quinze, de ces vingt, de ces trente millions que l'on pourrait tirer annuellement de la terre d'Afrique dans un demi-siècle, ce qu'il t'en reviendrait, bon contribuable de France, ne le cherche pas.

Gardons-nous d'apporter dans ces questions un esprit étroit de juriste et de publicain : personne ne contestera les droits de la France en pareille matière : à qui objecterait que les troupes d'Afrique ne sont pas seulement destinées à la défense de la colonie, et qu'il ne serait pas équitable de lui imposer tout l'entretien du 19ᵉ corps, non plus qu'à la ville de Lyon celle du 14ᵉ, on pourrait répondre qu'à compter si juste, l'Algérie devrait aussi participer aux annuités de notre dette, au prorata de sa population, pour cent millions et davantage.

Mais en pareil débat, il faut mettre résolument le bon sens au-dessus du droit : ce sont là disputes de comptables publics en mal d'équilibre budgétaire, querelles d'amour-propre entre bureaux, où les intérêts du pays et ceux des individus n'ont rien à voir.

A supposer même, ce qui est malheureusement bien loin de la vérité, que l'Algérie fût une vaste principauté de Monaco dont les citoyens jouissent sans bourse délier de tous les avantages de la civilisation, nous ferions mieux, au lieu de récriminer, d'y envoyer nos enfants : mais aussitôt que cette perspective nous est présentée, ce pays nous apparaît plein d'embûches, de fauves et de microbes et démesurément lointain. Réservons donc un peu de cordialité à ceux qui y peinent, qui y risquent leur santé et leur argent, qui nous achètent pour quatre cents millions par an, qui nous ravitaillent de blé et de viande, et qui, s'ils font concurrence à notre vignoble en vendant leurs vins à bas prix, préféreraient certainement les mieux placer. Laissons-les s'enrichir avant de leur demander amicalement de nous venir en aide, si besoin est, et surtout ne nous jetons pas à l'étourdie dans de telles discussions, si délicates entre amis et entre parents, ne tranchons pas de tels différends au hasard d'une préparation de budget, sans autre mobile que de rétrécir un peu le déficit d'une ingrate pénultième.

Ce sont là choses graves : un politique prévoyant ne se risquera pas sans nécessité réelle à ces règlements par voie d'autorité, qui, pour des débiteurs mal préparés, sentent la sujétion et le tribut. Il n'oubliera pas que, lors même qu'une colonie prospère s'empresserait à solder toutes les dépenses de souveraineté qu'elle occasionne, il pourrait y avoir inconvénient à seconder son zèle.

Le budget de l'Algérie dressé par le Gouvernement général, revisé par le ministère de l'Intérieur et celui des Finances, est soumis à une assemblée, dite des Délégations financières, composée de quatre corps distincts représentant les diverses populations de l'Algérie. Au point de vue de ses attributions, elle est formée à l'imitation des conseils coloniaux et de nos conseils locaux ; ses pouvoirs sont restreints; elle ne peut modifier le chiffre des dépenses qui sont fixées d'avance par la loi, si ce n'est pour en augmenter le montant, et cela fait, le nouveau chiffre devient obligatoire ; elle reste maîtresse des crédits facultatifs, les plus importants pour les intérêts immédiats du pays, notamment ceux qui concernent l'agriculture, la colonisation, les travaux publics ; elle n'a, en dehors de sa fonction budgétaire, que le droit de formuler des vœux ; elle y trouve d'ailleurs, en pratique, le moyen de réaliser beaucoup de ses vues, par exemple de provoquer les créations d'emplois et l'augmentation des traitements des fonctionnaires, dont elle ne saurait en théorie prendre l'initiative ; elle peut également être consultée sur toute question : c'est ainsi qu'elle a été amenée à préparer certains avant-projets de loi, sommaires à la vérité, comme celui sur l'immatriculation des terres, et c'est dans cet ordre d'idées que nous souhaiterions de la voir participer régulièrement à l'œuvre législative.

Siégeant ordinairement un mois par an, tenant à chaque session cinq ou six séances plénières où le public n'est pas admis, les Délégations sont constituées pour le rôle de représentation sérieuse et discrète des intérêts où elles se sont cantonnées jusqu'ici ; elles ne se sont jamais livrées aux manifestations bruyantes qui sont chères à quelques-uns de nos conseils généraux. Sans doute, la procédure compliquée et prudente qui s'impose à leurs délibérations est pour beaucoup dans cette sagesse, en empêchant les discussions et les votes de surprise, mais il n'en faut pas moins féliciter les délégués financiers de la correction de leur attitude, de la hauteur de vues, et de l'esprit de discipline patriotique avec lesquels ils ont compris leur tâche depuis plus de dix ans.

Ce n'est pas à dire que ce corps à quatre têtes ne se plaigne pas assez souvent du fonctionnement compliqué qui lui est imposé, mais, comme nous allons le voir, il est partagé entre des tendances contraires dans ses aspirations au changement.

Originale physionomie que celle de ces Délégations, improvisées en quelques jours par un gouverneur juriste pour en faire un simple conseil consultatif, et transformées brusquement deux ans plus tard en gérantes de la fortune de l'Algérie. Dans cette organisation, où la prépondérance est naturellement assurée aux Français avec 48 voix contre 21 aux indigènes (15 pour les Arabes et 6 pour les Kabyles), le trait le plus marquant, et aussi le plus critiqué, est le morcellement de la représentation, qui a pour but d'assurer l'indépendance de chacun des groupes : la délégation française est divisée en deux moitiés, les élus des " colons ", des contribuables ruraux, et ceux du reste de la population, des " non-colons ". On s'est souvent gaussé de ce système qui fait nommer tel délégué par 17 électeurs, tel autre par 3 000, qui dans le même village fera un colon de l'épicier qui possède un bout de jardin, et un non-colon du fils d'un agriculteur. Dans le fait, ces anomalies sont petites et sans effet fâcheux : le corps électoral reste unique, les candidats aux deux délégations font d'ordinaire campagne commune, soutiennent le même programme et haranguent colons et non-colons dans la même salle. Ce qui est de plus de conséquence, et ainsi l'a très sagement voulu le créateur des Délégations, c'est que les intérêts de la terre, les plus importants de beaucoup en Algérie, obtiennent autant de voix dans l'assemblée que ceux des gens des villes, commerçants et fonctionnaires, bien que ces derniers aient une forte supériorité numérique sur les Français des campagnes (1).

Ce que l'on reproche d'ailleurs à cette division des délégations, ce sont moins les inégalités que les difficultés qui en résultent. Chaque délégation délibérant séparément avant de se réunir aux autres, il s'ensuit que toutes les affaires doivent être simultanément l'objet de quatre rapports dans les quatre parties de l'assemblée avant qu'elles se réunissent pour discuter et décider en commun. A chaque session, la même

(1) La population agricole comprenait en 1905-1906 un total de 143 000 individus sur un total de 467 000 Français, Israélites compris. Le nombre des électeurs aux Délégations était alors de 60 000, sur lesquels 15 000 seulement étaient inscrits au collège des colons.

(113)

plainte s'élève contre les " cloisons étanches " qui arrêtent les grands remous de la discussion, les larges échanges d'idées et de paroles. Mais ces réclamations, pour être bruyantes, ne sont rien moins qu'unanimes : les quatre tronçons de la représentation algérienne montrent un inégal empressement à se rejoindre ; les colons, gens pratiques plutôt que beaux parleurs, tiennent à leurs réunions séparées où ils peuvent à leur aise exhaler, en propos peu châtiés, leur bon sens ou leur mauvaise humeur ; ils redoutent un peu la faconde des officiers ministériels, dont la place dans l'assemblée coloniale est plus grande encore que celle des avocats au Palais Bourbon, et ils ne trouvent pas sans mérite le régime actuel qui empêche d'improviser aucune solution au cours d'une séance plénière.

Cette méthode est certainement favorable à l'examen réfléchi des affaires, elle refroidit les entraînements de l'opinion ; c'est dire qu'elle est plus chère aux administrateurs qu'aux politiciens. Aussi bien tout a été combiné pour empêcher les Délégations de devenir un corps politique, et on peut dire que jusqu'à présent ces précautions n'ont pas été vaines.

Les séances y ont gardé un caractère de simplicité et de bonhomie, qui tient probablement à ce qu'aucun auditoire n'y est admis. Il faut souhaiter que cette exclusion continue, bien qu'assurément les esprits curieux y perdent ; les amateurs du pittoresque aimeraient à voir, entre les colonnes torses du Palais d'hiver, s'opposer l'animation verbeuse du Français et le majestueux silence de l'Arabe. Du côté des vestons, ils verraient, à côté d'un amusant échantillonnage de nos vieilles provinces, se dessiner l'esquisse du Français d'Algérie, déjà reconnaissable à certains traits et au parler. Ils distingueraient à côté de figures cordiales, effacées ou pompeuses de notre bourgeoisie, quelques rudes physionomies de remueurs de terre qui ne doivent rien à personne. Du côté des turbans, surtout lorsque les grands chefs du Sud représentaient encore leurs régions aujourd'hui distraites de l'Algérie du Nord, ils auraient trouvé une variété de types fins ou fiers qui résumait puissamment toute la société musulmane. D'un côté le vieux meneur de bandes, le bédouin mal plié à la discipline militaire, gardant sous le burnous rouge un air de loup convoiteux, un air rieur et féroce, avec ce regard brillant que rien ne pouvait abattre, sauf les séances trop longues où il se laissait aller à un repos bien gagné par cinquante ans de randonnées et de pilleries ; et quand il se redressait à l'éclat de voix soudain d'un orateur, on eût dit qu'il cherchait de la main son sabre. Près de lui, compagnon de son sommeil sinon de ses exploits, un grand marabout, profil orgueilleux et rapace, belle silhouette roidie de pontife né ; un de ses collègues, ce marchand obséquieux au masque ridé, aux yeux rusés clignotant derrière ses besicles, voulut un jour s'émanciper, entre délégués indigènes, et avança que dans cette assemblée tous étaient égaux : l'héritier des saints de l'Islam se jeta sur lui, voulant l'étrangler pour cette insolence. Là-bas, drapé dans ses haïks de soie blanche, c'était le grand seigneur arabe, belle tête un peu molle d'homme trop choyé, qui gardait l'expression d'ennui poli d'un Don Juan des oasis recevant Monsieur Dimanche ; on y voyait aussi, avec sa belle barbe dorée, le guerrier patriarche, dont la face rosée respirait une bonté placide, mais dont l'œil pétillant de malice et d'audace racontait la bravoure joyeuse des embuscades de jadis, les charges folles dans la poussière sifflante des fusillades.

Ceux du Nord qui siègent encore dans l'assemblée, ont moins d'allure mais autant de relief, physionomies nonchalantes et avisées de Maures des villes, caïds dont le front tanné raconte la vie de la tente et de l'hivernage, et qui, muets et graves sous la haute chéchia, fleurent les parfums et le suint ; Kabyles à la mine rustique et guetteuse qui semblent surveiller de loin un verger ou une échéance, ou bien entrevoir au tournant du chemin une vendetta braquée sur eux. Entre ces variations de l'espèce, on peut même distinguer les deux termes extrêmes de l'Islam actuel : d'une part le croyant sincère et modeste, un de ces visages clairs où s'écrit l'harmonie rare de la vie et de la foi, de l'autre, le politicien musulman dont l'aspect débraillé et hargneux et les manifestations d'orthodoxie électorale donnent un avant-goût de pieuse démagogie.

Pour le présent, on ne saurait accuser les délégués indigènes de se montrer très frondeurs. Leurs collègues français leur reprochent de suivre invariablement l'avis de l'administration et leur appliquent l'appellation dérisoire de *Beni oui oui* qui avait été tout d'abord infligée à leurs prédécesseurs des conseils généraux. Les opposants s'irritent parfois de voir, quand une question importante se pose, le *goum*, comme on appelle aussi les délégations musulmanes, venir décider de la victoire en se rangeant en masse à l'avis du gouvernement général ; et pourtant, dans toutes les circonstances vraiment décisives, comme le vote d'un impôt nouveau ou d'un programme de dépenses engageant l'avenir, l'administration a tenu à honneur, durant ces dernières années, de ne se contenter que d'une majorité française.

Au demeurant, cette docilité est plutôt un sujet de plaisanterie que de mécontentement ; on sourit de la pénétration singulière avec laquelle ces hommes, dont la plupart ne savent que peu ou point de français, suivent le fil des discussions les plus ardues et votent, à de rares exceptions près, toujours bien ; et il court au sujet des signes convenus qui feraient lever ces mains fatidiques, des légendes que le sens droit réprouve. A vrai dire, toute assemblée ne compte-t-elle pas un certain nombre de membres qui, ayant peine à suivre tout ou partie des délibérations, prennent l'habitude de s'en rapporter complètement à des collègues mieux renseignés, ou bien au chef de leur groupe ? C'est ce qui arrive aux délégués indigènes qui prennent le mot d'ordre auprès de certains de leurs collègues musulmans, hommes de réelle valeur, parfaitement aptes à démêler une question difficile, sinon à l'exposer dans notre langue.

Sans doute on n'entendra pas d'ici longtemps aux Délégations un discours d'affaires prononcé par un Arabe ou un

Kabyle ; cependant, si quelques-uns d'entre eux voulaient se laisser aller à leur faconde, la durée des sessions en serait fort allongée. On aurait mauvaise grâce à leur reprocher cette réserve qui tient moins à la timidité qu'à l'instinct qui les porte à s'appuyer sur l'élément qui demeure, sur ces représentants de l'autorité auxquels la tradition religieuse et le sens des véritables intérêts de leur race les engage à recourir.

Assurément, il ne faut pas trop se tenir à ce point de vue, mais aussi considérer que ces élus sont presque tous des agents du Gouvernement, des chefs indigènes qui, dans beaucoup de circonscriptions du pays arabe, sont désignés par un corps électoral composé presque exclusivement de ces mêmes fonctionnaires. Il est vrai que l'esprit n'est pas différent, sauf exception, parmi les représentants du territoire de plein exercice qui sont nommés par les conseillers municipaux indigènes, c'est-à-dire par un suffrage à deux degrés très étendu à la base (1), ni parmi les délégués kabyles, dont les électeurs, chefs de groupes et de villages, sont relativement nombreux et indépendants. Il est curieux, d'autre part, d'opposer à l'attitude de ceux mêmes des élus musulmans qui n'ont point d'attaches officielles, la très grande liberté d'opinions dont usent parfois les fonctionnaires français qui font partie du Conseil supérieur.

L'humeur aisée des délégués indigènes semble donc un effet de la race plutôt que du mode d'élection ; il n'en est pas moins probable que si les bases de l'électorat musulman étaient trop vite et trop fort élargies, cette discipline se relâcherait promptement au grand dommage des intérêts supérieurs du pays et du prestige de la haute administration, réduite à louvoyer aux Délégations entre des groupes opposés qui, d'aventure, ne se rapprocheraient que pour la combattre.

C'est de ce côté néanmoins, nous l'avons vu, qu'on pourrait être amené à concéder quelque chose aux aspira-

(1) Sont électeurs municipaux tous les propriétaires et fermiers ruraux, et depuis quelques années, les patentés, soit plusieurs centaines de milliers d'indigènes.

tions d'une partie de nos sujets, ou plutôt de leurs amis d'Europe. Une telle mesure deviendra peut-être bientôt d'opportunité politique : elle ne sera sans doute pas, d'ici longtemps, d'une réelle efficacité sociale. L'adaptation sera bien lente et difficile : ni par leur éducation ni par leur caractère, nos sujets ne sont préparés à la libre discussion ; l'idée de faire appel à leurs élus pour éclaircir les grandes questions où leurs intérêts sont engagés et pour redresser les abus de notre administration peut paraître, quant à présent, tout à fait plaisante ; on ne voit pas, par exemple, ces délégués préconiser la réforme nécessaire des impôts arabes pour dégrever les petits aux dépens des puissants et des riches ; bien au contraire il est à craindre que le suffrage étendu ne serve qu'à créer parmi nos musulmans une nouvelle oligarchie et un nouveau mode d'exploitation à leur détriment, et ce n'est pas, hélas ! leur mandat que ces élus de l'avenir rempliront peut-être le mieux. Les libertés prématurées que l'on demande pour ce peuple ressemblent à ces remèdes illusoires que la Faculté prescrit parfois en cas d'embarras : le malade aurait besoin de travailler et de se nourrir, et on le traite avec des formules. Puisse du moins l'ordonnance être inoffensive et la bonne *mica panis* ne pas causer de troubles organiques par quelque effet de l'imagination ! Mais patience ! l'enfant grandira et peut-être quelque jour saura-t-il se conduire en homme.

Par un retour des choses, les délégués français qui trouvent trop peu d'indépendance à leurs collègues indigènes sont communément accusés d'être asservis à l'administration. Le reproche leur est cruel, mais tous les efforts qu'ils font pour y échapper ne font que les y exposer davantage. D'ordinaire, quand le gouverneur général les saisit, à la veille de la session, d'une proposition de conséquence, un concert de critiques, où beaucoup de fonctionnaires ne sont pas les derniers à faire leur partie, retentit dans toute la colonie. La plupart des élus arrivent, hérissés de méfiance, fortifiés par les objurgations des politiques locaux et les défis des adversaires, roidis contre les entreprises et les caresses du pouvoir. Puis, quand ils ont vitupéré pendant quelques jours sur les places et les quais d'Alger, jeté leur feu dans les séances des délégations séparées, remué les amendements et les contre-projets, il leur arrive de découvrir la difficulté de soutenir leur opinion.

Ce n'est pas que les Délégations soient dépourvues des capacités et des compétences nécessaires : elles en ont toute leur suffisance ; ce qui plutôt y ferait défaut, ce seraient les principes directeurs, le loisir et l'application indispensable pour étudier les questions très vastes et très variées qui leur sont soumises et qui dépassent singulièrement le champ d'action ordinaire d'une assemblée locale. Les intelligences vives et souples qu'on y trouve sont absorbées pendant onze mois de l'année par des soins plus pressants, et le court espace de la session ne leur suffirait pas pour s'en rendre maîtres, alors même que, chose à souhaiter, on pût informer les délégués assez longtemps à l'avance des projets de l'administration. Ajoutons-y une certaine inconsistance qui n'est pas le privilège mais une des marques de l'Algérie, et nous comprendrons que le Dieu des bureaux, après avoir eu presque toujours tort dans le début, finisse le plus souvent par avoir raison. Les esprits malins préfèrent voir dans ces revirements le renouvellement du miracle de la manne, de l'inépuisable manne dont le Dieu est censé disposer ; mais ces sceptiques sont aussi des naïfs, car de supposer qu'un élu, pour avoir voté contre l'administration, ne saura pas réclamer avec autorité ses faveurs, ou qu'après avoir obtenu un avantage généralement irrévocable, il ne mettra pas la sauvegarde de ses principes et la conservation de son mandat au-dessus d'un sentiment de gratitude, c'est méconnaître étrangement le caractère de l'homme public.

C'est surtout la nomination aux offices ministériels qui a donné lieu à ces dires ; très nombreux aux Délégations, les notaires, avoués, huissiers d'Algérie sont, comme on le sait, nommés par le gouverneur général, comme ils l'étaient avant 1901 par le garde des Sceaux, sans avoir à payer leurs charges (1). Mais ces fonctionnaires, en fait inamovibles, sont parfaitement indépendants du pouvoir qui les a nommés, surtout une fois qu'ils sont promus aux postes les plus enviés.

En réalité, ceux qui connaissent la petite histoire de la colonie durant ces dernières années, savent bien que dans ce parlementarisme réduit et mitigé par l'acceptation d'un arbitre supérieur, les forces vraiment effectives ont été l'énergie de quelques hommes convaincus s'appuyant sur des intérêts collectifs et surtout l'influence personnelle d'un véritable homme d'État, groupant et conduisant les bonnes volontés qui s'offraient à lui.

*
* *

Cette action de la haute administration qui laisse aux élus toute l'indépendance nécessaire, est naturellement beaucoup plus grande dans l'autre assemblée coloniale, le Conseil supérieur, qui compte 24 fonctionnaires sur 58 membres, avec 15 délégués des Conseils généraux, 16 élus des Délégations, et 9 notables indigènes nommés par l'administration ; ce Sénat algérien n'a d'ailleurs

(1) Il a été souvent question d'établir la vénalité des offices ministériels en Algérie, ne fût-ce que pour mettre fin aux trafics occultes auxquels donne lieu trop souvent la transmission de ces charges entre les titulaires, les candidats à leur succession et certains intermédiaires. On a été arrêté jusqu'ici par la difficulté d'introduire dans la colonie un système qui est très combattu en France. Au point de vue financier, on tirerait d'ailleurs aussi bon parti de cette situation en taxant le revenu des offices, mesure que les intéressés ont fort habilement éludée jusqu'ici. Quant à leur rôle politique et social, qui est réellement trop important et qui n'est pas sans danger pour la réalisation de nos idées à l'égard des indigènes, il est certain que les officiers ministériels, s'ils achetaient leurs études, n'en deviendraient que plus puissants et plus âpres au gain. La vraie solution, mais non la plus aisée, serait dans l'exercice d'un contrôle plus sévère de la magistrature sur ses auxiliaires.

d'autres pouvoirs que d' '' adopter ou rejeter les décisions prises par les Délégations financières ''.

Si l'on entrait dans les vues que nous indiquions tout à l'heure, au sujet de la réforme du travail législatif, on pourrait, en refondant cette institution, antérieure au régime du budget spécial, survivance inutile du temps où l'Algérie n'avait que voix consultative en toutes ses affaires, l'adapter à une besogne plus utile. En adjoignant au Conseil supérieur des représentants du Gouvernement et du Parlement, en le transportant, s'il était préférable, à Paris, on pourrait en faire un foyer bien actif de collaboration et de fusion. Si la discussion des projets de loi concernant la colonie incombait à cette assemblée transformée, ainsi qu'aux Délégations, il ne resterait plus qu'à se prémunir contre l'encombrement de la voie législative ; évidemment on n'aurait rien fait si les textes élaborés soigneusement par les deux Conseils allaient comme précédemment errer de ministère en ministère, de commission en commission, de législature en législature dans le dédale des couloirs et des procédures. Il faudrait, nous l'avons dit, que le Parlement, achevant son œuvre si profitable de 1900, abandonnât son droit d'amendement direct, comme il le fait pour le budget algérien, et acceptât de ne faire usage de son droit de veto que dans un délai donné, au bout duquel les projets seraient considérés comme ayant obtenu son adhésion.

Une semblable délégation ne serait pas plus anormale que celle en vertu de laquelle, depuis quatre-vingts ans, le Gouvernement fait et abroge la loi en Algérie ; il n'y aurait de nouveau que la faculté qui serait donnée, non plus au pouvoir exécutif, mais à des corps élus, de modifier, avec l'assentiment exprès ou tacite des représentants de la souveraineté nationale, les textes législatifs spécialement édictés pour la colonie.

Nous ne nous dissimulons pas que toute innovation de ce genre se heurterait aux plus vives oppositions, et qu'il faudrait, pour les faire triompher, la vision si évidente de grands intérêts sacrifiés, la pression d'un mécontentement si profond, la menace d'une telle crise, qu'à peine souhaiterons-nous d'en voir la réalisation.

Qu'on ne s'y trompe pas d'ailleurs, la réforme se heurterait moins à la routine, aux arguties de droit constitutionnel, à la répugnance de tout souverain à quitter le moindre parcelle de son autorité, qu'à certaine crainte que l'on entrevoit tapie au fond de tous ces dissentiments.

En parlerons-nous ou ferons-nous comme ceux qui n'osaient nommer le diable de peur de le faire apparaître ? Mieux vaut aller droit aux formes redoutables que l'on nous montre s'agitant dans l'ombre, et constater qu'elles ne sont rien.

En Algérie le danger séparatiste n'existe pas.

Ce serait une grosse erreur de psychologie que d'attacher aucune importance à certains propos que l'on peut entendre, dans le privé, parmi nos compatriotes de là-bas. Sans doute, il est parfaitement désagréable d'entendre dire qu'à quelques heures de chez nous, des enfants de notre sang se proclament volontiers " algériens et non français " et que davantage quelques hommes faits, des fonctionnaires même, laissent parfois échapper un langage aussi incongru. Mais les sentiments réels d'un peuple ne se mesurent pas à des bravades d'écolier et aux divagations de quelques sots. Il faut aussi tenir compte d'un trait qui est capital pour l'appréciation des choses algériennes, l'habitude de se répandre en paroles irréfléchies, contraires à la pensée intime, et regrettées aussitôt que dites. Mais nos ultra-méridionaux, pour être bavards, n'en sont pas moins avisés, et aucun d'entre eux ne fera difficulté de reconnaître que leur avenir, que l'existence même de leur race est suspendue à l'union indissoluble avec la mère-patrie. Sans doute, on pourrait bien imaginer que les Algériens, s'ils se voyaient quelque jour sacrifiés à la manie assimilatrice, n'eussent plus aucun intérêt à rester français, et qu'ils en vinssent à s'allier aux indigènes, aussi mécontents qu'eux de nos viandes creuses, pour secouer le joug commun. Mais que ne peut-on supposer ? Et que ferait une pareille coalition contre la France ? Et surtout comment ne pas voir que le meilleur moyen d'étouffer les germes de désaffection est d'en user libéralement avec ce pays ?

Au demeurant, des deux côtés de la Méditerranée, les tempéraments s'accordent pour empêcher tout dissentiment de tourner au tragique. La France sera toujours pour ce pays une tutrice attentive, un peu jalouse, un peu rêche, trop prompte à rappeler ses bienfaits, à manifester une préférence platonique pour les plus déshérités de ses pupilles, mais en somme facile à vivre. L'Algérie à la tête chaude, à la langue trop agile, se laissera trop souvent aller à des récriminations dont les enfants les mieux traités ne se privent pas toujours, mais elle a le jugement sain et le cœur bien placé, et elle saura toujours effacer par quelque effusion l'éclat d'une querelle injuste.

Au surplus, nos Africains ne s'entendent pas toujours mieux entre eux qu'ils ne font avec nous, et si, dans une partie du public algérien, un penchant anti-français commençait à se dessiner, l'autre en prendrait aussitôt texte pour l'accuser et la combattre.

Mais les pessimistes hochent encore la tête en disant : " La patrie, c'est la terre et le sang ; cette terre n'est pas la France, et sur cent mille électeurs, comptez combien tiennent vraiment à la souche française. " Et de fait, si l'on déduisait du nombre de nos concitoyens de là-bas, non seulement les naturalisés de toute origine et leurs enfants, mais les Algériens issus de mariages mixtes, on n'en trouverait peut-être pas plus du tiers qui fût purement français, et comme à côté d'eux on compte 160 000 étrangers, il n'y aurait, sur cent Européens, qu'une vingtaine de Français sans mélange, situation évidemment fâcheuse, mais dont il faut bien mesurer les inconvénients véritables.

Tout d'abord, ces éléments ne peuvent avoir d'action sur les destinées du pays que là où ils sont groupés ; c'est le cas des seuls Espagnols. L'Algérie, disait un humoriste, est la seule colonie espagnole qui ait réussi. Assurément la nation qui a possédé Oran pendant deux siècles s'est taillé un beau préside autour de cette ville et de Sidi bel Abbès ; elle s'y étend chaque jour, semant de Relizane à Saïda ses moulins, ses fermes, ses chantiers de défricheurs et d'alfatiers ; mais de là à imaginer une sorte d'irrédentisme espagnol en Oranie, il y a loin. Les fiers enfants de la Péninsule peuvent montrer les armes de leurs souverains qui s'étalent encore sur la vieille citadelle d'Oran ; ils peuvent conter entre eux qu'un des leurs ne saurait subir la peine capitale en Algérie sans la permission du roi ; ils n'en savent pas moins ce qu'ils doivent au pays dont ils sont les hôtes et il n'y a guère d'exemples qu'ils lui manquent. Ils tirent un juste orgueil de la part qu'ils ont prise à la transformation de ce pays, mais ils sentent bien que si la main de la France se retirait, la masse indigène les refoulerait en un instant.

Quant à la " mentalité ", comme on dit, des néo-Français, on ne saurait, sans faire montre d'une psychologie un peu épaisse, la considérer comme étrangère à la nôtre. M. Louis Bertrand, dans son beau roman *le Sang des Races*, a très finement noté les sentiments complexes que l'Espagnol d'Algérie conserve à son ancienne patrie, sa désillusion lorsqu'il la revoit et le souvenir ému qu'il en garde ; le vieux pays, c'est celui de la misère et celui des aïeux, qu'il vante, qu'il vénère et qu'il est heureux d'avoir quitté. La France d'Afrique, c'est un peu sa conquête à lui aussi, mais qui le conquiert à son tour ; sans doute elle n'a pas sur lui l'emprise puissante qui façonne rapidement le naturalisé de la métropole, noyé dans une population homogène et nombreuse. Néanmoins, l'école qu'il accepte volontiers, où il voit un moyen de s'élever au-dessus de la plèbe immigrante, le service militaire, devoir pesant mais que l'instinct ethnique rend intelligible, la communauté des intérêts et des besoins sont autant de creusets bien actifs.

Assurément la loi de 1889 a été appliquée à l'Algérie

sans aucune réflexion, et ses procédés d'assimilation automatique des étrangers ne sont pas mieux adaptés à ce milieu que ne serait l'injection dans un organisme d'une dose calculée pour un corps vingt fois plus fort (1). L'importance de l'élément franco-espagnol qui s'accroit chaque jour davantage dans l'ouest de la colonie entraîne certains politiques locaux à des flagorneries et à des compromissions peu prestigieuses : il est fâcheux de voir certains consuls intervenir dans nos élections sur la demande des candidats ; il est fâcheux de voir tels élus réclamer qu'on enseigne davantage la langue de Cervantès qui est déjà celle de plus d'une affiche électorale, celle des avis de l'" alcalde " dans plus d'un village et que pas mal d'habitants de l'Oranie appellent ingénument la *lengua del país*. Mais tout cela, on peut l'espérer, est temporaire et, à coup sûr, ne cache rien d'hostile. Et puis, encore une fois, s'il y avait là un péril, il serait tout local ; s'il y avait là un germe de séparatisme, c'est une sécession d'avec le reste de l'Algérie qui devrait en sortir.

Les naturalisés peuvent être gênants par leur cohésion, par leur exclusivisme à l'égard des autres groupes et surtout des nouveaux venus et des isolés ; encore ne sont-ils nulle part prépondérants dans l'ordre économique : ils fournissent à la colonisation ses troupes plutôt que ses chefs ; à coup sûr ils ne constituent pas, non plus que l'élément étranger, un péril ni même un embarras sérieux au point de vue national.

Mais il faut voir plus haut et plus loin : nous avons ouvert notre porte à ces hommes, comme nous en avions le devoir ; ils ont largement payé notre hospitalité en travail et en création de richesses dans notre domaine. Nous les avons conviés prématurément et malgré eux à participer à la direction de nos affaires : il ne peut être question de leur fermer l'accès de la cité, alors que ceux d'entre eux qui y

---

(1) La proportion des étrangers aux nationaux est d'environ 25 pour 1000 en France, de 280 pour 1000 en Algérie; en 1889 elle était de 440 pour 1000 dans la colonie.

sont entrés n'ont nullement démérité. Gardons-nous avant tout de soupçonner des gens qui sont nôtres avant qu'ils ne nous en aient donné aucun prétexte solide.

L'Afrique du Nord est le pays de la division, et d'abord de l'opposition régionale. Autant le séparatisme y est peu à redouter, autant le particularisme y est vivace, et tandis que celui-là serait un crime, celui-ci n'est qu'un instinct indéracinable dont il faut faire état et, s'il se peut, tirer profit. Vis-à-vis de la métropole ce n'est que l'expression d'une réalité physique : l'égoïsme provincial existe partout, mais il est moins éveillé là où la pénétration réciproque des contrées voisines est telle que la confusion des intérêts s'ajoute à la communauté des sentiments. Au contraire, l'Algérie, " prolongement de la France, " n'en est pas moins séparée par une limite plus visible que le pointillé de nos cartes par départements, et il en résulte une évidente spécialité des entreprises et des charges. Par exemple, on dégage malaisément la part d'avantages et de débours qui revient aux Bordelais dans l'exploitation des chemins de fer du Midi, d'Orléans et de l'Etat, tandis que l'Algérie est la seule région immédiatement intéressée au bon fonctionnement de ses voies ferrées, dont le budget se présente comme un tout concret et parfaitement distinct.

Coupée de la métropole par la mer, ce pays est en outre mal uni, partagé entre des attractions contraires et jalouses. Toute son histoire est dominée, nous l'avons dit, par la difficulté de grouper les habitants de ces longues plaines, de ces replis montagneux sous l'autorité d'un grand centre irradiant jusqu'aux extrémités son influence politique et morale. Alger, création des Turcs, forte de sa position à distance à peu près égale de Constantine, d'Oran et des confins du désert, n'a conquis et n'emportera sans doute jamais une telle supériorité de population, de richesse, d'activité générale, qu'elle puisse imposer sa direction au reste de l'Algérie. Actuellement elle n'est que le siège admiré et envié du gouvernement colonial qui est censé mettre toutes ses complaisances en ses administrés les plus voisins. Grâce à cette légende, les deux régions excentriques ont souvent été mieux traitées que le département chef-lieu, d'ailleurs affaibli par de continuelles dissensions.

La question du régionalisme nous retiendra quand nous traiterons de l'organisation départementale. Maintenant, ayant décrit l'action législative, nous passons aux autres manifestations de la puissance publique, en commençant par l'œuvre des trois grands services publics, les plus hauts en dignité ou en importance morale, armée, justice, enseignement, qui ne dépendent pas du gouverneur général.

III

L'ARMÉE

DE tous les éléments dont nous disposons pour la réalisation de nos idées, le plus ancien et le plus important est ici, plus que partout ailleurs, la puissance militaire.

Nous croyons assez avoir indiqué que, pour ces êtres simples et violents, le respect de la force n'est pas seulement une nécessité pratique, mais la conséquence d'un principe religieux. L'Islam doit combattre pour la primauté, mais quand le sort, qui est Dieu même, a prononcé contre lui, on ne saurait sans impiété s'obstiner dans une lutte dont l'issue ne peut être que l'extermination des croyants, comme on serait impie de ne pas guetter tout signe d'affaiblissement de l'infidèle, pour foncer de nouveau sur lui.

Telle est dans toute sa rudesse la vérité musulmane : elle peut être sans action sur quelques âmes loyales, sur les esprits clairvoyants et rassis qui comprennent l'impossibilité d'échapper à la suprématie européenne, mais elle règne sur le plus grand nombre, sans autre contrepoids que l'intérêt, que l'attachement à une situation, à un maître que l'on s'est donné, ou que la perception plus ou moins nette des dangers inhérents à tout changement de régime. Ignorants ou éclairés, Arabes et Berbères sont presque tous susceptibles — et combien de Français modernes en sont à ce point — de s'exalter à l'idée d'un bouleversement politique et social et d'y jouer l'avenir de leur race, plutôt que de l'attendre des lents bienfaits du travail et du temps. Pour le commun de nos musulmans, le rétablissement d'une puissance islamique en Algérie, à la faveur de troubles quelconques, ne fait pas difficulté ; mais fussent-ils mieux informés de l'état du monde que l'idée de voir surgir une autre domination chrétienne ne serait pas pour déplaire à leur tempérament versatile, aventureux, vindicatif, curieux de toute nouveauté qui ne touche pas à leur religion et à leurs coutumes.

Partant de ces constatations, plus conformes à l'expérience de tous les temps que l'hypothèse du bon indigène à qui il ne manquerait pour faire un vrai Français qu'un bulletin de vote, on comprendra la nécessité où nous sommes de faire montre de notre force. L'indigène même cultivé n'est frappé que de ce qu'il voit ; la réduction, voire temporaire et locale, de nos effectifs lui apparaît comme un indice d'appauvrissement et de décadence. Les explications les plus raisonnables qu'on pourra lui en donner lui feront l'effet de ces vantardises de faible qui lui sont si familières.

A côté d'eux, les Français d'Algérie, avec leur tempérament de méridionaux et d'émigrants perdus au milieu d'une population six fois plus nombreuse, s'émeuvent à l'idée de la moindre diminution de nos troupes d'Afrique, et chez eux les alarmes du citoyen se doublent du mécontentement du commerçant. L'armée a toujours été une de leurs meilleures clientes, et le " marchand de goutte ", naguère humble ribaud qui suivait nos colonnes dans les pays de la soif, est devenu un important personnage qui a voix au chapitre dans la répartition des corps et détachements.

On pourrait néanmoins négliger l'opinion des électeurs et des sujets, si réellement le nombre de nos fusils, de nos sabres et de nos canons était hors de proportion avec les dangers possibles. Mais en réalité, 50 000 soldats ne sont pas trop pour contenir une population remuante et disséminée, capable de fournir quatre ou cinq cent mille insurgés, pour occuper en temps ordinaire un territoire de 200 000 kilomètres carrés, celui de l'Algérie du Nord où nos troupes sont presque toutes concentrées, pour rayonner en cas de troubles dans une région plus vaste que la France, pour défendre contre les ennemis du dehors un littoral de mille kilomètres mal pourvu de voies ferrées, enfin pour prêter main-forte à la Tunisie plus exposée encore aux attaques.

L'Empire romain qui n'avait pas à défendre ces provinces, mais seulement à les garder, y maintenait environ 27 000 hommes, sur 400 000 qui faisaient toute son armée, tandis qu'une seule légion suffisait pour l'Égypte (1). Les Turcs, qui ne soldaient pas plus de 20 000 réguliers (2) et qui comptaient sur la mer pour arrêter l'invasion, ont fourni la preuve inverse de la nécessité d'occuper fortement ce pays.

On a parfois reproché à l'Algérie d'avoir accaparé une trop grande part de nos forces, comme on lui a répété à satiété le chiffre des milliards qu'elle a déjà coûtés à la France pour les seules dépenses de la conquête et de l'entretien de l'armée. Cependant, on ne saurait prétendre qu'aux moments les plus tragiques, la nécessité de garder notre possession ait pesé d'un poids trop lourd sur nos destinées. Ce n'est pas du fait de l'Algérie que la France vide de troupes est restée paralysée après le coup de foudre de Sadowa, alors que tant de nos Africains s'épuisaient dans l'équipée mexicaine, avec le plus beau sang de toute notre armée.

Ce ne sont pas les turcos, ni les chasseurs d'Afrique, ni les zouaves qui ont fait défaut à la France en 1870 pour la défense continentale, et depuis lors, dans toutes les expéditions d'outre-mer, l'armée d'Algérie, loin d'immobiliser des ressources utiles, a contribué largement à la formation de chacun des corps de débarquement.

On ne doit donc pas considérer ce camp retranché, ce grand dépôt de troupes comme une charge, mais il ne faudrait non plus qu'il devînt un trompe-l'œil. La métropole sera toujours tentée, au milieu des affres où elle peut se trouver jetée, d'enlever à sa colonie, dans le temps qu'elles lui seraient le

____

(1) Gaston Boissier, *L'Afrique romaine*, p. 95 à 97.

(2) L'intendant civil Genty de Bussy donnait les chiffres suivants, d'après les états de solde laissés par le gouvernement du Dey : huit mille Turcs, dix mille couloughlis (métis de Maures et de Turcs)

plus nécessaires, les troupes qu'elle lui laisse en temps de paix pour une sécurité d'apparat.

Assurément la colonie ne risque plus de se trouver quasi désarmée comme pendant la guerre franco-allemande ; l'appel des réserves et de la territoriale lui fournirait des défenseurs d'autant plus dévoués qu'ils sentiraient la nécessité immédiate de sauvegarder leur monde et leurs biens. En outre, la protection des petits centres isolés de population européenne a été organisée avec une sollicitude minutieuse par le dernier gouverneur général.

Il n'en est pas moins vrai que l'exode possible, au moment d'une déclaration de guerre, d'un certain nombre des régiments français d'Algérie, produirait un effet plus facile à prévoir qu'à mesurer. Mieux vaudrait encore dégarnir ce pays pendant la paix que de lui réserver pareille surprise. On pourrait, semble-t-il, installer dans le midi de la France quelques corps de tirailleurs indigènes sans exciter les réclamations des débitants algériens qui trouvent trop de sobriété à ces mercenaires.

On a objecté, il est vrai, l'insuccès d'un pareil essai sous l'Empire, mais alors ces volontaires étaient envoyés à Paris, dans un climat et dans une grande ville où ils étaient complètement dépaysés. Il faudrait sans doute, pour atténuer les ennuis de l'expatriation, attacher quelque avantage pécuniaire au séjour en France et assurer la relève annuelle. La dépense serait faible pour une utilisation bien meilleure.

D'ailleurs, la mobilisation vers les frontières d'Europe d'une partie du 19ᵉ corps serait pour la métropole une opération aussi aléatoire qu'elle serait fâcheuse au point de vue de la colonie : pour y réussir, il faudrait que nous fussions maîtres de la mer, et rien n'est moins certain. Il serait d'une élémentaire prudence de ne pas faire état, aux heures difficiles, du concours de nos forces africaines, et on ne saurait trop applaudir, à cet égard, à la mesure qui placerait en Algérie la réserve expéditionnaire de l'infanterie coloniale, soit 10 000 hommes de troupes purement françaises, uniquement destinées à combattre au delà des mers, qui remplaceraient dans la colonie une partie des contingents métropolitains ainsi rendus à leur emploi normal : excellente réforme qui à la fois spécialiserait davantage l'armée d'Afrique et y maintiendrait la prépondérance de l'élément métropolitain, indispensable pour assurer la cohésion de ces corps disparates dont plusieurs sont composés d'indigènes, d'autres en majorité d'étrangers, sans parler des conscrits naturalisés bon gré mal gré, qui grossiront de plus en plus le nombre des recrues coloniales.

Dans le même ordre d'idées, il faut souhaiter que l'Algérie conserve l'attrait qu'elle exerce aujourd'hui sur les volontaires du vieux pays ; l'armée d'Afrique garde dans notre galerie militaire une allure originale, un brillant de crânerie et de liberté ; elle est encore la tente dressée pour le soldat aventureux qui fuit les mandarins de la caserne ; elle a sa vie propre, grâce à l'esprit de corps qui l'anime ; ses uniformes flambent encore un peu dans la grisaille qui s'étend chaque jour sur nos armes ; elle a sa Légion étrangère, ramassis glorieux des enfants perdus de l'Europe, où l'on retrouve, sous la capote mal ajustée du troupier français, les héritiers des mercenaires qu'Annibal traînait sur ces rivages vers des conquêtes infinies ; elle prend les malandrins de nos villes pour en faire des braves ; elle montre ses spahis superbes au feu comme au soleil des fantasias, ses immortels et impayables turcos, héros baroques qui joignent la rouerie ingénue du fusilier de comédie à l'élan farouche et à la fidélité aveugle du fanatique.

Le soldat musulman, curieuse énigme dont on croit tenir le mot en disant brutalement, comme font ses coreligionnaires, qu'il s'est vendu ! Comme si, dans ce pays de nonchaloir, où la main-d'œuvre est partout demandée, ce fût chose si naturelle de trouver des gens pour accomplir à bon marché, pendant des années, une tâche ennuyeuse, fatigante et ponctuelle et pour se faire tuer moyennant une retraite ; comme si le courage, la loyauté et le dévouement fussent denrées si abondantes et de si petit prix !

En vérité, cet homme nous étonne, nous attire et nous choque. Certains d'entre nous pour un peu lui reprocheraient de renier sa race, d'abandonner le drapeau de la guerre sainte pour celui de la civilisation et lanceraient contre lui les imprécations que soulève en Irlande le *shilling saxon*, l'homme payé pour défendre contre ses frères la tyrannie de l'étranger. D'autres au contraire verront en lui un précurseur de l'assimilation : ce Kabyle famélique et crasseux qui fait en quelques années un beau soldat vigoureux, ordonné et instruit, n'est-ce pas l'exemple de ce que devrait être notre action sur l'indigène, de ce qu'on pourrait tirer de lui, moins par l'appât de la provende que par le redressement continu, par le regard et la parole d'un chef aimé et respecté. Mais, hélas ! c'est là un exemple des déceptions que nous réserve le maniement de ces êtres compliqués et rétifs : l'Arabe ou le Berbère qu'on a transformé le plus vite en un militaire discipliné, en un parfait serviteur de la France deviendra, une fois libéré, l'administré le plus rebelle, le moins déférent, le plus empressé à troubler la région par ces louches intrigues qui sont la plaie des pays musulmans. Soldat, il ne connaissait que ses chefs et narguait volontiers les galons civils ; retraité, il ne veut plus connaître que le payeur. S'il n'était que frondeur, il remplirait simplement le type du vieux guerrier qui prend sa revanche d'une longue servitude, mais il ne paraît pas qu'aucun attachement s'y mêle pour cette patrie temporaire qu'il aurait la veille soutenue si vaillamment. On dirait que, comme naguère certains prêtres en usaient avec la République, il veut se faire pardonner d'avoir pactisé avec l'infidèle en s'éloignant le plus possible d'un gouvernement dont il a tiré des avantages irrévocables.

Nombreuses sont les exceptions assurément : ceux qui ont obtenu un grade ou une décoration restent moins étrangers à un régime qui les a quelque peu constitués en dignité ; de même et à plus forte raison des anciens officiers, qui d'ailleurs sont pour la plupart candidats à quelque emploi administratif. Mais, et nous apercevons ici l'autre face de l'écueil, leur dévouement est difficile à utiliser ; le musulman francisé est naturellement suspect à ses frères, davantage s'il vient de l'armée. L'*askri*, le régulier, fût-il aux gages d'un prince croyant, est mal vu dans la vieille société islamique, qui vit, comme certains de nos songe-creux, dans le rêve de la levée en masse, de la mobilisation improvisée d'un peuple de combattants, à qui un saint enthousiasme tient lieu de munitions, de tactique et de chaussures. Le soldat, c'est le mauvais garçon qui a quitté les siens pour aller vivre d'aventures et de débauches, qui fourrage dans les gourbis en l'absence des maris et qui boit du vin (1).

Nommez caïd un ancien lieutenant de spahis ou de tirailleurs, pour ses aptitudes au commandement, ses connaissances générales, pour les habitudes de régularité qui le préparent tout spécialement à ces fonctions, il y réussira beaucoup plus difficilement que le moindre rustre un peu notable de la région. Fût-il né dans le pays, y eût-il toutes ses attaches, les indigènes ne le considèrent plus comme tout à fait des leurs : il n'a plus " la manière " et, quelle que soit sa correction, on aura tôt fait de l'accuser de toutes les exactions qu'on aurait silencieusement acceptées d'un autre.

L'armée ne peut donc encore compter comme un agent de fusion bien efficace : parmi les esprits qu'elle ouvre à notre influence et à nos idées, beaucoup se ferment rapidement, les autres restent sans grande action sur la foule ignorante dont ils n'ont pas la confiance. S'il en est ainsi des indigènes qui viennent à nous de bon gré, que dirons-nous des conscrits que l'on pousserait à dix-huit ans vers nos casernes, pour n'en rapporter au bout de deux ou trois années que la joie d'en être sortis ?

Sans doute, il faut louer les intentions de ceux qui ont pensé trouver dans cette population musulmane, dans ce

(1) Dans certaines parties de l'Algérie, la fréquence des engagements a eu raison de ces préventions qui n'existent pas non plus dans les tribus Makhzen, astreintes jadis au service militaire par les Turcs moyennant des privilèges fiscaux.

magnifique trésor de guerre, de quoi remplir les vides que notre natalité décroissante creusera bientôt dans notre front de bataille ; il faut constater aussi que l'idée première, peu à peu réduite, s'est finalement concrétée dans un projet des plus prudents (1), et qu'elle s'est fortement modifiée par la propagande parallèle en faveur de l'utilisation des troupes noires en Algérie.

Seulement, est-il expédient de soulever pareille montagne pour ouvrir la perspective de nous renforcer, en vingt ans, de quinze à vingt mille hommes, qu'on pourrait aussi bien demander aux rengagements en France ou en Algérie, et qui d'ailleurs serviront de prétexte à nos rivaux pour en armer bien davantage. Qu'on le sache bien, en effet : si on feint, au delà de nos frontières, de s'effrayer des grands projets de recrutement indigène, des dragons de papier que la presse agite aux yeux de l'étranger, c'est pour en tirer argument, c'est pour accroître sans cesse, à la suite de nos prétendus progrès, le nombre des combattants et des unités.

Sous sa forme extensive, le service militaire des musulmans d'Algérie est un leurre et un danger : sous sa forme restreinte il est de peu d'effet, il ne donnera en quantité et en qualité qu'un rendement médiocre. Il faut huit années pour faire un bon soldat indigène et l'appelé en accomplira trois : encore prévoit-on dans la composition des nouveaux régiments une proportion considérable de rengagés qui renforceront l'esprit militaire de ces corps, mais qui appauvriront d'autant le recrutement des vieilles troupes indigènes. On fait état de l'expédition de la Chaouia, où la conduite des tirailleurs issus de la conscription en Tunisie, aurait été meilleure

(1) Projet réalisé par le décret du 3 février 1912. Le contingent des appelés est fixé annuellement par le Ministre de la Guerre et sera sans doute très faible dans les premières années d'application. La durée du service est de 3 ans, et de 7 ans dans la réserve. Les conscrits sont tirés au sort ; les dispenses pour raisons de familles et autres non déterminées sont admises, ainsi que le remplacement. Les appelés touchent une prime de 250 francs.

que celle d'une partie de leurs camarades d'Algérie ; mais on sait ce que ces jugements ont de sommaire, et c'est peu d'une seule campagne pour égaler ces recrues aux soldats fameux qui ont fait leurs preuves depuis bientôt un siècle sur les champs de bataille de trois continents. Quant à l'emploi du futur contingent indigène dans la guerre européenne, ncus avons indiqué combien il était douteux que le transport en France d'une partie des troupes d'Algérie fût possible au moment d'une guerre, et d'autre part on hésitera à aggraver le poids du service obligatoire, déjà prolongé d'un an pour nos sujets, en les casernant au delà de la mer. On n'aura donc d'autre moyen d'utiliser l'accroissement de notre armée indigène que d'installer en France une partie des bataillons de tirailleurs de l'ancien type. C'est ici que l'introduction de l'élément soudanais pourra faciliter la solution, en remplaçant dans la colonie ces troupes parfaitement sûres par des unités étrangères au pays, qui ont également leurs traditions de fidélité et de vertus militaires. Ainsi les grands périls seraient ajournés ; il n'en est pas moins nécessaire de les envisager pour l'avenir, car il est à craindre qu'on ne se hâte d'interpréter favorablement les premiers résultats de l'expérience pour en réclamer la généralisation.

Si l'on peut admettre en effet que la nécessité de combler avec des conscrits musulmans une partie du déficit de la prochaine génération soit inéluctable, et que ces soldats, peu nombreux, bien encadrés, suffisent pour assurer la défense des côtes algériennes et ne puissent devenir un élément de trouble, par contre, on ne saurait accepter l'idée d'astreindre tous les indigènes " à porter le bât et à manger le pain ", selon l'expression populaire que les Arabes appliquent au régime de la caserne et de la prison.

Fussions-nous absolument maîtres de nos communications maritimes, l'entreprise de pousser vers la frontière de l'Est cette horde de jeunes Arabes à peine dégrossis par quelques mois d'exercice, ces adultes arrachés *manu militari* à leurs douars serait absolument impraticable. L'appel des réserves resterait lettre morte, faute de moyens de coercition, et l'instruction militaire donnée à ces milliers d'indigènes n'aurait servi qu'à fournir des moniteurs à l'insurrection ; quant à ceux qui ne pourraient échapper à la mobilisation, ils feraient sur le champ de bataille une figure bien connue, celle des alliés par contrainte, toujours fidèles dans la victoire. Nous n'insisterons pas sur le vilain abus de la force qui consisterait à prendre leurs enfants à ces hommes, à ces femmes, pour la défense d'une cause qui n'est pas encore la leur ; nous remarquerons seulement que dans les milieux les plus favorables aux indigènes, pas une voix ne s'est élevée contre cette mesure ; c'est qu'on y entrevoyait le moyen de réaliser le grand dessein : l'impôt du sang serait forcément l'occasion de conférer à l'indigène des droits nouveaux, au bénéfice exclusif d'une poignée de politiciens et de profiteurs.

Quand une nation est obligée de recourir pour sa sauvegarde aux races qu'elle a dominées, qu'elle s'assure du moins des concours de bonne volonté et qu'elle en fasse les frais. Aussi bien, partisans ou adversaires du service obligatoire des indigènes sont également favorables au système des engagements, et diffèrent seulement sur la possibilité de développer ce genre de recrutement. Il est certain que, malgré la réduction récente du taux des pensions, les corps indigènes continuent non seulement à trouver des hommes, mais à les choisir. Cette situation est étroitement liée aux conditions de la vie de nos musulmans : c'est dire qu'elle ne se modifiera pas de sitôt, et que, moyennant une faible augmentation des primes ou des retraites, on pourrait sans doute attirer un nombre plus grand d'indigènes sous nos drapeaux.

Dans le même ordres d'idées, il faudrait pousser davantage dans nos écoles militaires les enfants de l'aristocratie arabe, et peut-être encourager les vocations en élargissant les conditions de l'avancement des officiers indigènes.

Telle qu'elle est, notre organisation militaire met admirablement en valeur l'instinct guerrier de nos Arabes et de nos Berbères, elle les associe librement à notre œuvre, elle assouplit leur fibre combative à des usages plus nobles que les querelles d'héritage et les batailles de cafés maures, elle établit entre les deux peuples un lieu de rencontre où peut se former une entente durable, elle noue entre eux un certain nombre de ces liens de l'intérêt et du sentiment dont l'ensemble peut à la longue faire une nation solidement tissue. Elle peut aussi, par l'exemple de la fidélité bientôt séculaire de nos troupes indigènes (1), contribuer à édifier une de ces traditions d'honneur assez forte pour redresser l'âme d'un peuple. Avec sa rude doctrine, mieux ajustée à des êtres simples que le pompeux et fragile appareil de nos principes humanitaires, l'armée reste une des meilleures institutrices de ces races.

(1) Il n'y a pas d'exemple de défection collective chez les tirailleurs algériens; il paraîtrait seulement qu'un certain nombre de spahis se seraient mutinés en 1870, au moment de leur embarquement pour la France, parce que les conditions de leur engagement ne les obligeaient pas, disaient-ils, à faire la guerre en Europe.

IV

LA JUSTICE

UN mot tout d'abord sur l'indépendance des services non musulmans de la justice vis-à-vis du gouverneur général. Elle est motivée, on le devine, par la nécessité d'affranchir les décisions judiciaires de toute influence administrative, surtout de celle d'un personnage puissant, qui lui-même peut se laisser entraîner au courant de l'opinion locale. Voilà la théorie; voici les faits ; cette magistrature qu'on veut mettre au-dessus de toute ingérence est, en principe du moins, amovible, et surtout elle dépend des pouvoirs locaux en tout ce qui regarde sa situation matérielle. On veut rehausser son prestige en la subordonnant directement au garde des Sceaux, seulement on la met en posture de solliciteuse vis-à-vis des hommes de loi qu'elle est chargée de contrôler. Passe que les chefs de la magistrature algérienne débattent avec les avoués et les notaires tout influents dans les assemblées locales, les augmentations de crédits demandées par le personnel judiciaire. Il s'agit encore là de questions qui dépassent l'intérêt particulier et immédiat; et puis, le gouverneur général, si peu qu'on lui soit rattaché, est là pour écarter de trop malséants débats. Mais que dire de l'avancement et des compromissions affligeantes auxquelles il donne lieu ? Aussi bien qu'en France, les mouvements de ce personnel sont trop souvent commandés par des considérations et des recommandations politiques; on veut soustraire le juge algérien à l'emprise de la haute administration, mais vers quelles antichambres on le pousse, en voulant l'écarter de celle du gouverneur général !

Loin de vouloir soumettre la justice au contrôle d'un fonctionnaire, si élevé qu'il fût, nous souhaiterions qu'on la libérât de toute intervention. Bien que notre tempérament national ne s'accommode pas de l'intangibilité qui est assurée aux magistrats de certains pays, bien que la raison d'Etat ait conduit tous nos gouvernements à tenir plus ou moins en bride l'autorité judiciaire sous le couvert d'une fallacieuse inamovibilité, la justice coloniale du moins devrait être soustraite aux ingérences des partis. Nous entendons bien qu'on murmure l'ordinaire objection ; sans doute on risquerait de voir çà et là un juge se livrer à quelque incartade politique, mais il ne serait pas bien difficile d'y remédier, et comment mettre en balance un tel inconvénient avec celui de laisser la magistrature algérienne dans une situation de dépendance vis-à-vis de certains de ses justiciables et de ses auxiliaires même. Si on enlevait aux fonctionnaires des Ponts et Chaussées en Algérie un peu des privilèges dont ils jouissent, pour en faire bénéficier les tribunaux et la Cour d'appel de la colonie, notre prestige moral en serait fortifié autant que nos ouvrages d'art. Mais que parlons-nous des hauts barons de l'administration ? La carrière du moindre postier est mieux défendue contre l'arbitraire que celle des hommes qui peuvent décider de la fortune, de la liberté, de l'honneur, de la vie même des citoyens et des sujets.

Malheureusement une magistrature coloniale bien rémunérée, non seulement inamovible, mais garantie contre tout déplacement d'office et appelée à se prononcer sur l'avancement de ses propres membres, réaliserait un tel progrès, serait d'un tel exemple pour la métropole, que d'en supposer l'Algérie dotée, autant vaudrait rêver de pareille réforme pour la France, et c'est tout dire ! Seulement, qu'on ne vienne plus, avec des mines austères, parler de la haute convenance de maintenir le rattachement de ces services à la Chancellerie, et qu'on reconnaisse franchement qu'une telle organisation n'assure aucunement l'indépendance et la bonne discipline du personnel.

Et pourtant, chose remarquable, on ne peut dire que l'administration judiciaire de l'Algérie soit moins intègre et moins capable que celle de France ; elle est seulement plus faible vis-à-vis de certaines puissances. Malgré le peu d'avantages qui sont faits à ces magistrats, malgré la difficulté qu'ils éprouvent à se faire réintégrer dans le vieux pays, on arrive à les recruter de façon satisfaisante, et somme toute, il ne semble pas que nos compatriotes d'outre-mer soient bien moins jugés que nous-mêmes. Assurément, les influences locales sont particulièrement actives et pressantes dans ce pays, et Thémis, aussi lente qu'ailleurs, y est peut-être encore plus entravée ; mais à solliciteur, solliciteur et demi, et le plaideur européen arrive encore à neutraliser son adversaire par ses contre-démarches. Seulement les autres, les plus nombreux et les plus humbles, qui ne sont pas d'ailleurs les moins intrigants, comment l'appareil judiciaire fonctionne-t-il à leur égard ? Ici la chose se complique, car il ne s'agit plus seulement d'impartialité, mais de pénétration intellectuelle et morale.

Une des choses dont notre civilisation se flatte le plus volontiers, c'est d'apporter aux barbares une justice égale pour tous, des garanties plus grandes pour l'accusé, un règlement plus sage et plus équitable des litiges. La France a beaucoup fait pour l'indigène dans cet ordre d'idées, mais elle a manqué jusqu'ici à une des conditions indispensables, l'adaptation des moyens au milieu.

Aux décisions arbitraires ou suspectes, mais simples et rapides du cadi et du beylik, nous avons substitué la machine surannée de notre procédure qui n'écrase pas moins d'honnêtes gens, mais qui les sacrifie honnêtement à la logique et à la forme, non plus à la prévarication et à la brigue. A la complication des rouages ajoutez la difficulté des communications, le nombre insuffisant des juges et des sièges, l'ignorance réciproque des langues, des usages et des lois, les conflits entre les législations juxtaposées, les heurts entre les races, l'esprit processif propre aux sociétés peu développées et peu actives, et vous apercevrez les mécontentements et les malentendus qui peuvent naître en ce pays de l'application même la mieux intentionnée et la plus loyale de nos façons de raisonner et de constater les faits.

On sait que les indigènes sont régis par la loi coranique ou par les coutumes kabyles en ce qui concerne leur statut personnel (mariage, paternité, capacité), leur régime successoral, et leurs immeubles non francisés ; d'où, en théorie du moins, impossibilité de faire en rien fléchir les principes du Livre " éternel et incréé ", et d'autre part, difficulté pour nos magistrats de se prononcer sur des textes de droit canon, qu'à première vue il semblerait que des autorités musulmanes fussent seules à même de débrouiller.

Pour ce qui est de l'intangibilité des prescriptions juridiques du Coran, il faut s'entendre. Tout d'abord, les commandements du Livre et de la Sonna touchant à tout, le roumi est bien obligé de les enfreindre en quelque manière, s'il ne veut renoncer à gouverner. On dit souvent que le respect de la loi musulmane nous est imposé par l'engagement pris au moment de la capitulation d'Alger d'assurer " le libre exercice de la religion mahométane ".

Mais tout d'abord, il serait singulier de donner à l'acte d'un commandant d'armée, réglant les conditions de reddition d'une ville, une force contractuelle, entraînant l'adhésion des générations futures. Puis, le maréchal de Bourmont et le Dey d'Alger eussent-ils, dans cet accord, engagé les deux nations, que la musulmane l'eût désavoué presque tout entière en n'acceptant la domination française qu'après quarante ans de guerres et d'insurrections. Si nous donnons en passant cette indication, c'est que dans certains milieux indigènes on affecte d'invoquer à tout propos la capitulation de 1830, comme pour souligner l'existence d'un peuple de croyants ayant ses titres et ses privilèges à l'encontre de la collectivité française. Il est clair cependant que les signataires de la convention du 5 juillet 1830 n'avaient aucunement l'intention de régler dans la fumée de l'explosion du Fort l'Empereur, les questions infinies que soulevait le cas tout nouveau de la soumission de gens d'Islam à une puissance non musulmane. Si le bon maréchal avait été appelé à s'en expliquer, il eût vraisemblablement interprété ce texte en Français de la Révolution, comme accordant la liberté de prier et d'accomplir tous les actes du culte, en se soumettant aux lois communes.

Dans le fait, la portée d'application de la loi coranique est une question d'opportunité réglée par notre législation : la convention de 1830, considérée par notre juris prudence comme un texte législatif, peut être modifiée dans la même forme que tout autre acte du pouvoir exécutif ayant force de loi en Algérie. C'est ainsi que l'ordonnance du 26 septembre 1842 soumit nos sujets à notre Code et à nos tribunaux en matière pénale. C'est ainsi que le décret du 17 avril 1889 restreignit en matière personnelle et mobilière la portée d'application du droit musulman et rendit exceptionnelle et facultative la juridiction du cadi.

Assurément il serait tout à fait déraisonnable de toucher à la loi religieuse dans ses œuvres vives, par exemple en ce qui regarde les points essentiels de l'organisation familiale. Empêcher nos musulmans de se marier et de se démarier à leur guise, ce serait bouleverser leur existence, sans résultat moral que de multiplier les unions illégitimes, sanctionnées par la conscience individuelle et l'opinion publique. Par contre, quand nous voyons la Cour d'appel d'Alger restreindre par ses arrêts le droit de contrainte matrimoniale, ou refuser d'admettre, selon la tradition musulmane, et comme jadis certains de nos Parlements, qu'un enfant puisse rester pendant des années dans le sein de sa mère, nous ne partageons pas la réprobation de certains juristes. Ici nous n'avons affaire qu'à des abus rares et criants, à des croyances mal établies. Certes, il est anormal de voir le juge réformer ainsi la loi, mais est-il plus rationnel d'admettre qu'une loi ne puisse aucunement être réformée : les mêmes causes produisant mêmes effets, le magistrat français d'Algérie se reconnait, comme jadis le préteur, le droit de corriger des décisions et des interprétations considérées comme immuables, aussi bien que les Douze Tables de Rome.

En ce qui regarde la condition des biens, si gênant que soit pour l'établissement d'un bon régime foncier le système successoral des musulmans ou plutôt la façon dont ils l'appliquent, il serait extrêmement imprudent et vexatoire de le modifier.

En matière d'obligations, au contraire, l'indigène est, sauf exception, soumis à la loi française, notamment en fait d'immeubles, quand les droits de propriété sur ses biens ont été constatés par un acte de nos autorités, jugement, vente par devant notaire, titre administratif ou délivré en vertu des lois et règlements constitutifs de la propriété en Algérie. On ne saurait y redire, au point de vue des principes du moins : la distinction ainsi admise a presque toujours pour origine une acceptation implicite de notre loi par le musulman : rien ne l'obligeait à acheter une terre francisée, ou de vendre son bien par acte notarié, et quand il s'adresse à l'autorité française pour se faire conférer un droit, il est naturel qu'il achète cet avantage en se soumettant à notre législation. Aussi bien, notre système foncier, si imparfait qu'il soit, apporte dans les transactions une sécurité incompatible avec le régime occulte du droit musulman, qui ne connaît ni authenticité, ni inscription, ni transcription. Il faut regretter seulement que pour les indigènes, loi française soit trop souvent le synonyme de complication, de fiscalité, de spoliation même. On en voit ainsi qui vendent à *réméré* leurs immeubles devant le notaire français, croyant que ce contrat ne comporte pas de terme, comme dans le droit musulman, et qui, à leur grande surprise, perdent définitivement leurs biens, faute de rembourser dans le délai maximum de cinq ans prévu par notre Code (1).

(1) Voir Pouyanne, *la Propriété foncière en Algérie*, p. 608.

Notre législation s'applique aussi bien aux actions personnelles et mobilières entre musulmans, dérogation d'autant plus justifiée en théorie que la volonté des parties fait loi dans les conventions privées, et qu'il est toujours loisible aux contractants de ne rien stipuler de contraire à leur religion. Ainsi par exemple, une des prescriptions les plus importantes du Livre révélé, l'interdiction de tirer intérêt de l'argent, ne se trouve plus sanctionnée, sauf dans le contrat de *rahnia* (gage immobilier), où la règle coranique devrait être observée ; mais rien ne s'oppose à ce que nos musulmans consentent des prêts gratuits, et on avouera qu'il serait excessif de mettre en mouvement notre bras séculier pour faire respecter une défense contraire à toutes les exigences de la vie moderne, et constamment violée par les croyants les plus sincères.

Ainsi restreinte dans sa sphère d'application, cette législation religieuse sera-t-elle considérée par nous comme absolument immuable ? Ou bien reconnaîtrons-nous à l'autorité française le droit de corriger peu à peu par voie d'interprétation, certaines tendances qui s'écartent trop des idées d'ordre social et de liberté ?

Si pareille entreprise est bien délicate en pays d'Islam, puisque, dans l'opinion générale des fidèles, les quatre Imams et les commentateurs ont dès longtemps et définitivement arrêté les moindres détails d'application des préceptes religieux en matière de législation civile, de quelle main prudente un gouvernement européen devra inscrire sa glose en marge des sentences d'une sagesse inspirée ! L'administration algérienne s'y est pourtant essayée, et il faut l'en louer, quel que soit le résultat pratique auquel elle doive aboutir.

Une commission composée de magistrats et d'autres fonctionnaires français et musulmans a été chargée par le gouverneur général, en 1905, de préparer un projet de codification du droit musulman. Le principe même de la réforme avait fait l'objet d'une consultation générale auprès des magistrats de la colonie : parmi les présidents des tribunaux, sept contre neuf étaient favorables, parmi les chefs de parquets dix contre six ; les juges de paix étaient en grande majorité pour la codification et les cadis se partageaient à peu près par moitié (1).

Entre les objections soulevées, une a son intérêt : du côté français, certains ont allégué qu'à vouloir préciser la loi de l'Islam, on allait la cristalliser pour toujours, et rendre impossibles les améliorations que la jurisprudence aurait pu y apporter peu à peu. A cela on répond que la doctrine de la Cour d'appel, tribunal de Cassation en cette matière, est souvent incertaine et hésitante, et qu'elle peut toujours être remise en question par une nouvelle décision judiciaire. Quant à l'impossibilité ultérieure de modifier le futur code des musulmans d'Algérie, il serait singulier que cette création à demi française parût plus sacrée que les sources purement islamiques d'où elle serait issue.

Les partisans de la refonte de cette législation ajoutent — et c'est le plus fort de leurs arguments, — que l'exégèse traditionnelle, qui est censée avoir tout réglé et tout prévu, est pleine d'obscurités, de contradictions et de lacunes (2), au point que seules la routine ignorante ou la casuistique des érudits de mauvaise foi peuvent y trouver leur compte.

Au surplus, ils se défendent avant tout de vouloir innover, et on ne peut que leur souhaiter d'y réussir, et de réaliser quelque bien sans blesser aucune tradition ni aucun usage respectable. Souhaitons aussi qu'après un aussi consciencieux effort pour " constater le droit islamique ", ils ne voient pas

(1) Voir pour toute cette discussion la publication du Gouvernement général sur le projet de codification du droit musulman, fascicule 2.

(2) L'Afrique du Nord a déjà, dit-on quelquefois, son code musulman dans Sidi Khalil. Or voici ce que disent du grand commentateur de l'Imam Malek ceux qui l'ont pratiqué : " La concision et l'obscurité de Sidi Khalil dépassent tout ce que l'on peut imaginer ", écrit M. Pouyanne (*Op. cit.*, p. 10), et il cite cette appréciation de Perron, le premier traducteur du *Mokhtassar* : " S'il a mis vingt-cinq ans à la composition de son traité, Sidi Khalil a passé certainement la moitié de ce temps à se rendre obscur... "

la jurisprudence le constater d'autre manière, une fois le code promulgué, rouvrant la porte à la confusion que l'on aura voulu chasser. Au demeurant si, malgré leur souci louable d'orthodoxie, quelque article du nouveau recueil sentait un peu le roussi, il ne faudrait pas trop s'en alarmer; de tout temps la moitié au moins des plaideurs ont envoyé le cadi en enfer. Et puis, si quelques dispositions du droit codifié paraissaient trop imprévues ou trop gênantes, il est probable que les justiciables en feraient bon marché : ainsi de l'interdiction de marier les impubères, ainsi de l'acte écrit qui serait exigé pour la validité du mariage (1).

Il est probable que nos sujets continueront pendant longtemps à épouser des filles de treize ans et à se marier sans cérémonie; seulement les prescriptions nouvelles permettraient du moins de frapper sévèrement les indigènes qui consommeraient leur union avec une enfant et qui actuellement bénéficient d'une scandaleuse impunité sous le couvert de leur titre d'époux; d'autre part, la nullité du mariage, faute d'un acte dressé par le cadi, ne présenterait pas d'inconvénient au point de vue des intérêts les plus respectables, ceux des enfants, qui seraient sauvegardés en cas d'union non constatée dans les formes (2).

On peut admettre, d'après cet exemple, que la tentative présente plus d'avantages que de périls. Ajoutons d'ailleurs que, dussions-nous imposer à nos Arabes quelques règles contraires aux traditions les plus certaines de l'Islam, on ne saurait nous en faire un crime, quand on voit à côté de nous une population musulmane tout entière répudier ouvertement, sans se faire taxer d'hérésie, presque toute la loi coranique

(1) Art. 3, 4 et 10 de l'avant-projet concernant le mariage, *Ibid.* Il semble résulter du texte proposé, que la nubilité serait reportée au même âge que dans notre législation, ce qui paraît excessif, eu égard à la race et aux mœurs. Par contre, le critérium physiologique adopté par la loi musulmane est choquant et insuffisant. On voit ici la difficulté de pareilles adaptations.

(2) Art. 41, *Ibid.*

Aussi bien, que ceci nous soit une occasion de protester énergiquement contre l'idée qui a paru se faire jour d'étendre le futur code à la Kabylie : ce serait une folie inconcevable de rejeter dans l'ornière du droit canon une race qui en est délibérément sortie.

* * *

A côté de la question de législation qu'on peut considérer comme réglée assez équitablement, celle de la juridiction a donné lieu à de vives controverses.

Actuellement le juge ordinaire en matière musulmane est notre magistrat de paix : nous ne nous étonnerons pas de prime abord en voyant un fonctionnaire français prononcer sur des points qui touchent à la religion du Prophète. Evidemment, en pareille matière, la foi est moins nécessaire que l'intelligence et la droiture. Du temps même où nous laissions aux cadis toutes les causes civiles intéressant leurs coreligionnaires, nous n'en veillions pas moins à la juste et honnête application de la loi coranique ; à partir de 1842, notre Cour d'appel ou nos tribunaux ont connu des recours contre les jugements des cadis, sauf pendant les quelques années d'application du décret de 1854 qui créait une juridiction d'appel exclusivement musulmane.

On s'accorde généralement à reconnaître l'intégrité du juge français et à constater que celle du juge musulman est fort attaquée. Et comment en serait-il autrement ? Autant nous enserrons celui qui dit le droit dans un système compliqué de formes et de contrôles, autant nous l'éloignons des sollicitations, des contingences et même des réalités, autant nous nous efforçons de le rendre indépendant de tous, sauf de la loi, autant la tradition islamique lâche la bride au cadi, qui peut tout, sous la seule sanction de la révocation et du purgatoire. Juge unique, il connaît de toutes les affaires et sans recours : obligé d'interpréter les commentaires extrêmement obscurs des textes sacrés, il a le droit de ne pas se prononcer en cas d'embarras réel ou supposé ; il peut même trancher le même litige en des sens différents, l'autorité de la chose jugée n'entrant guère dans les idées des musulmans. Chez nous, il est vrai, sa compétence est réduite, ses décisions sont soumises à l'appel et le déni de justice ne lui est plus permis, mais il ne lui en reste pas moins une redoutable liberté d'appréciation : qu'il suffise de rappeler qu'en droit musulman il n'y a point de titres authentiques et que les actes écrits peuvent toujours être contestés par des témoignages que le juge pèse à sa manière.

D'une façon générale le cadi, siégeant en permanence, constamment accessible à ses ouailles, est singulièrement exposé à la tentation et au soupçon. Aussi la croyance à la vénalité de la justice est-elle bien ancienne, bien enracinée parmi les musulmans. Les friponneries de la judicature tiennent, dans le répertoire facétieux de l'Orient, la place des gaillardises du moine dans nos fabliaux : " Je ne reçois d'argent que pour les causes justes ", disait à un de nos amis un magistrat ottoman à l'ancienne mode. Quand on a lu la jolie page que Fromentin a consacrée à l'audience du juge d'Islam, et que l'on se reporte à l'opinion courante du musulman sur ce pieux personnage, on peut mesurer l'écart à combler. C'est à nous de faire du poème une réalité, en formant ces esprits à nos habitudes ordonnées et probes, mais d'ici là nous ne pouvons nous résigner à laisser rendre en notre nom des sentences trop suspectes, alors même que nos sujets réclameraient cette justice peu sûre. Il est très difficile en ce cas, comme en beaucoup d'autres, de s'en rapporter aux préférences qui se manifestent parmi les indigènes. Dans cet ordre d'idées surtout, les revendications sont presque toujours dictées par les conceptions les plus obtuses de la religion ou par les intrigues des candidats et des faiseurs d'affaires. Au demeurant, l'opinion des Européens d'Algérie, bien qu'ils ne soient jamais justiciables des tribunaux musulmans, n'est pas non plus tout à fait désintéressée en cette question, et, dans leur indignation contre les prévarications des cadis, il faut faire la part du désir qu'ont les gens de chicane d'attirer dans leurs offi-cines toutes les affaires de nos sujets.

Assurément, tout n'est pas pour le mieux dans le sys-tème actuel : les décisions d'un magistrat français, assuré-ment honnête, mais parfois incapable, usé, ou infatué de sa juvénile importance, ne sont pas toujours propres à donner à l'indigène une très haute idée de notre supériorité, et le mal présent étant toujours le pire, plus d'un plaideur arabe doit regretter le juge d'autrefois qui du moins, suivant le mot fameux, avait de la tenue ; et puis le roumi, théoricien du droit, ignorant des hommes et des choses, lui apparaît comme un savant bizarre et naïf : il se laisse aussi facile-ment tromper que naguères le cadi se laissait acheter, et les gens de bonne foi n'ont rien gagné au change.

Assurément notre personnel judiciaire s'est amélioré sérieusement et sera de mieux en mieux préparé, par le perfectionnement des études musulmanes, à ces tâches ingrates et difficiles, mais, si bon qu'il puisse devenir, il y aura encore, pour rebuter le justiciable indigène, nos mœurs et nos formes judiciaires auxquelles il ne saura de longtemps se faire. Sans doute le décret de 1889 a écarté la plupart des difficultés de cet ordre en disposant que, en matière musul-mane, " le juge tient compte dans l'interprétation des con-ventions, dans l'appréciation des faits et dans l'admission de la preuve des coutumes et usages des parties ". De même la procédure sommaire de notre juridiction de paix est encore simplifiée, pour les affaires musulmanes, à l'imitation de la conduite des litiges devant les cadis. C'est ainsi que sont supprimés le jugement par défaut et l'opposition, précieuses ressources de la chicane, c'est ainsi que l'intermédiaire onéreux de l'huissier est remplacé par celui de l'*aoun* (auxiliaire du cadi), que la signification à distance est rem-placée par une simple lettre recommandée. De même pour le tribunal d'arrondissement jugeant les appels musulmans : l'appel est interjeté par simple déclaration ; les parties comparaissent en personne comme à la première instance ;

le ministère des avoués n'est pas obligatoire ; seulement le défaut et l'opposition réapparaissent.

On ne peut nier que ces diverses dispositions ne représentent un louable effort d'adaptation : on regrettera même que nos plaideurs ne bénéficient pas d'une semblable réforme, et qu'en Algérie du moins, les Français ne soient pas jugés " à la turque " avec en plus les garanties indispensables empruntées à notre droit, appel et pourvoi en cassation. Seulement, dans le fait, l'indigène n'en profite guère : il a la tête perdue sitôt qu'il aborde nos prétoires ; plaider est sa manie mais non son talent ; il n'est jamais là au jour dit et il s'obstine dans ses démarches, le délai passé ; il n'a ni précision, ni décision ; il ne sait qu'accumuler les témoignages, parfois sincères, rarement exacts ; avant tout, il est ignorant et mal conseillé.

Devant le magistrat de paix il n'est pas trop dérouté ni sollicité à la chicane, mais non plus dirigé ; dans les petits centres, on ne trouve en général ni défenseurs ni agents d'affaires ; le plaideur indigène présente une requête informe, et se fait débouter, faute de connaître les bons arguments qu'il peut avoir en son sac. L'administration locale serait souvent à même d'indiquer aux indigènes honnêtes la bonne voie à suivre, mais elle s'applique surtout, conformément à la sagesse des nations, à les détourner de tout procès. Nous avons même connu quelques fonctionnaires des communes mixtes en qui les indigènes avaient une telle confiance qu'ils avaient l'habitude de les prendre pour arbitres de la plupart de leurs différends ; mais à peine osons-nous mentionner le fait, si heureux qu'il soit, tant ce qui vient de ce côté est suspect à certains censeurs.

Va-t-il en appel, — et le recours est ouvert pour toute contestation portant sur une valeur de plus de cinq cents francs, — l'Arabe tombe dans de terribles filets. On l'a souvent montré, débarquant de son douar dans une ville d'Algérie où il est immédiatement happé par un courtier qui l'attend à l'arrivée du train ou de la diligence, qui le pilote, lui fait conter ses histoires, lui bâtit un procès s'il en manque, grossit et complique celui qu'il peut avoir, exagère toutes les difficultés pour se charger de les aplanir, et, de connivence avec l'homme de loi qui le solde, ne lâche sa malheureuse proie qu'après en avoir exprimé tout le suc (1). On conçoit qu'avec une telle organisation, fortifiée par l'indulgence de la basoche et du barreau à l'égard des brebis galeuses qui les déconsidèrent, par la mollesse de la magistrature à réprimer les abus les plus patents, la simplification de la procédure soit un trompe-l'œil.

Elle est d'ailleurs bien insuffisante, à en juger par les expédients auxquels les magistrats de paix sont parfois réduits pour ne pas jeter les indigènes dans certaines embûches légales : c'est ainsi qu'ils font opérer par le cadi, hors de toute compétence, des partages provisionnels, voire définitifs, de terres francisées (2), et qu'ils règlent par la voie indirecte d'une indemnité pour indue jouissance, les questions de revendication qui, tranchées selon notre procédure, entraîneraient les plaideurs à des frais ruineux.

On imagine difficilement la crédulité de certains Arabes livrés à des praticiens sans scrupules : il y a des anecdotes fameuses à ce sujet, comme celle de l'avocat qui s'était fait donner par ses clients un beau cheval pour aller en cassation. A plus forte raison sont-ils sans défense quand il s'agit de déjouer de véritables escroqueries juridiques : on en a vu à qui l'on faisait verser des provisions pour interjeter appel, alors que les délais étaient expirés.

Il y a là une situation vraiment lamentable à laquelle on ne saurait remédier qu'en renforçant le contrôle de la magistrature algérienne sur ses auxiliaires. Un retour en arrière

(1) Cette triste industrie qui a ruiné tant d'indigènes a enrichi la langue locale des vocables *chaouchage* et *chaoucher* dérivés du mot *chaouch*, qui désigne en Algérie tous les indigènes employés comme introducteurs et interprètes dans les bureaux.

(2) Larcher, *Traité élémentaire de législation algérienne*, tome II, p. 430.

serait probablement sans effet, puisque le mal consiste surtout dans la possibilité de l'appel devant nos tribunaux : il ne saurait être question en effet de rendre aux cadis la compétence en dernier ressort sur toutes affaires musulmanes.

On a cependant beaucoup atténué le mal en rendant à ce juge, dans ses audiences foraines, la connaissance de tous les litiges personnels ou mobiliers dont l'objet ne dépasse pas 200 francs (décret du 25 mai 1892). Ainsi le magistrat, en se transportant sur certains marchés désignés par arrêtés, met son office à la portée du justiciable, et le plus grand nombre des contestations se trouvent réglées simplement et rapidement. Justice sans apparat et qui n'intimide pas le plaideur : tout près de la cohue des troupeaux qui se bousculent vers les enclos, au milieu des fellahs qui gesticulent, attestent le ciel, protestent contre les taxes et la baisse des prix, au milieu des chalands qui tâtent le dos des moutons, inspectent les membres des chevaux ou soupèsent les grains, on vous montre un Arabe accroupi dans une masure : c'est le cadi qui dans le brouhaha des discussions, des beuglements et des cris, médite quelque sentence.

Reste à dire un mot des Kabyles, qui n'ont rien à voir avec le magistrat musulman ni même avec la loi du Coran. Avant l'insurrection, ils n'avaient d'autres juges que leurs assemblées de villages, leurs djemaas prononçant d'après les coutumes. Depuis lors, tout en gardant leur législation propre, ils sont soumis exclusivement à la juridiction française simplifiée et accommodée à leurs traditions. Ils semblent s'être mieux adaptés à ce régime que leurs coreligionnaires arabes. Nos Berbères sont, nous l'avons vu, très aptes à défendre leurs intérêts, et s'ils pèchent par quelque endroit, ce n'est pas par excès de naïveté. On cite d'eux des traits dignes du plus retors des procureurs normands. Comme on demandait à l'un d'entre eux comment il allait prouver le paiement d'une dette qu'on lui réclamait indûment : " Si j'amène dix témoins du versement, expliqua-t-il, mon adversaire en produira vingt en sens contraire. Mieux vaut nier la dette ; on l'établira par des témoignages que je détruirai. " On peut présumer qu'au milieu de pareils roués, un Kabyle ingénu, s'il en est, ait plus de chances d'être dévalisé par les fripons de sa race que par les nôtres.

Il est à souhaiter seulement que, l'instruction se répandant de plus en plus dans la montagne berbère, notre jurisprudence et notre administration introduisent peu à peu l'obligation des actes écrits et réduisent l'autorité de la preuve testimoniale, source des plus scandaleux abus en tout pays d'Islam.

Nous aurions pour modifier les usages traditionnels des Kabyles, en matière de procédure et même de droit civil, des facilités d'autant plus grandes que leurs coutumes ne font pas partie de leur crédo et qu'elles y sont même le plus souvent contraires. Néanmoins nous respectons la vieille loi des Berbères, plus sacrée à leurs yeux que celle du Livre saint, et nous faisons prudemment.

Agissions-nous autrement qu'il y aurait quelque chose de plus fort que nos règlements et nos décisions judiciaires, savoir la volonté de ce peuple de faire respecter ses traditions par tous les moyens. Comme nous nous étonnions devant un administrateur de la Grande Kabylie de voir subsister, avec l'appui de notre autorité judiciaire, des institutions aussi contraires à nos idées que la prohibition du mariage avec la femme " insurgée " mise en interdit par le mari qu'elle a quitté, il nous fut répondu que ces usages n'avaient en réalité qu'une seule sanction, l'assassinat.

Un esprit ingénieux et fertile, un ancien fonctionnaire qui a vécu parmi les Kabyles et qui fonde des espérances un peu exagérées sur leur avenir et sur leur fusion avec nous, a préconisé et même expérimenté un intéressant procédé de réforme de ces vieilles coutumes avec le concours même de ce peuple : " Dès 1884, après trois jours de débats d'une sagacité et d'une ampleur étonnantes, écrit-il, 42 délégués élus par tous les Kabyles majeurs de la commune mixte de Fort National décidaient que désormais le père ne recevrait plus la *thammamth* (dot) et que celle-ci serait versée à la fiancée elle-même (1). " Assurément il y a là une idée bien séduisante, un essai de collaboration raisonnée et directe entre les dirigeants et les dirigés, en une matière particulièrement importante pour l'amendement de cette société. Seulement il faut bien remarquer (et on trouvera peut-être là une des raisons de cet empressement à suivre la suggestion administrative) que, sur ce point précis, et sur bien d'autres, réformer la coutume, c'est rétablir la règle coranique ; en voulant faire avancer la société kabyle, on peut la conduire à une impasse.

Pour relever la femme kabyle de son servage, principal anachronisme de ce régime, mieux vaudra, quand le progrès des mœurs le permettra, lui accorder pleinement et loyalement l'égalité des droits que d'adopter les solutions incomplètes et immuables du droit musulman, son système bâtard et compliqué de répartition successorale ; on risquerait fort, en favorisant la rentrée des Kabyles dans la stricte orthodoxie, de substituer aux franches exclusions d'aujourd'hui les spoliations hypocrites dont la pratique musulmane est trop coutumière vis-à-vis des femmes.

*

Ainsi donc, en matière civile, notre désir du mieux est presque toujours arrêté par la spécialité d'une législation presque imperfectible ; il n'en est pas de même dans le domaine pénal, puisque là notre loi est seule maîtresse, mais il reste le plus fort obstacle, la nature des hommes et des choses.

Tout est difficile en Algérie, mais rien plus que la justice

(1) Camille Sabatier, *la Crise Franco-Kabyle* (Revue politique et parlementaire du 10 septembre 1908).

(157)

répressive. Tout y rend plus difficile la protection des personnes et des biens. Raisons physiques d'abord : généralement pas de clôtures aux propriétés, à cause des nécessités de la culture extensive, et faute de matériaux ou d'arbustes propres à faire des haies ; construction légère des maisons, toujours par manque de pierre ; insuffisance des voies de communication ; facilités que le climat donne au vagabondage pendant la saison des récoltes, la plus propice à la maraude. Raisons morales, ethniques et sociales : l'esprit violent et vindicatif de l'Arabe et du Berbère, son point d'honneur qui multiplie les crimes passionnels, son attachement à la terre qui fait les crimes agraires, la dissémination de la population européenne, l'insouciance du colon, qui, nous disait un médecin de l'intérieur, se garderait de bien des vols et même de plus d'un attentat, s'il consacrait à renforcer ses portes et ses murs un peu de ce qu'il dépense en apéritifs ; son habitude de laisser pénétrer chez lui, sous n'importe quel prétexte, les indigènes du chemin, et de laisser vaguer ses bêtes, même la nuit, hors de l'étable ; les traditions économiques du monde arabe qui multiplient le nombre des désœuvrés ; la mentalité de l'indigène qui, dédaigneux du travail, trouve une excuse au banditisme dans les souvenirs des razzias d'antan et dans une conception grossière de l'antagonisme contre le chrétien ; la complicité craintive ou sournoise des honnêtes gens du monde musulman qui trop souvent couvrent de leur silence les malfaiteurs de leur race, de même qu'on voit des Européens pactiser avec les brigands ou même les prendre à leur service ; certaines pratiques de comptabilité résumées en un mot par un membre des assemblées locales, très estimé de tous, très aimé des indigènes, à qui nous entendions dire, au sortir d'une discussion publique où il avait fortement vitupéré contre l'incurie des gouvernants en matière de sécurité : " Les indigènes volent ceux qui les volent. " Ajoutons-y la complication de nos engins administratifs et judiciaires, la pénurie budgétaire, enfin les difficultés de l'instruction vis-à-vis d'inculpés et de témoins ignorants de notre langue et imprégnés de toute l'imprécision de l'esprit arabe.

De tout cela il résulte que le délinquant indigène est difficile à prendre et plus encore à garder : si on ne peut s'assurer de sa personne dès le commencement de l'instruction, il aura tôt fait d'établir son alibi par les témoignages les plus précis. Une justice rapide, chose partout nécessaire, est encore plus indispensable dans ce pays, où les organes de la défense sociale, si bien qu'on les ajuste, communiqueront toujours moins facilement entre eux que les malfaiteurs avec leurs amis. Le système de l'assimilation qui avait triomphé pendant soixante ans, en soumettant complètement les musulmans d'Algérie à notre juridiction et à notre procédure pénales, avait le double inconvénient de la lenteur et de l'inefficacité; en concentrant dans les seize tribunaux correctionnels, dans les quatre cours d'assises et l'unique cour d'appel de la colonie, le jugement de quinze à vingt mille indigènes (1), on obligeait les prévenus à des déplacements considérables et on leur faisait subir des délais préjudiciables à tous, sauf aux habitués de la geôle et aux routiers de la procédure. Cette justice boiteuse était presque aveugle, faute d'auxiliaires locaux ; quand on voyait poindre à l'horizon le juge d'instruction sur son mulet ou dans sa carriole, on savait que le moment était venu de prendre le large ou de réunir les barbes les plus vénérables du douar pour appuyer les faux serments nécessaires. Les commissaires de police n'étaient généralement pas plus experts dans ces recherches, faute d'être mieux que les magistrats au fait de la langue et des habitudes de nos sujets.

Quant à ceux qui connaissaient le mieux les choses indigènes, les administrateurs de communes mixtes qui, en leur qualité de maires, sont officiers de police judiciaires, ils secondaient de leur mieux l'action de la justice, mais trop souvent

(1) 16 218 et 21 334 prévenus ; 596 et 629 accusés pour 1901 et 1902, dernières années de l'application de l'ordonnance de 1842.

le résultat de leurs investigations était détruit par les machinations locales auxquelles on laissait le temps de produire leur effet et par les malentendus résultant des contre-enquêtes menées de loin par le magistrat instructeur.

D'autre part, la composition exclusivement française du jury faussait la répression ; les crimes des indigènes étaient trop punis ou trop peu, suivant que la victime était ou non des nôtres. En outre, les fonctions de jurés incombant à quelques milliers de citoyens étaient trop lourdes dans un pays où la grande criminalité est deux ou trois fois plus forte qu'en France (1). Enfin le régime de la prison pour les courtes peines surtout était de nul effet, faute d'une bonne organisation du travail des détenus ; l'apathie de l'indigène s'accommode fort bien en effet d'une retraite oisive et confortable, et sa considération ne souffre guère d'une condamnation prononcée par le roumi.

Pour corriger ces vices divers, on institua d'une part dans chaque arrondissement une *cour criminelle* composée de trois magistrats de carrière et de quatre assesseurs jurés, deux français et deux musulmans, pour juger les affaires où victimes et inculpés sont indigènes ; d'autre part, dans chaque canton, un *tribunal répressif* composé du juge de paix et de deux assesseurs, l'un français, l'autre indigène, connaissant en premier ressort des délits imputables à nos sujets. De ces deux créations, très semblables à première vue, la première, enfantée par les juristes, n'a rencontré aucune opposition

(1) Affaires criminelles jugées en France et en Algérie :

Années.	En France.	En Algérie.	
		Cours d'assises.	Cours criminelles.
1903	2.074	81	388
1904	2.053	75	546
1905	2.236	88	491
1906	2.143	77	568

sérieuse, tandis que la seconde, œuvre un peu hâtive à la vérité de l'administration, s'est heurtée aux protestations violentes de l'opinion française et des hommes de loi d'Algérie.

Les cours criminelles elles-mêmes ne sont d'ailleurs pas épargnées par certains avocats algériens qui goûtent peu cette juridiction trop sourde à l'éloquence, où les justiciers professionnels, suivis servilement par les deux jurés musulmans, seraient absolument maîtres du verdict. On raille volontiers ces figurants de justice, ces deux assesseurs indigènes "capables de comprendre le français", tirés au sort sur une liste de dix jurés recrutés à grand'peine dans tout l'arrondissement, à qui on apprend avant l'audience à mouler par écrit un *oui* et un *non*, en vue du scrutin secret ; on prétend que l'un d'eux, après avoir appris à tracer le premier de ces mots, voulait s'en tenir là, ne supposant pas qu'il eût jamais à se servir du second. On raconte qu'ils sont exposés à la corruption à tel point qu'on saisit un jour des plis contenant des billets de banque et adressés tout simplement " à Monsieur l'Assesseur musulman à la cour criminelle ".

Mais que ne raconte-t-on pas pour distraire les Pas perdus ?

A supposer que ces jurés fussent à la fois corruptibles et incapables d'affirmer leur opinion, ce qui est un peu contradictoire, il faudrait faire quelque confiance à l'institution. Comment arriver à former l'indigène, si on n'essaie pas, de temps à autre, de mettre en jeu sa réflexion et sa responsabilité ? Le système transactionnel de la loi de 1902 nous paraît très défendable ; c'est un acheminement vers le jugement de l'indigène par ses pairs, et en même temps vers la transformation du jury par la collaboration plus étroite du magistrat et des citoyens, qui est souhaitée par la plupart des criminalistes.

Quant à l'efficacité répressive de l'institution, le résultat le plus visible est le petit nombre des acquittements qui est environ deux fois moindre qu'en France et trois fois moindre que devant les jurys algériens, encore plus indulgents que ceux de la métropole (1).

On ne peut vraiment blâmer cette sévérité. L'utilité des grands châtiments peut être discutée dans une société de civilisation avancée, où la part du crimae apparaît comme le tribut peut-être irréductible dû aux puissnces de l'animalité, encore que notre sensiblerie ait eu pour effet de réchauffer la brute dans bien des âmes ; mais dans un pays d'où nous voulons extirper la barbarie, où nous devons protéger notre élément national contre la propagation toujours possible du fanatisme et contre des conditions de sécurité défavorables, la complaisance aux crimes passionnels, la faiblesse à l'égard des bandits aboutiraient bien vite au réveil de la sauvagerie, à un état de désordre où le brigandage fleurirait à côté de la loi de Lynch. La suppression de la peine de mort serait, en l'état actuel de l'Algérie, une énorme imprudence à laquelle la France se portera trop facilement quand elle s'y sera décidée chez elle. La sainte logique n'admettrait pas en effet qu'un ignorant pût risquer sa tête en allant assassiner à vingt-quatre heures de Marseille.

Au lieu de se relâcher vis-à-vis des indigènes, on devrait se montrer un peu plus rigoureux vis-à-vis des criminels français et mettre fin, par la réforme du jury, à la scandaleuse impunité qui est réservée aux actes les plus barbares ou

(1)

Années	Cours d'assises de France.		Cours d'assises d'Algérie.		Cours criminelles.	
	Accusés.	Acquittés.	Accusés.	Acquittés.	Accusés.	Acquittés.
1903............	2·972	976	101	46	521	90
1904............	3·063	1·016	94	43	751	123
1905............	3·306	1·021	146	62	650	112
1906............	3·128	1·021	92	50	766	118

Moyenne des acquittements : cours d'assises de France, 32 p. 100 ; cours d'assises d'Algérie, 46 p. 100 ; cours criminelles d'Algérie, 16 pour 100.

les plus malhonnêtes, pourvu que la passion ou la politique s'y mêlent, pourvu que les caisses publiques ou simplement les riches soient seuls à en souffrir.

Les cours criminelles, moyennant certaines retouches, pourraient bien constituer, sinon l'idéal de la justice que ni le chêne de saint Louis ni les palmiers des premiers khalifes n'ont pu abriter, mais un réel progrès sur l'arbitraire et le formalisme de nos cours d'assises, et il n'est pas prouvé qu'en France aussi bien qu'en Algérie, les honnêtes gens ne se trouveraient pas bien de l'application générale d'un régime semblable.

Pour ce qui est des tribunaux répressifs, la réprobation qui les a entourés dans leurs débuts était surtout motivée par des dispositions bientôt abrogées (1).

On protestait surtout contre la réduction du droit d'appel qui, en subordonnant le recours à la gravité de la peine, donnait dans beaucoup de cas au juge la faculté de se soustraire au contrôle de la juridiction supérieure : cette anomalie a disparu. On s'étonnait des pouvoirs excessifs conférés au ministère public, qui pouvait agir comme juge d'instruction, et dont les fonctions ainsi étendues devaient être le plus souvent confiées aux administrateurs de communes mixtes, déjà munis d'attributions multiples, exceptionnelles, notamment du droit de frapper les indigènes de peines disciplinaires : mais aujourd'hui les mandats d'arrêt ou de dépôt délivrés par ces agents doivent être confirmés dans les trois jours par le président du tribunal répressif : le prévenu ne peut donc être détenu plus de trente-six heures sans une décision judiciaire.

Quant à la prédominance de l'élément français, dont on faisait un crime à cette institution, tandis qu'on n'y trouvait rien à redire pour les cours criminelles, elle ne présente pas les dangers qu'on y voyait. Le juge de paix, disait-on, pris

(1) Décret du 9 août 1903 réorganisant les tribunaux répressifs institués par le décret du 29 mars 1902.

entre l'assesseur français, homme influent, et le ministère
public, tous deux d'accord pour condamner, se verrait toujours
imposer les décisions les plus rigoureuses ; quant à l'indigène,
la crainte de l'administration ou bien les intérêts de sa
coterie, de son çof, dicteraient son jugement. L'expérience
a montré que le plus souvent le magistrat président conserve
le rôle prépondérant qui lui revient : son collègue français,
qui très souvent est pris parmi les fonctionnaires locaux,
faute de colon apte et disposant du temps nécessaire, n'est
généralement pas en situation de lui imposer son avis ; quant
au musulman, il respecte toute autorité, et davantage celle
qui parle la dernière, et c'est d'ordinaire le juge qui, au
délibéré, emportera son suffrage.

Si l'on s'en rapportait aux plaintes que nous avons souvent
recueillies, il semblerait qu'en définitive ce fussent plutôt les
fonctionnaires chargés de l'administration des indigènes qui
fussent quelque peu brimés par la magistrature, dans l'exercice du ministère public. Naturellement favorables à la
simplification des formes judiciaires, ils n'en inclinent pas
moins à penser que les tribunaux répressifs leur ont procuré
un surcroît de besognes ingrates, et surtout ils se voient
avec humeur subordonnés dans ces fonctions à de jeunes magistrats ou à des parquets qui les considèrent volontiers comme
des " civils " complètement étrangers aux notions juridiques
et procédurières. Ce sont là petites difficultés d'emménage-
ment qui ne sauraient se prolonger : peu à peu les agents
des communes mixtes se forment à leur nouvelle tâche, y
acquièrent une compétence que l'autorité judiciaire a reconnue volontiers en plus d'un cas ; peu à peu ils aperçoivent
que certaines exigences qui leur apparaissaient comme de
menues persécutions des bureaux ou comme des effets de
la manie paperassière, constituent simplement les moyens
indispensables pour se faire comprendre du juge, surtout en
appel.

Les décisions des tribunaux d'arrondissement réformant
les sentences de cette juridiction soulèvent aussi de grandes

récriminations. Il est évident que le système de la procédure sommaire aboutirait logiquement à la suppression de l'appel : le décret de 1902 sur les tribunaux répressifs avait adopté une solution intermédiaire qui ne pouvait se soutenir. Une fois le recours admis, les tiraillements sont inévitables entre les juges locaux qui voient de près les individus et les circonstances, qui discernent la valeur des témoignages, et le tribunal qui statue de loin, souvent sur pièces (1), et qui se montre volontiers pointilleux à l'égard de ces magistrats d'occasion. D'autre part, la défense est mieux organisée devant la juridiction d'arrondissement : en première instance, le ministère public doit bien prévenir l'inculpé qu'il a le droit de choisir un conseil, avocat ou bien *oukil* (2), mais cette faculté la plupart du temps reste théorique, et la nomination d'un défenseur d'office n'est prévue qu'en appel. C'est ici une grosse lacune et bien difficile à combler : l'administration algérienne se méfie terriblement, et non sans raison, de ceux qui prennent en mains, moyennant finance, les intérêts des indigènes ; si elle assumait elle-même les frais de la défense des inculpés musulmans, le remède pourrait être pire que le mal : le choix est souvent trop difficile dans le personnel restreint des barreaux d'Algérie, et Dieu sait ce que certains défenseurs feraient du rôle de protection qui leur serait ainsi dévolu !

L'inculpé dispose donc pour se défendre, du moins en appel, de ressources dont naturellement les honnêtes gens ne sont pas les seuls à profiter. Ce qu'on reproche le plus justement à certains tribunaux, c'est non pas d'acquitter, mais de réduire les peines, sans raison apparente que l'hésitation du juge mal informé qui, dans le doute, fait un moyen terme entre l'innocence et la culpabilité. On s'étonne aussi de certains compléments d'instructions qui dénotent un mépris complet de l'expérience locale, ou une

(1) Art. 24 du décret du 9 août 1903.
(2) *Ibid.*, art. 10. L'oukil est un avocat indigène nommé par le procureur général.

profonde naïveté (1). Quand tout un douar a témoigné au tribunal répressif contre un indigène connu comme voleur de profession, attesté que le corps du délit appartient bien au volé, et que le tribunal d'appel s'en rapporte aux serments du prévenu et de ses affidés, les juristes peuvent triompher, mais l'opinion des gourbis ne trouve qu'une explication à une pareille sentence, c'est que le larron a suborné les juges.

Faut-il attribuer aux inconséquences ou à l'esprit de contradiction du tribunal d'appel les médiocres résultats de la réforme ? Toujours est-il qu'elle ne paraît pas avoir donné grand'chose, qu'on s'en rapporte à la froide statistique ou aux manifestations de l'opinion. La petite criminalité indigène n'a pas diminué depuis l'institution des tribunaux répressifs, elle a même subi une augmentation assez sérieuse, que l'on peut d'ailleurs attribuer au plus grand empressement des intéressés à porter plainte devant la nouvelle juridiction. Sans doute une activité remarquable a été déployée dans la poursuite des délits : alors que le nombre des affaires classées sans suites est presque le double de celui des jugements (175 à 180 pour 100) (2) devant les

(1) Citons à titre de curiosité le fait suivant : dans une affaire de vol de bestiaux, l'administrateur chargé du ministère public fait défiler devant l'inculpé et devant le plaignant un troupeau au milieu duquel se trouvent les bêtes volées; le second seul les reconnaît. En appel, le juge d'instruction, trouvant l'épreuve ingénieuse, la renouvelle : le voleur, instruit par la première expérience, distingue cette fois les animaux qu'il prétend siens, et voilà toute la preuve détruite.

(2) Années.	Affaires correctionnelles en Algérie.		Affaires de la compétence des tribunaux répressifs.		Affaires correctionnelles en France.	
	Jugées.	Classées.	Jugées.	Classées.	Jugées.	Classées.
1901	12.679	15.261	»	»	»	»
1902	15.826	14.034	»	»	»	»
1903	4.539	5.734	12.504	6.837	168.480	249.296
1904	3.912	6.545	14.617	8.070	171.264	302.438
1905	3.639	7.182	14.722	8.177	173.804	307.659
1906	3.945	7.489	15.954	9.142	170.327	310.436

juridictions correctionnelles de France et d'Algérie, la même proportion est pour les tribunaux répressifs d'un peu plus de moitié, 54 à 57 p. 100. Seulement, si l'on compare ces chiffres à ceux des années antérieures à 1903, on aperçoit que la situation n'a guère changé et qu'avant comme après la constitution des nouveaux tribunaux, les délinquants étaient mieux ou plus heureusement recherchés en pays indigène qu'en France et dans les agglomérations européennes d'Algérie, où les parquets et la police n'ont pas la même sûreté d'investigation que l'administration des communes mixtes dans son domaine (1).

Quant aux décisions finales, il est remarquable que ce terrible " répressif " que les indigènes appellent en écorchant son nom *mahakma bessif* ou " tribunal de force ", prononce plus d'acquittements' que les chambres correctionnelles de France (2), juste compensation d'ailleurs de la plus grande facilité avec laquelle les inculpations sont admises.

En résumé, sous le nouveau régime, nos musulmans ne sont ni plus ni moins sévèrement traités qu'auparavant ; comme précédemment, une quantité donnée de délits indigènes aboutit à un nombre de condamnations beaucoup plus

(1) Affaires sans suite (auteurs inconnus) :
Tribunaux correctionnels d'Algérie : 2 144 sur 11 434 affaires jugées ou classées.
Tribunaux répressifs : 2 844 sur 25 096.
Tribunaux correctionnels de France : 130 233 sur 493 799.

(2) Années.	Tribunaux correctionnels en Algérie.		Tribunaux répressifs.		Tribunaux correctionnels en France.	
	Prévenus.	Acquittés.	Prévenus.	Acquittés.	Prévenus.	Acquittés.
1901	16.218	1.399	»	»	»	»
1902	21.324	2.775	»	»	»	»
1903	5.634	541	16.589	2.473	206.990	13.032
1904	5.116	558	18.629	2.046	211.944	13.921
1905	4.696	471	19.138	2.096	213.882	14.136
1906	4.978	640	20.568	2.570	207.485	13.061

fort que s'il s'agissait d'infractions commises par des Européens en France ou en Algérie, mais cette différence est imputable à l'efficacité plus grande des poursuites. Au demeurant, nos sujets sont plus fréquemment acquittés et plus rapidement jugés. Quant à l'application de la peine, les dispositions autorisant l'emploi des détenus sur les chantiers de travaux publics paraissent s'être heurtées à quantité de difficultés pratiques et n'avoir pas donné grand résultat. Enfin la criminalité n'a pas sensiblement baissé.

Par contre, au point de vue politique, les polémiques soulevées par cette question ont eu un fâcheux retentissement, et jusqu'à la fin des temps beaucoup répéteront sans réflexion et sans étude que la France a soumis ses sujets algériens à une juridiction d'arbitraire et d'exception. Il y aurait intérêt à cet égard, et il n'y aurait aucun inconvénient par ailleurs, à supprimer l'institution des assesseurs et à laisser au seul magistrat de paix la connaissance des délits de nos musulmans. Quant aux défectuosités des jugements d'appel, on y remédierait en nommant plus de magistrats capables, ce qui se peut faire.

Pour ce qui est de l'opinion algérienne, elle sera toujours divisée à l'égard de tout système pénal concernant les indigènes. Les questions de personnes et de coteries politiques ou professionnelles compliquent trop en ce pays le problème de la sécurité. Les colons se sont désintéressés des tribunaux répressifs, à la suite des modifications imposées par la métropole qui, suivant eux, ont enlevé toute efficacité à l'institution, et leurs plaintes n'ont jamais été plus vives que pendant les premières années d'application du décret de 1903. D'autre part, le parti très puissant des hommes de loi continue à faire grise mine à cette justice trop simple à leur gré, et proteste encore de temps à autre contre l'attribution aux administrateurs de l'instruction et de la poursuite des délits indigènes.

On comprend très bien que les colons réclament énergiquement d'être protégés. Il ne faut même pas s'étonner de les voir réclamer avant tout la protection de leurs propriétés, alors que si l'on considérait l'éclat de certains attentats contre des Européens isolés, il semblerait que leur existence même fût menacée dans quelques régions ; c'est bien là l'esprit de l'émigrant et du rural, plus soucieux de s'enrichir que de conserver ses os. Aussi ne venez pas leur dire qu'on enregistre presque deux fois plus de délits en France qu'en Algérie. On ne peut demander à un brave homme à qui on vient de voler un troupeau de bœufs, produit du travail de plusieurs années, de s'élever à la sérénité du statisticien ; il aurait d'ailleurs beau jeu à répondre que les chiffres ne prouvent rien, que la criminalité en Europe ne s'attaque pas spécialement, comme elle fait ici, à une classe de la population, sinon à une race ; que le vol agricole est de tous les pays, mais que nulle part il n'est aussi bien organisé et il n'opère aussi largement qu'en Algérie ; qu'enfin notre œuvre économique et nationale serait bien atteinte, le jour où les autorités de la colonie considéreraient l'insécurité avec autant de calme que les parquets de France peuvent envisager le fourmillement des infractions banales, dont les victimes disséminées parmi trente-neuf millions de Français sont seules à s'émouvoir. Seulement il ne faudrait pas aller à l'absurde, il faudrait reconnaître qu'une justice trop primitive qui trouverait toujours des coupables, sous la pression de réclamations puissantes, serait aussi odieuse que vaine ; on devrait aussi se bien persuader qu'aucune organisation judiciaire ne réduira promptement les risques inhérents à l'exploitation agricole dans un pays neuf.

Le système actuel rend à peu près tout ce que l'on peut obtenir dans cet ordre d'idées, avec l'aide, il est vrai, de moyens de répression administratifs dont nous aurons à parler. Nous ne voyons pas, réserve faite des modifications que nous suggérions, ce qu'on pourrait y substituer utilement. Il a été parfois question de rétablir dans toute la colonie les commissions disciplinaires qui fonctionnent encore aujourd'hui dans les territoires militaires, sans presque soulever de critiques. Seulement cette sorte d'indifférence des juristes et des humanitaires ne bénéficierait plus au même régime, s'il venait à s'étendre au pays du Tell : elle peut en effet s'expliquer par le fait que dans les régions soumises à l'administration militaire et non encore colonisées, la répression n'est guère requise en faveur des Européens ; les procédés sommaires ne choquent plus l'opinion métropolitaine lorsque la question de race n'est pas en jeu.

*
* *

Dans la partie de l'Algérie du Nord qui n'a pas encore été remise à l'administration civile, et dans les Territoires du Sud, qui s'étendent au delà de Biskra, de Boghari et du Kreider, les crimes des indigènes sont jugés par les conseils de guerre ; quant aux délits, ils sont punis par lesdites commissions qui, composées d'officiers et du juge de paix, prononcent sans appel sur toutes les infractions considérées comme ne valant pas une comparution devant la justice militaire, et qui peuvent infliger, les unes, celles des cercles et des annexes, jusqu'à deux mois et 200 francs, les autres, celles des subdivisions, jusqu'à un an de prison et mille francs d'amende. Ces sentences, qui sont les unes et les autres sans recours, n'ont pas le caractère de décisions judiciaires ; ce sont des punitions, non des peines ; le condamné n'y voit peut-être pas grande différence, mais les principes sont saufs.

Ce sont là vestiges des pouvoirs d'une armée en campagne, institutions peu conformes aux idées modernes, mais beaucoup mieux adaptées que nos tribunaux et nos procédures aux conceptions de ces gens simples, à qui la justice européenne apparaît comme une machine mystérieuse et terrible qui ne fait de mal qu'aux maladroits.

Il reste encore dans le territoire civil des restes analogues de l'autorité discrétionnaire du commandement qui d'ailleurs, on peut le croire, ne résisteront plus bien longtemps à l'assaut des forces conjurées contre eux : c'est le droit d'internement du gouverneur général et les pouvoirs disciplinaires des administrateurs.

Le chef de la colonie peut interner dans un pénitencier ou envoyer en résidence obligée tout indigène considéré comme dangereux pour la sécurité publique ou privée. Ce pouvoir, fondé sur un usage constant, confirmé par les textes relatifs aux pouvoirs du gouverneur général, est en théorie illimité ; en fait, les peines prononcées excèdent très rarement deux ans de prison ; en temps normal, elles ne sont guère appliquées qu'aux gens sans aveu, à cette catégorie d'indigènes bien connus dans la campagne algérienne, qui vivent à l'aise, sans moyens d'existence apparents, et qui, grâce à l'organisation savante de leurs alibis et de leurs recels, échappent à toutes les investigations. L'expérience a montré que, une fois ces individus éloignés du théâtre ordinaire de leurs travaux, les vols cessaient miraculeusement. On sait d'autre part que ce gibier échappe à la répression du vagabondage : d'après l'heureuse interprétation de notre jurisprudence, les voleurs de profession ayant toujours de l'argent ne peuvent du tout être considérés comme vagabonds. Le jour où on enlèverait à l'administration tout moyen de se débarrasser de cette tourbe, il faudrait créer un nouveau " vagabondage spécial " ou bien se résigner au développement du banditisme.

La proposition de loi de M. Albin Rozet tendant à la suppression de l'internement prévoit bien la répression de la *bechara*, pratique consistant à offrir moyennant finance la restitution d'un objet volé. L'industrie du *béchar*, de l' " annonciateur " qui dit la bonne nouvelle dans le bled, qui connaît le coin de forêt où l'on trouvera le troupeau disparu, est si bien établie qu'on a vu, comble d'ironie, un magistrat algérien, propriétaire dans son ressort, y avoir recours. On peut en faire un acte délictueux, bien que les éléments de l'infraction ne soient pas faciles à dégager, mais il sera bien plus difficile encore de réunir des charges, et l'impunité de fait sera complète.

L'internement s'applique aussi aux indigènes qui troublent l'ordre public, et c'est là que les ennemis de la tyrannie se donnent carrière. Que ne peut-on faire sous le couvert de la raison d'Etat, de l'intérêt national ? Voilà toute une population livrée au bon plaisir d'un gouverneur général, qui est obligé de s'en rapporter aux avis locaux, aux rapports d'un maire de village, du moindre petit potentat de l'administration militaire ou des communes mixtes, influencé lui-même par un colon, par un caïd, par le dernier des employés indigènes de son bureau.

Dans le fait, les mesures politiques de ce genre sont très rares en temps ordinaire, et elles sont indispensables au cours d'une crise. Lorsqu'une rumeur de révolte gronde dans le pays, il faut que la main de la France puisse s'abattre sans hésitation sur les meneurs, et en pareil cas il est plus franc et plus honnête d'accepter l'arbitraire que de parodier les formes de la justice. Il y a là une nécessité impérieuse à laquelle il faudra toujours satisfaire : si on retire ce pouvoir exceptionnel au gouverneur général, on se verra bientôt obligé de lui en rendre l'équivalent, par exemple la faculté de déclarer en état de siège telle partie du pays indigène.

Au demeurant, nos musulmans ne sont pas livrés sans défense aux erreurs et aux abus : nous avons vu très fréquemment la commission chargée d'examiner les affaires d'internement écarter ou réduire des propositions qui paraissaient injustifiées ou excessives ; il est presque sans exemple qu'un gouverneur général ait passé outre à ses avis pour prendre ou aggraver une mesure de rigueur. Et puis, les garanties assurées par notre régime ne sont pas le privilège des citoyens, et les indigènes savent parfaitement recourir à la presse et au Parlement quand ils sont ou se prétendent victimes d'une injustice. On a fait un peu de bruit, il y a quelques années, au sujet d'une mise en surveillance prononcée sur la demande du Parquet général contre un notable musulman, fortement soupçonné de paralyser l'action de la justice dans la recherche des assassins d'un Français. L'intéressé remua ciel et terre, inonda Paris des brochures de son défenseur, et fit tant que l'autorité judiciaire, voyant que les témoins indigènes, sans doute intimidés par l'énergie du réclamant, continuaient à garder le silence, demanda qu'on mît fin à son exil. Sans doute, il est fâcheux que l'administration puisse se tromper, il est fâcheux qu'un riche musulman puisse, comme jadis nos grands seigneurs, être astreint pendant quelques semaines à un séjour au loin, qu'il se voie imposer un voyage en chemin de fer et qu'il soit obligé de négliger pendant quelque temps ses intérêts. Cependant quelques Arabes obscurs étaient au secret pour la même affaire ; ils étaient depuis de longs mois en détention préventive et y demeurèrent longtemps après le retour du banni. De ceux-là personne ne parla : c'était un vulgaire incident d'instruction criminelle, non plus un thème à protestations contre les modernes lettres de cachet.

Ces querelles de juristes font penser à celle des médecins et des empiriques : les premiers ont seuls le droit de se tromper ; les seconds n'ont pas le droit de guérir. De même les abus importent peu si la robe du magistrat les couvre. C'est ainsi que la récente proposition de loi tendant à la suppression de l'internement, enlève aux administrateurs les pouvoirs disciplinaires qui leur sont conférés, pour les donner aux magistrats de paix ; pourtant il ne s'agit plus ici du droit, exorbitant en théorie, de tenir indéfiniment un sujet musulman en prison ou en exil, mais seulement de petites peines de 1 à 15 francs d'amende, de un à cinq jours de prison, très généralement transformés en journées de travail, que les agents des communes mixtes peuvent infliger à leurs administrés, pour des " infractions spéciales aux indigènes ". On comprendrait que la théorie égalitaire n'admît pas que des actes licites pour un Européen devinssent punissables parce qu'ils sont le fait d'un musulman. Mais la proposition qui est actuellement soumise à la Chambre accepte cette anomalie :

elle transfère seulement le droit de punir au juge de paix qui, aujourd'hui, l'exerce seulement sur les indigènes des communes françaises, dites de plein exercice, tandis que dans les autres, dites communes mixtes, il est dévolu à l'administrateur, fonctionnaire municipal nommé par le gouverneur. Et vain montrera-t-on que les magistrats cantonaux, absorbés par des tâches nombreuses, vivant en dehors des justiciables musulmans, usent de ces pouvoirs beaucoup plus fréquemment et moins judicieusement que les agents administratifs ; la plupart du temps le juge se contente d'appliquer machinalement la peine aux indigènes à lui déférés par le maire ou par le commissaire de police, à moins qu'il ne les acquitte de parti pris, parce qu'il est mal avec la municipalité ou pour toute autre raison. Quand, par exemple, on lui transmet le nom d'une centaine d'indigènes qui n'ont pas acquitté leurs impôts, il lui est impossible de faire aucune distinction entre eux ; il ne peut que s'en rapporter aux propositions administratives ou les écarter par principe s'il s'en défie, tandis que l'administrateur, qui connaît son monde, ne sévit généralement qu'après avoir averti les récalcitrants, et ne poursuit pas les contribuables qu'il voit dans un réel embarras.

En outre, la répression de ces fautes légères doit être immédiate ; dans maints des cas prévus par ce qu'on appelle le code de l'indigénat, actes de désordre sur les marchés, refus de prêter secours en cas de troubles ou d'accident, réunions sans autorisation, il faut sévir sur-le-champ contre les individus mal intentionnés, sous peine de voir la résistance se généraliser et peut-être un incident futile dégénérer en rébellion. Il est vrai qu'on propose de laisser à l'administrateur le droit d'appréhender les gens fautifs, quitte à les faire condamner ultérieurement par le juge de paix, qui devra bien accepter les affirmations de l'autorité : mais alors on ne voit pas bien ce que les indigènes y gagneront.

Impunité ou irresponsabilité, ainsi peut se résumer la réforme ; on affiche sa méfiance à l'égard de l'administration et on est obligé de s'en rapporter à ses constatations qui font foi, et même la plupart du temps aux dires des agents indigènes corroborés par ceux de leurs chefs français.

On a toujours beau jeu à discréditer l'autorité et à l'amoindrir : le danger de ces démantèlements n'apparaît pas aussitôt, tandis que la gloire des démolisseurs est claire et immédiate. Si les pouvoirs exceptionnels du gouverneur général et de ses agents viennent à disparaître, il est possible qu'il ne s'ensuive tout d'abord aucun inconvénient incontestable et criant. La docilité et la déférence des indigènes ne sont pas matières pondérables ou mesurables ; la sécurité n'est pas chose dont les différents acteurs soient faciles à dégager. On s'habituera donc à un état où l'indigène sera libéré de tout contrôle et de tout conseil, mais comme il ne s'en trouvera que plus mal, on cherchera de nouveaux remèdes à ce qu'on appellera toujours son oppression et on en arrivera, — telle est bien, qu'on ne s'y trompe pas, l'arrière-pensée de tous les adversaires de l'administration algérienne — à faire de nos sujets, sinon des citoyens, du moins des électeurs, au risque de jeter ce pays dans la paralysie ou dans les convulsions.

Il faut se dire que chaque pas dans cette voie en entraîne bientôt un autre. Ainsi M. Jonnart a réalisé une mesure des plus libérales en supprimant dans la pratique l'exigence du permis de voyage, d'abord par l'introduction d'une quantité de dispenses en faveur de notables musulmans, puis par l'établissement du permis annuel, simple formalité d'identification qui ne constitue plus une gêne pour nos sujets, tandis que l'obligation de se munir de cette pièce pour chaque voyage était bien pesante. D'autres adoucissements sensibles de ce régime ont été ainsi consentis, lors du renouvellement en 1904 de ces pouvoirs disciplinaires, qui sont conférés par une loi tous les sept ans depuis 1890. Ces concessions, d'ailleurs justifiées, eussent-elles été plus considérables encore que la hâte des émancipateurs et l'amertume des censeurs n'eussent pas été moindres.

***

L'indigène est-il donc absolument exclu de notre paradis politique ? N'a-t-il aucun moyen d'échapper à cette géhenne où, suivant quelques-uns, il serait tenaillé entre les fonctionnaires et les colons ? Cette situation humiliée qui choque si fort certains d'entre nous, cet esclavage où sa fortune et son honneur seraient constamment en danger, il peut en sortir par la naturalisation.

En devenant français, le musulman algérien doit renoncer à son statut personnel ; pour acquérir la plénitude de nos droits, il doit, en bonne justice et logique, se soumettre à toutes nos lois. On objecte que dès lors cette faculté est illusoire, car l'acceptation de notre législation civile équivaut pour la plupart de ces croyants à une abjuration ; il est vrai, mais d'autre part les Kabyles, qui se sont affranchis de la plupart de ces prescriptions du Coran, ne s'empressent pas non plus à s'élever à notre condition civique, et comme on ne prétend pas qu'ils soient mieux traités que les Arabes, et comme ils sont en général gens fort avertis, on peut bien en déduire que l'état juridique de nos sujets n'a rien d'intolérable.

On assure aussi que les indigènes ne se font pas naturaliser parce qu'ils savent trop bien que leurs demandes ne sont presque jamais agréées. Cela est tout à fait inexact. Nous avons pu constater que la proportion des candidats écartés était moindre parmi nos musulmans que parmi les étrangers résidant en Algérie. D'ailleurs ceux qui comprennent l'intérêt de solliciter cette faveur sont tous à même de s'assurer des appuis utiles pour l'obtenir, et dès lors elle n'est guère refusée sans motifs sérieux.

En réalité, les indigènes n'ambitionnent guère le titre de français parce que l'élément naturalisé, très peu nombreux (1)

(1) 1362 naturalisations de 1865 à 1906, dont 736 de 1865 à 1890, soit une moyenne de 29 par an. 43 en 1905, 47 en 1906 ; la population ayant doublé en trente-cinq ans, la proportion n'a pas sensiblement changé.

et par suite très peu influent, leur apparaît comme isolé et abandonné au milieu du reste de la population ; cela peut changer rapidement et on peut très bien concevoir le moment où, en Kabylie surtout, un mouvement se produira pour la multiplication des demandes de naturalisation, chaque groupe important, chaque famille s'assurant ainsi un avocat, un moyen de se maintenir ou de progresser.

Quant au profit moral et social que tirent les musulmans de leur entrée dans la cité française, il n'y a pas grand'chose à ajouter aux indications données par le rapport Burdeau (1) ; sauf exception, les naturalisés " paraissent ignorer profondément leurs obligations nouvelles " ; ils continuent à se marier suivant leurs usages et il en résulte trop souvent des difficultés et des procès qui ne donnent pas une très haute idée de la mentalité de ces Français de fraîche date. Peut-être vaudrait-il mieux ne pas faire de cette assimilation forcée la condition indispensable de la naturalisation, et y voir avant tout la récompense des services rendus ou la reconnaissance d'un mérite particulier dans l'ordre intellectuel ou professionnel. Nous y gagnerions davantage qu'à gêner quelques musulmans dans leurs divorces et dans leur polygamie. L'essentiel est que l'acquisition des droits politiques, de même que la recherche de l'instruction, n'ait pas pour seul but une place ou un avancement.

(1) P. 154 sq.

V

L'ENSEIGNEMENT

Voici maintenant que se dresse devant nous la silhouette maussade et puissante de l'Ecole.

On peut tout dire sur la vanité, les dangers, les méfaits de l'instruction ; elle a force de dogme. Il n'est conquérant si sceptique sur l'utilité de l'alphabet et des quatre règles qui, du moment où il a décidé de traiter les vaincus comme des hommes, ne se sente obligé de les tirer quelque peu de l'ignorance. Il n'est pas plus possible de les laisser complètement sans maîtres que de souffrir qu'ils s'entretuent, si peu d'inconvénients qu'on y voie pour la race dominante.

Et puis ce mot de maître ne dit-il pas tout ? Un vainqueur intelligent peut-il négliger le pouvoir immense et sourd que contient la fonction enseignante, la chance qu'il a d'attirer à lui par le raisonnement, la persuasion, l'infiltration lente et quotidienne des idées et des préceptes, les enfants d'un peuple hostile ou pour le moins méfiant, et de les repétrir à sa manière ? D'ailleurs le besoin de savoir ne peut tout à fait se comprimer, et si nous refusions d'y satisfaire, la population conquise n'en serait que plus travaillée et se créerait à elle-même un enseignement conforme à ses aspirations et contraire aux nôtres.

Enfin comment se passer d'interprètes au sens ordinaire ou supérieur du terme ? Comment se passer de fonctionnaires indigènes et comment les bien employer sans les instruire ? A la rigueur, l'élément dirigeant pourrait y suffire en s'imprégnant lui-même de la langue et des choses du pays, mais son orgueil et sa paresse s'accommodent mieux d'enseigner que d'apprendre, et davantage un instinct qui n'est pas sans justesse, le détourne de cette assimilation trop complète.

Or, dès qu'on a commencé de s'assurer ainsi des auxiliaires parmi les autochtones, on s'aperçoit qu'à trop mesurer l'instruction on en fait un privilège injustifié et nuisible, et on est amené à la répandre davantage. L'honneur et l'intérêt s'accordent donc à reconnaître la nécessité d'instruire le vaincu, mais le moyen et la mesure ?

On pourrait, comme font les Anglais en Égypte, resserrer son effort sur une élite, sur un nombre restreint d'établissements d'un niveau un peu relevé, et abandonner la masse aux *talebs*, à ces petits régents et catéchistes de village qui, un long roseau à la main, font ânonner aux petits musulmans les versets du Coran et mouler aux plus savants quelques phrases du Livre saint sur l'ardoise. Ces écoles dénommées coraniques en Algérie, terriers pieux où les gamins, accroupis sur des nattes ou sur la terre battue, pressent leurs gandourahs crasseuses et font échange de horions, de maladies et de parasites, ont un assez grand succès dans le monde indigène, où elles représentent tout l'enseignement religieux accessible au vulgaire. Le fellah aisé qui envoie à regret son fils à l'école gratuite des roumis, paie volontiers les dix ou quinze francs par an qui constituent la rémunération ordinaire du taleb, sans compter les mérites qu'il thésaurise en l'autre monde.

On a été souvent tenté de tourner à notre profit la préférence de l'indigène pour ces institutions ou plutôt l'obligation qui l'y conduit ; on voudrait répandre par ces canaux détournés et quelque peu obstrués quelques notions pratiques et quelques idées modernes. Il semble que, moyennant une faible prime, ces maîtres si maigrement rémunérés s'associeraient volontiers à notre œuvre. Mais pour un tel dessein, réalisable dans un pays comme la Tunisie où la culture musulmane est assez répandue, le personnel ferait terriblement défaut en Algérie. Un musulman sachant le français ne voudra et ne pourra faire le métier de taleb ; et pour supposer qu'un instituteur coranique saurait, même dans sa langue, se plier à nos méthodes d'enseignement familier, seules propres à dégrossir intellectuellement et moralement l'enfant indigène, il faudrait ignorer combien les leçons les plus simples sont parfois les plus difficiles à donner et combien l'habitude de la routine verbale rend incapable d'un tel effort.

Mieux vaut laisser le taleb à sa tâche et, si on veut l'employer, lui demander seulement ce qu'il peut faire mieux que notre instituteur. En le chargeant, comme il en a été question, de l'enseignement facultatif de la langue du Coran dans les écoles publiques les plus rudimentaires, on lui donnerait la place qui lui convient. Il ne faut pas chercher à faire nôtre l'école coranique, ni l'inquiéter tant qu'elle se cantonne dans sa neutralité et sa nullité ordinaires, mais nous pouvons attirer chez nous le maître, et nous le concilier, donnant ainsi confiance à l'indigène qui voit entrer avec lui dans la maison scolaire de l'incroyant, le langage de Dieu.

L'enseignement des langues, c'est là toujours le point le plus épineux entre des races diverses, et davantage quand la religion s'y mêle. On n'est pas tout à fait bon musulman sans posséder un peu l'arabe écrit, qui, d'autre part, ouvre à l'indigène d'Algérie de larges communications avec les pays d'Islam. Par contre, nous ne pouvons encourager beaucoup cette orientation dans des esprits que nous nous efforçons de tourner vers notre pôle ; d'ailleurs, la langue du Prophète, avec son vocabulaire extrêmement riche où chaque mot a quantité de synonymes et de significations, avec le vague et la complexité de ses formes verbales, avec sa syntaxe qui consiste presque uniquement dans la juxtaposition des membres de phrase, est une véritable entrave de l'esprit : merveilleuse pour exprimer les nuances de la rêverie et du sentiment, elle trébuche à suivre les déductions de la pensée ou simplement l'exposé d'une affaire. Elle a beaucoup contribué à maintenir les gens d'Islam dans leur infériorité intellectuelle. Enfin, raison capitale, il est impossible, au cours de quelques classes primaires, d'enfoncer à la fois dans ces pauvres cerveaux la connaissance de deux idiomes absolument différents et presque aussi éloignés l'un que l'autre du parler le plus répandu. Pratiquement il faut choisir entre le français et l'arabe littéral ; nous laissons de côté les dialectes du pays, qu'on a eu naguère la plaisante idée d'inscrire au programme des études, bien qu'ils ne puissent s'écrire et que naturellement les élèves les parlent beaucoup mieux que leurs maîtres.

Notre choix est assez clair : nous ne pouvons raisonner et gagner ces gens qu'en leur enseignant notre langue, en leur faisant épeler ces paroles de justice, d'humanité, de progrès, de conscience sociale qui sont nôtres, qui ne peuvent passer intactes dans la langue arabe toute imprégnée de mysticisme ; il faut qu'ils apprennent ce verbe fécond qui, pour n'être qu'un verbiage fructueux dans la bouche des débitants d'oraisons démocratiques, n'en garde pas moins son souverain pouvoir : redoutable aussi bien et, si l'on n'écoutait qu'un égoïsme mesquin, on hésiterait à livrer ces mots de passe qui peuvent ouvrir la porte de la citadelle. On aurait tort : l'égoïste ne se laisse pas prendre, mais il ne prend non plus personne, et si nous n'essayons de rayonner jusqu'au cœur de cette société, de la pénétrer, de la réchauffer de notre idéal, nous n'aurons rien fait.

D'ailleurs, même avant d'être attiré à nous par la seule force de la pensée française, ce peuple sera de plus en plus aiguillé vers notre nord par l'aimant des intérêts : les échanges, bien courts avec l'Orient arabe, pays d'agriculture et de pauvreté, seront de plus en plus larges avec la France, et chaque détaillant arabe, chaque colporteur kabyle parlant français est un globule de plus qui active la circulation des affaires entre les deux pays.

Certains même en veulent à notre enseignement de faire trop de commerçants indigènes, d'enlever trop de bras à la terre, de flatter le goût de ces hommes pour le désœuvrement des petits négoces. Nous touchons ici au grief du déclassement par l'école, bien enflé d'ailleurs par certains partis pris. En réalité, dans un pays comme celui-là, dont la population croît plus rapidement que les possibilités de production, l'oisiveté est partout. Mieux vaut encore pour ce Kabyle promener sa pacotille par les routes d'Algérie, que de vivre chez lui de maraude ou de paresse. D'ailleurs la Kabylie, mieux pourvue d'écoles que le reste de l'Algérie, est la région qui fournit non pas seulement le plus de commerçants indigènes, mais aussi la main-d'œuvre agricole la plus abondante et la meilleure.

Les déchets de l'enseignement sont plus voyants que ses réussites : tout voyageur a dans ses souvenirs quelque petit mendiant récitant la liste des rois de France ou braillant sur les chemins des poésies de Victor Hugo, entremêlées de mots malsonnants. Qu'un indigène crapuleux traîne ses diplômes dans les bouges, et voilà l'école jugée ! Pourtant l'on trouve aussi bien dans les grandes villes d'Algérie, des types accomplis de vauriens franco-arabes, pourvus d'un vocabulaire bilingue des plus complets, qui n'ont jamais été à l'école que sur les musoirs de nos ports. La déchéance d'une partie de ces primitifs est malheureusement une conséquence inéluctable du développement de la vie urbaine et des transformations économiques : l'instruction y a bien peu de part.

Ce n'est pas à dire que notre pédagogie n'ait mérité jamais ni railleries ni reproches. On a voulu faire vite, frapper l'opinion française, suivre la noble et bruyante chasse à l'ignorance qui était menée dans la métropole ; on a décuplé en trente ans le nombre des classes, ce qui n'a d'ailleurs rien d'excessif, puisqu'on n'arrive ainsi qu'à tenir sur nos bancs quelque trente mille élèves, c'est-à-dire moins de dix pour cent parmi les enfants mâles de nos musulmans. Seulement, comme toujours, on n'a pas tenu compte des besoins réels et des difficultés spéciales du milieu, on a machinalement appliqué des règles et des méthodes établies en vue de la métropole. Notre enseignement est mal distribué et mal conçu ; il n'est pas mauvais, mais il n'est pas à sa place.

Pour avoir voulu maintenir la contribution municipale aux dépenses de l'enseignement primaire, principe excellent mais trop sévère pour les finances défaillantes des communes algériennes, on a été réduit pendant longtemps à ouvrir des écoles là où elles étaient non le plus utiles, mais le plus faciles à installer (1). On n'osait la plupart du temps imposer ces créations dans les communes de plein exercice, où les indigènes, constamment mêlés aux Européens, pouvaient avoir profit à recevoir quelque instruction, et même parfois la réclamaient ; comme compensation, on parsemait les communes mixtes, mieux gérées et moins aptes que les municipalités élues à résister aux suggestions de l'Académie, de bâtiments scolaires qu'il fallait remplir par voie de contrainte.

Sauf exception, nos musulmans ne sont en effet nullement attirés par ces clartés que nous allumons près d'eux : quelquefois même ils s'en écartent comme font certains fauves. Du point de vue religieux, ils se méfient de nos leçons, et lors même qu'ils auraient un avantage pratique et certain à les rechercher, l'intérêt immédiat des parents, désireux de garder auprès d'eux les enfants qui les aident, l'emporterait presque toujours sur les vues d'avenir. Les Kabyles eux-mêmes, gens avisés et actifs, ne nous prêtent pas de bon gré leurs fils ; quant aux Arabes, on voit dans certaines régions des douars semi-nomades décamper discrètement pour se mettre hors de portée d'un bâtiment scolaire fraîchement construit.

Fussent-elles établies dans des régions point trop arriérées, suffisamment pénétrées par la colonisation pour que les indigènes eussent le placement de leur acquit d'instruction, nos écoles perdraient beaucoup de leur rendement utile, faute d'un choix possible entre les élèves. La population étant généralement clairsemée et récalcitrante, il faut bien ramasser

(1) On a obvié à cela en autorisant, par la loi de finances de 1909 pour l'Algérie, la colonie à payer la totalité des dépenses de construction des écoles indigènes en cas d'insuffisance des ressources communales, et en mettant dans tous les cas à sa charge les frais d'installation des écoles dites auxiliaires confiées à des moniteurs indigènes.

au hasard les jeunes habitants des environs pour garnir le local enseignant, sans avoir égard à leurs aptitudes, au parti qu'ils pourront tirer de leurs années d'étude, et à la situation de leurs parents. On répète volontiers en Algérie que nos classes d'indigènes sont vides en dehors des jours d'inspection ; nous avons toutes raisons de croire le contraire, selon le témoignage désintéressé des administrateurs, et nous serions plutôt tentés de reprocher à nos écoles d'être trop pleines. Mieux vaudrait que l'instituteur prît résolument le parti de rendre à leurs familles les pauvres petits cancres affamés qui encombrent ses bancs, et donnât tout son temps aux meilleurs ; mais il est plus expédient d'éviter les critiques en grossissant l'armée scolaire d'une foule d'oreilles inutiles : à défaut de résultats, on peut toujours étaler des statistiques.

Les moyens sont-ils mieux choisis que le champ d'action ? De même qu'on a trop peuplé les classes, on a voulu trop remplir les têtes : si réduits que puissent paraître les programmes de cet enseignement, ils dépassent de beaucoup la capacité moyenne des jeunes patients. On sait ce qu'il faut de peine à un instituteur de France pour amener en sept années une cinquantaine de bambins à lire et à compter correctement et à écrire tant bien que mal ; quant au surplus de leur acquit, on se doute de ce qui en reste au plus grand nombre. On peut donc présumer l'effet utile de l'enseignement de deux langues, de deux alphabets, de deux écritures, de deux grammaires absolument différentes, sans parler des notions assez étendues d'histoire, de géographie, de mathématiques, de sciences usuelles qu'on prétend inculper à ces êtres demi-sauvages pendant le temps, généralement bien inférieur au septennat légal, qu'on peut arracher au mauvais vouloir et à l'avarice de leurs parents.

On a contesté avec beaucoup d'âpreté, dans le monde universitaire, que l'instruction primaire des musulmans comportât des parties trop ardues et trop théoriques. Mais aux citations de règlements et de circulaires, il est facile d'opposer des faits : un fonctionnaire de l'instruction publique nous disait qu'ayant remarqué, au cours d'une visite d'école indigène, la complication de certaines figures de géométrie tracées sur les cahiers des élèves, il avait demandé au maître s'il était vraiment obligatoire de pousser si avant des fils de fellahs dans l'étude de cette science : " Nous devrions leur en apprendre bien davantage ! " soupira l'instituteur. Celui-ci comprenait peut-être mal les instructions de ses chefs : bien d'autres les ont dépassées, sûrs qu'ils étaient, jusqu'à ces dernières années, de ne pas être blâmés pour avoir fait trop de jeunes pédants.

En même temps, l'enseignement primaire des musulmans doit, aux termes du décret de 1892 qui l'a créé, avoir un côté professionnel, et c'est celui qui apparaît dans la pratique comme le plus décevant, au point d'être parfois risible. Un grand nombre d'écoles contiennent de petits ateliers pour le travail du bois et du fer où quelques enfants, trop jeunes pour manier les outils, rabotent péniblement des planches ou martèlent de temps à autre un morceau de fer rougi : ils terminent leurs classes sans avoir appris mieux que la syntaxe l'art du charpentier et du forgeron, qui d'ailleurs leur serait encore moins utile, si mince est le débouché de ces métiers spéciaux. Ailleurs la préparation au travail manuel est réduite à un simple symbole : on forme les élèves à plier des feuilles de papier. Et pourtant dans quelques régions, en Kabylie notamment où l'effort de notre enseignement a été particulièrement intense et heureux, nos instituteurs ont su adapter avec un zèle ingénieux leurs leçons pratiques à la vie et aux besoins des petits montagnards. Jardinage, arboriculture, greffage des oliviers, telles sont les connaissances que les jeunes Kabyles peuvent, avec celles de notre langue, emporter des meilleures de ces écoles, dont l'exemple se répandra de plus en plus, il faut l'espérer.

Il semblerait que la vérité dût bientôt triompher des obstacles accumulés par la manie doctrinaire et assimilatrice, et qu'on dût finalement se mettre d'accord pour approprier cet enseignement à la vie rude et précaire de ces hommes, en le bornant presque à l'étude du français parlé, à des conversations familières sur les choses de la vie morale et sociale, enfin à la préparation aux professions les plus répandues et principalement aux travaux de la terre. Telles étaient du moins les grandes directions qui avaient été arrêtées par le gouvernement général d'accord avec les assemblées algériennes, avant de mettre à exécution le programme voté à la session de 1908. On décida alors d'augmenter, selon le désir du Parlement, le nombre des écoles indigènes, à raison de soixante par an, de façon à ce que, dans une trentaine d'années, nous puissions jeter le filet sur 120000 enfants, soit environ 25 pour 100 des jeunes garçons en âge de recevoir l'instruction, si l'on fait état de l'augmentation probable de la population de l'Algérie d'ici une génération (1). C'est là un effort considérable à accomplir, si l'on considère qu'au train dont la métropole se contentait, alors qu'elle en réglait la dépense, nous n'aurions pas compté plus de 60000 élèves vers 1940, c'est-à-dire que nous ne serions arrivés qu'à ne pas augmenter la proportion des illettrés.

Heureux si les millions d'enfants qui vont traverser nos classes tirent quelque profit des sommes relativement énormes qui vont être dépensées pour les enrichir de quelque rudiment. Beaucoup d'hommes de métier se sont élevés contre le système de l'instruction pratique et simplifiée dont nous avons indiqué les grands traits et qui d'ailleurs s'appliquerait seulement aux écoles auxiliaires, les plus modestes de toutes, tandis que les établissements de l'ancien modèle continueraient à donner une sorte d'instruction primaire. D'abord enseigner à parler le français leur paraît inutile, si

(1) La proportion serait beaucoup plus élevée si, comme on peut le supposer, la durée des études était moins longue qu'en France. Les garçons de six à treize ans représentent, dans notre pays, 9 pour 100 de la population totale; au même taux, ils seraient en Algérie environ 360000 actuellement et 500000 sans doute en 1940; mais si on ne les prend que de neuf à treize ans par exemple, ce nombre est évidemment réduit de près de moitié.

on n'y joint la lecture et l'écriture : ces enfants, disent-ils, en apprendront tout autant en fréquentant les Européens. Il n'est que trop vrai, et cette observation pourrait mener loin, mais il faut aussi remarquer que c'est l'Université elle-même qui, en propageant l'excellente méthode dite directe, a mis l'exercice oral à la base de l'enseignement des langues étrangères : l'expérience et le temps restreint dont disposent les maîtres décideront dans quelle mesure on pourra perfec-tionner par le livre et par la plume les connaissances acquises par l'oreille.

D'autre part, on conteste qu'un enfant puisse acquérir dans nos classes des notions utiles d'agriculture, n'étant capable ni de s'assimiler les théories scientifiques, ni d'accomplir les travaux pratiques. A cela on répond qu'il n'est pas besoin d'approfondir la physique et la chimie organique pour comprendre l'utilité des labours profonds et répétés, des sarclages, des fumures, du choix des semences, et quant aux leçons sur le terrain, elles sont depuis longtemps d'usage courant dans certaines écoles. Un fils de fellah d'une dizaine d'années est capable de manœuvrer une pioche ; pour ce qui est de la charrue, elle ne servira sans doute que d'ins-trument de démonstration, lorsque l'école disposera d'un terrain suffisant. Sans doute on ne fera pas de ces petits campagnards, en trois ou quatre ans, des cultivateurs instruits et experts, pas plus qu'on n'en ferait dans le même temps des scribes émérites. L'essentiel est de leur laisser ou de leur donner le goût, l'amour de la terre, de les préparer à l'un des grands emplois de l'activité humaine, de les rendre un peu plus aptes à comprendre et à suivre le progrès agri-cole, à tirer meilleur parti du sol riche et capricieux qui les nourrit si maigrement.

Quant à l'enseignement professionnel proprement dit, tant agricole qu'industriel, il ne doit être distribué qu'à une élite : il est trop onéreux et il retient trop longtemps les élèves pour convenir à un grand nombre de nos recrues scolaires : d'ailleurs, en l'étendant on arriverait bien vite à une surproduction de chefs de culture et de contremaîtres. Il faudrait surtout diriger vers ce qu'on pourrait appeler l'enseignement primaire supérieur de l'agriculture, vers ces écoles complémentaires régionales qu'il était question de créer, les fils d'agriculteurs aisés qui, eux, seraient toujours à même de tirer quelque profit des notions d'agronomie dont on les aurait munis.

* *

La seule difficulté sérieuse de l'enseignement rudimentaire qui doit suffire actuellement à la grande masse de nos sujets, c'est le choix des maîtres. Pour donner cette instruction très réduite, il faut s'appuyer sur une doctrine étendue et solide. Il faut aussi une véritable force de caractère, pour accepter longtemps de répandre parmi de jeunes rustres quelques banalités de morale et de science, sans tomber dans la routine indifférente, sans abandonner son rôle d'éducateur pour celui de répétiteur, ou peut-être sans devenir un praticien désabusé, uniquement attentif aux petits bénéfices du métier, et qui fait travailler son jardin par ses élèves. L'instituteur français est coûteux, l'indigène diplômé ne l'est guère moins, et il est incontestablement moins convaincu et moins zélé. La nécessité d'improviser, sous la pression du Parlement, un enseignement extensif sans grever trop lourdement le budget colonial, a amené l'Algérie à recruter pour ses écoles dites auxiliaires un nouveau personnel musulman, moins titré au point de vue universitaire et plus modestement rémunéré. On a vivement critiqué cette décision, cet enseignement à bon marché, comme on l'a appelé, et peut-être s'est-on un peu hâté de proclamer l'échec d'une tentative encore à peine esquissée : mais on ne devrait pas ignorer qu'il eût été impossible de trouver rapidement un nombre suffisant de maîtres français. L'enseignement primaire des musulmans est une carrière ingrate, pénible et ardue : on ne forge pas à son gré des candidats ni surtout des esprits aptes à ces emplois. Tout le monde sait que nos écoles de village ne sont pas des postes très enviés : que dire de celles qui sont perdues dans la campagne algérienne, loin de toutes ressources matérielles ou sociales ? Et puis, eût-on réussi à racoler hâtivement en France le personnel nécessaire, n'eût-on pas risqué ainsi une faillite bien plus grave, puisqu'elle eût atteint directement le prestige de notre Université et de nos diplômes ?

L'expérience des " moniteurs indigènes " auxquels on ne demande qu'une bonne instruction primaire, un peu poussée dans le sens agricole, pourra réussir si ces jeunes gens, une fois en place, sont bien guidés et attentivement observés, au point de vue moral, pédagogique et national. Tout indigène investi d'une fonction publique tend à enfler son personnage et peut finir par abuser du pouvoir qu'il s'attribue : il ne faut pas que le moniteur joue, comme on dit, au petit caïd ; il ne faut pas que, infatué d'une science courte et hâtive, il répande des notions fausses ou défavorables à notre cause, ni enfin qu'il fasse de ses élèves des apprentis à son service.

La grosse difficulté de cette organisation est d'assurer un contrôle assidu des moniteurs : les directeurs français des écoles voisines n'y sauraient suffire, dans la plupart des cas. On a songé un moment à leur associer, dans cette tâche, l'administration des communes mixtes.

Jusqu'à présent, l'enseignement des indigènes est resté, en dépit des textes, *terra incognita* pour l'autorité administrative, depuis le dernier des adjoints jusqu'au gouverneur général. L'administrateur a ses entrées dans les bâtiments scolaires de la commune en tant que gérant d'immeubles à qui l'on montre les fenêtres mal jointes et les murs mal crépis. On fait aussi appel à lui en tant que gendarme pour frapper des peines de l'indigénat le père de famille qui néglige d'envoyer son enfant à l'école. Au demeurant, toute indication qu'il risquerait auprès du maître sur les résultats pratiques et politiques de l'enseignement ou sur l'application des méthodes, serait fort mal prise ou du moins sans nul effet. Le chef de la commune mixte et le fonctionnaire universitaire vivent côte à côte dans un silence cérémonieux, dont la maussaderie est aggravée chez le second du fait qu'il ne peut se passer de la complaisance du premier, seul en possession de tous les moyens d'action et de toutes les commodités de la vie en pays indigène.

Sans doute, il serait impossible, étant donnée l'indépendance toute féodale de nos pouvoirs exécutifs, d'établir une collaboration directe entre l'administration et les instituteurs français, mais on pouvait espérer que l'esprit de corps serait moins chatouilleux en ce qui touche des maîtres musulmans appartenant à une catégorie plus modeste. Il semble que, non seulement l'administrateur serait à même de redresser et de conseiller les moniteurs, mais que la tâche commune de surveillance qui lui incomberait ainsi avec les maîtres français créerait entre eux un terrain de rapprochement.

Au demeurant, il est bien à craindre que tout le système ne fasse pas vie qui dure : la nouvelle méthode et le nouveau personnel indigène réunissent d'avance contre eux les préventions du colon et celles du monde enseignant. Le Français d'Algérie, peu pressé de voir nos sujets s'instruire, sera néanmoins le premier à railler l'insuffisance de l'enseignement qu'on leur donnera. Il est donc bien probable que l'habitude l'emportera, que l'école coûteuse et livresque reprendra le dessus, et que nos pédagogues continueront à régenter les jeunes générations indigènes avec l'indépendance absolue qui leur est assurée vis-à-vis de toutes autorités, académie comprise.

Quel que soit le parti auquel on s'arrête, essai d'adaptation au milieu ou servile imitation du vieux pays, nous ne dirons pas cependant que notre effort scolaire aura été vain ; notre antipathie pour quelques démagogues et quelques cuistres ne nous empêchera pas de rendre hommage à tant de braves gens qui, depuis trente ans, s'efforcent de faire pénétrer un rayon de pensée humaine, de pensée française, dans cette masse inerte et réfractaire. Nous savons que nos instituteurs comptent une grande majorité d'hommes zélés et quelques véritables apôtres ; nous avons connu de ces bienfaiteurs obscurs du peuple indigène, vénérés comme des saints répandant autour d'eux la paix, les sages avis, un peu de santé et beaucoup de bonté ; nous savons que dans les périodes de misère aiguë, le dévouement de nos maîtres n'a jamais fait défaut aux pauvres diables ; nous avons vu des institutrices soigner, avec moins de gloire que la sainte Elisabeth de Murillo, les teigneux des douars voisins. L'enseignement des musulmans n'eût-il d'autre résultat que de laisser dans la plaine arabe l'écho d'une saine parole et le parfum de quelques vertus françaises, dans la mémoire des élèves grandis le souvenir d'un cœur paternel, d'un être un peu supérieur et détaché des biens vulgaires, ce prix de tant de peines serait suffisant.

Faut-il dire cependant que le grain étant bon, nous devons le jeter partout, sûrs que le peu qui lèvera nous dédommagera du tout ? Hélas, la triste économie reprend ici ses droits ! Il sera temps de se procurer les soixante millions que nous coûteraient chaque année, frais de bâtisses compris, un million de petits musulmans des deux sexes à endoctriner, quand nous aurons été au plus pressé, et tout d'abord quand nous aurons pourvu à l'instruction de tous les enfants européens.

Alors même que la loi n'en ferait pas une obligation stricte, il serait naturel de commencer par dispenser un peu de savoir à ceux qui le réclament, plutôt que de corner nos leçons à ceux qui les fuient. Tous les non-musulmans de la colonie sont avides d'instruction, et la chose n'est pas surprenante : les études, les diplômes, sont pour eux un moyen de parvenir, de se procurer un emploi, d'échapper au travail purement manuel ; or, nous verrons que cette tendance est inévitable et qu'elle n'est pas en somme à décourager, l'Européen, le Français surtout, ne pouvant lutter longtemps avec l'indigène dans les métiers les plus communs. Il serait singulier d'ailleurs que l'élément le plus affiné, celui qui doit diriger et perfectionner l'autre, ne le devançât pas dans la recherche du développement intellectuel. D'autre part, nous avons un intérêt primordial à former à notre discipline nationale les enfants étrangers ou naturalisés qui, plus nombreux déjà que les nôtres, ne doivent pas grandir sans connaître notre langue et cette France qui est ou qui deviendra leur patrie. On appréciera toute l'importance de ce point de vue si l'on sait que, dans les écoles oranaises, trop souvent les petits Français eux-mêmes parlent espagnol avec leurs camarades.

Or, malgré l'effort budgétaire qui a été accompli, et qui n'est pas mince (1), on n'est pas encore arrivé à regagner le retard où l'administration métropolitaine avait mis la colonie : les enfants naissent plus vite que les écoles ne sortent de terre, et le déficit scolaire diminue bien lentement.

Tant d'exigences utiles tiraillent à la fois la bourse encore mal garnie de l'Algérie ! De tous côtés on est sollicité d'agir et de créer. Passe encore de brûler les étapes, mais il ne faudrait pas les intervertir, sous peine de faire beaucoup de chemin inutile. Quand le peuple de France a senti la nécessité d'imposer à tous l'instruction primaire, il avait déjà pourvu au plus pressé ; son armature sociale, administrative et économique était complète, et puis et surtout la grande majorité du pays accomplissait de bon cœur, avec fierté même, ce nouveau devoir, conséquence de son émancipation : l'aisance et l'ambition avaient créé le besoin de savoir.

En Algérie, au contraire, le geste d'offrir des livres à cette foule qui deman... du pain a quelque chose de dérisoire. L'école sera sinon plus efficace, du moins plus populaire parmi les indigènes lorsqu'elle donnera à l'enfant une nourriture plus solide que la grammaire et la règle de trois. Il y a même quelque chose d'une utilité plus urgente que les cantines scolaires, que l'assistance des musulmans si lamenta-

(1) Les crédits ordinaires ont été augmentés de 60 pour 100 en dix ans; de 1904 à 1909, cinq millions étaient alloués par le fonds de réserve de la colonie et par les communes pour la construction de 563 classes nouvelles.

(193)

13

blement insuffisante à l'heure actuelle, c'est de donner du travail à cette humanité pullulante, trop disposée à s'abandonner, à végéter, " à ne pas bouger pour ne pas être forcée de manger " comme l'expliquait magistralement un *chemmas*, un buveur de soleil, à certain fonctionnaire qui l'engageait à s'employer.

Voilà la première œuvre, la plus difficile et la plus coûteuse à accomplir : aussi l'Algérie a-t-elle eu raison de consacrer tout d'abord ses ressources à ce qui peut augmenter l'énergie productrice de tous ses enfants, aux travaux publics et à la colonisation.

*
* *

Il nous reste à parler de ce qui a été fait pour l'enseignement des filles indigènes et, puisque aussi bien c'en est la partie principale, du relèvement des arts musulmans.

Chose curieuse, l'opinion algérienne serait en somme plus favorable à l'enseignement de l'enfant musulmane qu'à celle de son congénère masculin. A coup sûr, le problème est tentant : il semble que, si nous pouvons jamais faire ces âmes nôtres, ce sera par l'emprise délicate de la femme européenne sur sa cadette exploitée et prostrée dans le servage de l'Islam. Puis, la question est ici moins compliquée de concurrence économique et de théories pédagogiques : on est à peu près d'accord pour borner le programme des écoles de filles aux notions usuelles, à l'hygiène, à la propreté, à la couture, à la tenue de la maison, à l'apprentissage d'industries spéciales aux indigènes, comme celles de la broderie et des tapis. Ces visées modestes et pratiques ont assuré à cet enseignement la faveur ou du moins la neutralité des musulmans, tout d'abord très hostiles à ces innovations, et qui maintenant laissent leurs filles fréquenter ces maisons où elles étudient moins les livres des infidèles que l'art de raccommoder les burnous, et où elles peuvent gagner quelque argent sur les métiers à tisser. La seule mais vaste difficulté provient du caractère même de l'instruction professionnelle que nous voulons donner à ces enfants. De toutes les œuvres algériennes, il n'en est aucune à laquelle on se soit donné avec plus de ferveur, depuis les femmes de cœur qui l'ont conçue, depuis les institutrices qui ont consacré leurs loisirs et leurs veilles pendant des années à la recherche des traditions et des procédés perdus, jusqu'aux petites élèves qui si joliment, avant de reprendre la trame, déposent un baiser sur l'ouvrage commencé.

Mais dans cette entreprise, tout est difficile et tout est à faire. Il faut tout d'abord instruire les maîtres et le public. Le tapis algérien n'existe pour ainsi dire plus et son passé n'a jamais été bien brillant ; de très bonne heure, l'écrasante comparaison des produits de l'art oriental a dû lui enlever la clientèle des grands. Néanmoins, un peu partout, dans les villes et sous la tente, de petits ateliers ont subsisté jusqu'à nos jours, reproduisant quelques modèles au dessin presque exclusivement géométrique, sans mérite de composition et de lignes, mais qui jadis se recommandaient, comme le type marocain dont ils sont voisins, par l'harmonie des tons, tantôt riches, tantôt d'une infinie douceur : dans tout le Maghreb, les teintures chimiques à bon marché et les fabrications européennes à la Jacquart ont tué cela.

Souvent on s'étonne de voir combien facilement le goût d'un peuple paraît troublé par l'irruption d'éléments étrangers dans le monde de beauté qu'il s'est créé. C'est qu'on part de l'idée que le don de choisir les formes et les couleurs est héréditaire ou inné, tandis qu'en réalité, la parure des vieilles civilisations provient des hasards heureux dont quelques yeux privilégiés ont su profiter, et de la force de l'habitude, plus grande en pays musulman que partout ailleurs, qui a imposé le résultat de ces trouvailles. L'Arabe berbérisant s'est plu pendant des siècles aux fins jeux de lumière que ses teinturiers arrivaient à fixer sur la laine, avec mille petites pratiques mystérieuses, entre les incantations et les prières ; mais il accepte aussi bien le heurt brutal des blocs de couleur que les tapis modernes d'Algérie ou du Maroc lui présentent. On allègue le prix de revient trop élevé des anciennes industries, mais ces nouveaux produits, si inférieurs qu'ils soient, sont encore des objets coûteux, et les chefs indigènes, prodigues quand il s'agit de boîtes à musique, de passementeries, de pacotille luxueuse en tous genres, auraient certainement fait l'effort nécessaire pour conserver les vestiges d'art menacés par l'invasion de la malfaçon européenne, s'ils avaient eu quelque sentiment de ce qu'ils voyaient ainsi disparaître.

Actuellement, on continue à tisser çà et là pour les tentes des caïds, ces tapis longs et épais que les usines de France ne peuvent encore fournir ; Kalaa fabrique encore ses tissus minces à gros point, si bien nuancés jadis, mais partout les belles laines d'Algérie sont barbouillées par des juifs qui promènent dans les villages leurs bassins pleins de colorants à l'aniline ; la gamme traditionnelle des tons est faussée ; les bleus et les verts qui se mariaient si doucement dans les naïves géométries du Djebel Amour, maintenant tournent à l'aigre ; les rouges crus, les azurs fades, les violets épais s'étalent ; en outre les teintes sont aussi instables que violentes et ne supportent pas mieux l'épreuve de l'eau que celle du soleil.

Ceux qui se sont voués à la tâche de rendre en même temps à notre Algérie un ornement et un gagne-pain ont donc été obligés de tout apprendre et de tout essayer, de réunir des modèles, d'étudier et de réformer les appareils, d'arracher à quelques vieux artisans les recettes de teinture qu'ils gardaient jalousement, d'aller cueillir la gaude et récolter l'écorce des grenadiers, de nettoyer, carder et filer la laine du pays, rêche et solide, qui est la meilleure pour ce travail, de tenter vingt fois avec un outillage primitif les chances toujours capricieuses de la chaudière. On ne saurait trop priser la persévérance et la bonne volonté qui ont été dépensées dans ces essais, souvent malheureux, mais non stériles.

Le rôle qui appartenait au gouvernement général de coordonner et de soutenir tous ces efforts était particulièrement malaisé. La variété des goûts et des théories individuelles, inévitable en pareille matière où plus d'un est à même de juger et où presque personne n'est capable de diriger, la multiplicité des interventions officielles, souvent incompétentes et contradictoires, le suffrage du public qui se traduit fréquemment par l'achat des produits les moins réussis, autant de causes de confusion et d'incertitude. L'administration s'est bornée d'abord, pendant une dizaine d'années, à subventionner dans Alger un établissement où l'on reproduisait des tapis anciens de diverses provenances, d'après les originaux qu'on pouvait se procurer ou d'après les publications de grands musées d'Europe. Noble ambition, mais un peu folle, de reprendre à la fois tous les grands styles de jadis et de rivaliser avec les ateliers royaux des grands siècles de la Perse ; heureux si l'on avait pu s'y tenir, et ne point suivre en même temps que la leçon des chefs-d'œuvre, celle de l'amateur qui venait, plus influent qu'éclairé, imposer ses préférences ou ses fantaisies. Néanmoins, cette première entreprise a rendu de sérieux services en frayant la voie, d'un côté aux initiatives libres qui ont commencé à concurrencer en Algérie la production des tapis d'Orient, de l'autre à l'effort scolaire pour la reconstitution des ateliers familiaux qui doivent demeurer notre visée principale.

Apprendre à quelques milliers de fillettes à tisser les ouvrages solides et honnêtes, à reproduire quelques types simples, surtout à choisir et à assembler les couleurs, c'est déjà une carrière assez vaste pour épuiser l'activité de nos plus dévouées enseignantes, c'est assez également pour procurer à nos écolières une occupation et un petit talent que l'avarice maritale ne laissera pas chômer.

On a bien fait de décharger cet enseignement de la matière si ardue et si complexe de la teinture, et de la réserver à une institution spéciale d'Alger qui forme des artisans indigènes destinés à travailler pour les écoles de tissage. La concentration des recherches, des expériences, des opérations délicates et minutieuses de cet art, va permettre sans doute de pénétrer une partie des secrets des vieux praticiens, aussi d'épurer et de fixer la série des tons présentables à nos jeunes artistes, dont la palette est trop chargée de couleurs bourbeuses ou douceâtres. Nous n'arriverons jamais à tirer de cette plèbe gentille des travaux comparables aux grands modèles de l'Orient, qui d'ailleurs devaient le plus souvent être des œuvres masculines. Nous réussirons même bien difficilement à empêcher la production économique et machinale des grandes fabriques de prendre définitivement le dessus dans cette industrie manuelle comme dans les autres. Qu'importe, si çà et là, dans la paix des petites cours mauresques, des doigts agiles continuent à jouer sur la harpe silencieuse des trames, si de temps à autre, l'ouvrage terminé se déroule, chatoyant et net, jetant dans l'humble demeure un rayon de luxe et de beauté créé par la femme. Et puis, qui sait si, en tamisant pendant des années ce mélange assez riche et varié qui peuple nos villes algériennes, nous ne trouverons pas la pierre magique, l'être doué qui jettera sur cet art un rayon nouveau ?

Ce qui a manqué jusqu'ici à l'Algérie, c'est un homme complètement prêt pour cette vaste et belle tâche et qui y consacrât sa vie, comme tels Anglais l'ont fait pour l'Inde. Ce qui lui fait aussi défaut, ce sont les conditions mêmes du développement artistique, une certaine plénitude de vie matérielle qui déborde sans effort, comme l'expression d'une figure jeune et heureuse ; c'est surtout l'unité d'aspirations qui seule permet à une société de créer une harmonie extérieure de sa vie.

Cette absence d'idées et d'habitudes communes se révèle même dans les objets d'usage vulgaire : les plats à couscous peuvent bien faire des tables pour les Européens, les turbans des brise-bise et les aiguières des vases à fleurs, mais que le tapis d'Algérie, fait pour le repos sous la tente, s'accommode aux mesures de nos appartements, et déjà cette adaptation arrive à la déformation des dessins consacrés ; à plus forte raison s'il s'agit de dresser un décor plus ample et plus durable, le monument public, la demeure ; alors la discordance éclate et la réalisation se traduit d'ordinaire par l'application imparfaite d'un des deux principes ou par leur combinaison cacophonique.

* *

Rien de plus suggestif que les transformations et les imitations des bâtiments de style arabe dont l'Algérie a été parsemée depuis la conquête par les administrations et les amateurs. On sait qu'en pays musulman la maison, aussi bien que le palais et la mosquée, sont établis sur un plan absolument opposé à celui de nos constructions. Rien au dehors ; les temples eux-mêmes, les plus anciens du moins, ne se présentent à l'extérieur que comme une vaste enceinte carrée ; l'entrée du lieu de la prière est souvent tortueuse, pareille à un guichet de forteresse, au lieu de s'ouvrir magnifiquement à la foule, comme les portails de nos cathédrales encadrant de leurs courbes triomphales les autels qui flamboient dans l'ombre. Presque aucun des grands monuments de l'art arabe ne s'offre à l'œil dans un ensemble combiné, sinon à l'intérieur, auquel toute belle ordonnance et toute somptuosité sont réservées. A plus forte raison les bâtiments privés, quelle qu'en soit l'ampleur, sont-ils soigneusement fermés aux regards du passant. Sultan ou cafetier, chacun recèle son bien avec ses femmes, par crainte de Dieu et des hommes. Une cour quadrangulaire ornée d'arcades, sur laquelle prennent jour, aux deux étages, quatre longues pièces ; à l'extérieur quatre façades unies, percées de petites prises d'air ; parfois, quand l'espace le permet, un porche en avant de l'entrée qui ne laisse voir au dedans qu'un mur : voilà, à quelques détails près, l'habitation de l'Islam, de Mogador à Samarcande.

Image de bonheur silencieux, de paix inaltérable qui se carre dans sa blancheur, au milieu de la verdure sombre, entre les feuillages denses étoilés d'or, sous les cyprès solennels érigeant leurs cierges noirs dans l'air radieux, entre les bois d'oliviers qui scintillent sous la brise comme des baies ensoleillées, l'ermitage frais et pur se colore de toutes les nuances de l'heure, des caresses de l'aurore, des bleus intenses du midi, des tons verdissants du soir ; çà et là rejaillit le reflet rose de ses terrasses, ou bien, par une étroite ouverture, une lueur d'azur s'échappe des ombres heureuses de la demeure ; on devine derrière ce rempart les cours débordantes de lumière, le chant des fontaines et des oiseaux, les fleurs qui pendent aux murailles et celles qui brillent immuables sur les faïences resplendissantes.

On comprend que plus d'un évadé de l'Europe ait été séduit par ces délices des yeux, ait voulu se plonger dans ces bains d'ombre lumineuse et tendre, se laisser bercer par le murmure de la vie qui franchit à peine les portes à gros clous de cuivre. Seulement l'homme du Nord s'aperçoit bien vite que ce paradis est peu logeable, même pour le peuple qui l'a conformé à ses usages, non à ses commodités. La maison sans fenêtres et sans toit, création des pays très secs comme l'Arabie, ne convient nullement à un climat comme celui des côtes de l'Algérie, humide en été, pluvieux pendant une partie de l'hiver ; le patio, délicieusement frais à Séville, est étouffant dans Alger. Pour permettre à l'Européen de respirer et même de travailler dans ces riants tombeaux, on peut prendre le parti de supprimer un des côtés du quadrilatère, de la même manière qu'à la Renaissance on fit un château du donjon clos et farouche ; mais c'est peu pour nos besoins de confortable. Il a fallu que les villas mauresques façon moderne, non contentes de s'ouvrir à l'air et au soleil, s'étalassent sur les coteaux de Mustapha, offrant avec leurs longues façades, avec leurs bâtiments disparates, posés comme des dominos sur une table de jeu, avec leurs larges vides percés au hasard dans les murs, l'exemple d'un constant contresens dans la traduction des modèles arabes.

Pour les bâtiments publics, la difficulté était plus grande encore et la réussite a été aussi rare. Les efforts du Gouvernement général pour favoriser durant ces dernières années l'emploi du style mauresque dans les constructions administratives a d'ailleurs fait l'objet de critiques bizarres. L'indigène, disait-on, était envahi par un orgueil immense en voyant le conquérant prendre, pour élever ses écoles et jusqu'à ses sous-préfectures, la truelle du vrai croyant. Mais à supposer que le musulman reconnaisse dans les arabesques et dans les arcs de ces bâtisses la trace de son passé, l'homme de goût n'y trouve guère son compte. La conception pourtant heureuse a failli dans l'exécution : géométrie rêche des lignes, céramiques et moulages accrochés au petit bonheur, auvents des portes placés presque au faîte, tuiles de Marseille mettant leur rouge cru au-dessus des crépis blancs, au lieu des teintes si douces que donnent les toitures rustiques de l'Andalousie et de la Provence, avec les nuances de leur argile ou l'or de leurs lichens, au total inharmonie constante, discordance complète du dehors et du dedans, telles sont les disgrâces de la plupart de ces essais.

L'Algérie possédait un excellent artiste, l'auteur de la Médersa d'Alger, qui aurait pu former des élèves et corriger bien des bévues; malheureusement les compétitions et le formalisme n'ont pas permis de lui donner la part qui aurait dû lui revenir dans la réalisation de cette idée si séduisante. Malgré tout on reviendra toujours à de semblables tentatives par dégoût des bâtiments lourds et froids de style français : nos monuments mauresques, si médiocres soient-ils, sont cependant moins mornes que les casernes gréco-romaines à l'instar de la métropole; ils ont quelque chose de l'irrégularité et de la fantaisie naturelles à ce pays. Peut-être arrivera-t-on d'ailleurs à dégager un type nouveau, inspiré à la fois de l'Orient et de l'Espagne méridionale ou de la Sicile, et mieux adapté que les éléments actuels aux grandes constructions symétriques. Ce qu'on ne peut guère espérer, c'est de retrouver le secret, l'essentiel de cet art, la décoration, fruit de la rêverie patiente d'esprits simples, heureux de contempler et de retracer indéfiniment quelques motifs, de les varier, de les combiner, de les faire jouer et lutter, de s'exalter, dans cette harmonie des lignes et des plans, des clartés et des ombres, jusqu'à l'ivresse des yeux et l'anéantissement de toute pensée.

Le grand écueil de ce système ornemental et qui prématurément dut l'immobiliser, c'est le moule, la facilité d'éviter tout effort en recopiant mécaniquement des modèles consacrés. L'Islam a devancé ici le geste machinal du bâtisseur moderne qui continuera à reproduire les fragments des vieux chefs-d'œuvre sans savoir les assembler, jusqu'à l'heure lointaine où quelque âme créatrice leur rendra, en les transformant, la vie qui les a quittés.

Là où la reproduction n'est pas possible, la décadence est accablante. Çà et là, surtout à Tlemcen, quelques fins artistes indigènes conservent encore la main et les vieux préceptes, et peut-être n'a-t-on pas assez fait appel à leur aide pour la restauration, affligeante par endroits, des décors exquis de la capitale des Beni Zian. C'est là qu'on apprend encore à tailler dans la faïence ces " mosaïques " dont la surface inégale chatoie si doucement sur les minarets des mosquées antiques, tandis que nos céramiques modernes s'étalent en plaques rigides, glacées, barrées de reflets déformants. Seulement en cette partie, comme dans celle des tapis, la matière même vient à manquer ; on ne fait plus guère de ces terres cuites à l'émail grossier, aux teintes chaudes et profondes, qui habillaient si bien les murs ; les produits de l'industrie européenne ont un aspect lisse et opaque de toile cirée ; la perfection des procédés donne l'impression de la platitude, de la répétition morne et sans fin, malgré la variété de tons que donne parfois le feu.

Pourtant de très beaux efforts ont été tentés par quelques personnes de savoir et de goût dans ce prestigieux domaine du potier. C'est plaisir de voir, dans un de ces ateliers d'Alger, quelque jeune Kabyle, à peine instruit des rudiments du dessin, tracer avec une sûreté imperturbable une fleur chimérique sur le flanc d'un vase. On le sent en plein dans sa tradition, dans l'application paisible à un geste séculaire : on se plaît à penser qu'un peu de beauté sortie de ces doigts rudes pourra luire encore dans l'obscure tanière de l'indigène. De même on voit dans les villages de la Petite Kabylie les jeunes filles conduire d'impeccables ornements géométriques, en caressant d'une barbe de plume noircie la belle rondeur des amphores dont elles se couronnent en allant à la fontaine.

Là aussi l'Européen peut éclairer utilement les vieilles leçons par des conseils pratiques, apprendre à ces artistes naïfs les procédés de la cuisson et de l'émaillage, sans trop s'essayer à leur faire imiter les inimitables modèles de la Perse, de Rhodes et de l'Espagne. Là aussi, la culture se heurte à l'indigence du fond ; qu'il s'agisse d'architecture, de céramique, ou des autres arts décoratifs, notre Afrique du Nord n'a connu ni le raffinement ni la grande originalité. Dans cet âpre couloir, battu par tous les vents du ciel, les semences robustes et hâtives ont seules le temps de lever ; les floraisons exquises, à longues phases, y sont bientôt soufflées par l'ouragan. La race y est aussi pour beaucoup, de même que la pauvreté relative du pays. Rome n'a guère laissé rien d'élégant ni de grandiose dans la Mauritanie. La Tunisie elle-même, malgré sa longue prospérité, n'a pas donné une capitale à l'art musulman ; elle a versé bientôt dans la mièvrerie qui est l'envers de la rudesse berbère. Sa céramique est fade auprès de celle de l'Asie Mineure, et son architecture n'a qu'une fois atteint la grandeur, dans la mosquée de Kairouan, improvisation fougueuse d'un lendemain de conquête. Quant à l'Algérie, son seul joyau, Tlemcem, est probablement l'œuvre d'artistes andalous amenés par les sultans Mérinides de Fez. Le Maroc luimême a bien vite dissipé l'héritage artistique de l'Espagne mauresque ; la dynastie saharienne qui le gouverne depuis trois cents ans n'était guère apte à soutenir les traditions de délicatesse : elle a de bonne heure eu le goût des innovations matérielles, des curiosités étrangères ; elle reconstruisait Mogador dans le style de Versailles, comme les Turcs d'Alger couvraient leurs armes d'ornements rococo. Actuellement le goût public et privé paraît aussi déchu dans le Maghreb que dans le reste des pays musulmans.

Ainsi donc ces sentiers de l'art nous amènent au même point que les grands chemins de l'histoire et de la politique, et ceci nous excusera d'y avoir un peu buissonné. L'âme de ce peuple est forte, mais pauvre ; c'est une âme empruntée, mais très différente de la nôtre. De ces hommes, nous ne ferons pas plus facilement des artistes que des citoyens ; il faudra un très long travail pour tourner à bien ce qui dort en eux de possibilités d'action et d'expression collective, qu'il s'agisse de gouvernement local ou d'embellissements de la vie. Il y faudra surtout le support indispensable de toute liberté créatrice, un peu d'aisance matérielle, cet état où l'homme trouve son indépendance et son plaisir dans un travail fructueux et sain.

Quand on sort des hauts quartiers d'Alger, envahis peu à peu par les échoppes européennes et par les maisons à étages, éventrés il y a vingt ans par une voie banale qui n'est ni plus propre ni plus commode que les ruelles mystérieuses de jadis, quand on a senti la double oppression de la langueur mauresque et de la vulgarité méridionale qui se dégagent de ces murs où l'odeur de l'absinthe se mêle à celle du jasmin, quand on a entrevu la cohabitation qui s'établit çà et là entre les vices ingénus de l'Orient et la crapule européenne, et que soudain on voit se dresser au-dessus du port le dôme de la Médersa arrondissant sa blancheur sur l'azur marin, on respire, on lève les yeux vers un rêve d'Islam régénéré qui garderait la beauté d'autrefois, tout en s'ouvrant à des perspectives plus douces et plus claires. Ce temple studieux n'a pas le charme profond de la mosquée voisine, qui cache dans la verdure son minaret délicat, ses faïences luisant comme de vieux regards attendris, ses tombes inégales et ses sourires de femmes dans l'ombre ; mais il présente l'ordonnance claire et simple que le génie français a su, cette fois-là, donner à l'architecture musulmane, sans perdre la grâce ni la pureté du style. Il semble que le programme idéal de notre œuvre éducatrice s'écrive dans la composition élégante et correcte de ces lignes.

** **

L'institution de nos Médersas, qui sont comparables à des facultés de droit et de théologie, tout en comprenant des cours de français, d'histoire, de géographie, de lettres arabes et de sciences, destinés à compléter l'instruction générale des futurs magistrats musulmans, a été souvent attaquée au nom de la mission de progrès qui nous appartient dans ce pays. Là, comme dans la question du code musulman, on pose volontiers ce dilemme : ou bien vous laisserez les maîtres suivre aveuglément la voie du vieil Islam et alors vous perpétuerez la séparation de cette société d'avec la nôtre, ou bien vous essayerez d'innover, et vos disciples seront traités de renégats. Mais les hommes pratiques n'ont jamais été embarrassés d'un dilemme : ils savent que cet enseignement est indispensable pour avoir des jurisconsultes et des juges dont nous n'ayons pas à rougir, et que si les candidats ne pouvaient se préparer en Algérie à ces fonctions, ils seraient forcés d'aller ailleurs suivre un enseignement qui échapperait à notre contrôle. En conservant les Médersas qui existaient avant la conquête, en les réorganisant et en les adaptant peu à peu à nos besoins administratifs, les gouverneurs de l'Algérie n'avaient pas la prétention d'en faire des foyers de libéralisme musulman ; ils n'ignoraient pas combien est dangereuse la facilité avec laquelle on trouve un texte du Coran ou de la Sonna pour soutenir une thèse quelconque, et que cependant en Islam, plus que dans toute autre religion, aucune exégèse, aucun raisonnement ne peut prévaloir contre l'opinion générale ; mais ils comprenaient que sans toucher aux croyances, sans s'ériger en réformateur chrétien de la foi de Mahomet, on pouvait entretenir dans cet enseignement un esprit favorable à l'idée française, au progrès social, corriger par quelques notions scientifiques ce que l'interprétation littérale pouvait avoir de contradictoire avec les faits universellement admis dans le monde civilisé, poser en même temps la France en protectrice des études sacrées, rôle qu'elle avait d'ailleurs le devoir d'assumer depuis la suppression des fondations pieuses.

Quant à la confiance des musulmans dans cette doctrine stipendiée et surveillée, il est probable qu'une certaine espèce de croyants préférera toujours El Azhar ou même Tunis à Alger, Constantine ou Tlemcem. Mais il y a bien des nuances dans les dispositions de l'homme de foi à l'égard du pouvoir temporel, sans parler de celles qui marquent l'aspirant aux fonctions publiques. Au demeurant, nous n'avons pas connaissance qu'aucun doute ait été élevé publiquement sur l'orthodoxie de nos Sorbonnes musulmanes, et d'autre part, du point de vue européen, certains magistrats sortis des Médersas font vraiment honneur à la formation qu'ils ont reçue.

Il ne faudrait pas d'ailleurs que la préparation, malgré tout très spéciale, de cet enseignement dit supérieur écartât la jeunesse indigène de nos lycées. Nous avons besoin, non seulement de muftis et de cadis, mais d'officiers indigènes, de fonctionnaires, de chefs de tribus et de notables instruits d'autres matières que la théodicée, la jurisprudence et la métrique arabe. Il nous faut surtout des fils de bonnes familles musulmanes qui cultivent leur esprit et leurs champs à l'européenne et qui, par les amitiés nouées au collège avec les petits Français, fassent un pont entre les deux races. Nous avons pu constater, dans les assemblées notamment, la force et la durée de ces liens et leur utilité pour faire mouvoir les différents groupes dans le sens de l'intérêt commun. L'Algérie pourvoit d'ailleurs à cette haute nécessité en allouant chaque année à des indigènes un certain nombre de bourses de l'enseignement secondaire : sagement, car les fortunes sont trop rares parmi nos musulmans, trop grevées et trop peu liquides pour qu'on puisse attirer dans nos lycées et collèges un nombre appréciable de fils de bonnes maisons sans subvenir à leur entretien, et par ailleurs il ne manque pas d'enfants de familles pauvres qui méritent d'être poussés vers nos études. Il nous semble que les dépenses de cet ordre pourraient être utilement augmentées et qu'on devrait en outre se montrer très facile pour l'examen d'admission.

** * **

Après avoir traversé les divers degrés de l'enseignement spécialement accessible à nos sujets, — toutes nos écoles leur étant d'ailleurs en principe ouvertes, — nous sommes amenés à rechercher ce qui a été fait pour la satisfaction du premier de leurs besoins moraux, celui de connaître et d'observer leur religion.

Nous savons déjà que sur ce terrain un gouvernement européen n'a pas les coudées très franches. D'une part, il est gêné pour favoriser l'enseignement et la pratique d'une religion qui cesse bientôt d'être orthodoxe quand elle commence à n'être plus agressive ; de l'autre, il n'a pas grande facilité pour s'assurer des auxiliaires dans une communauté où le rôle du clergé est extrêmement réduit.

Evidemment, il peut paraître bizarre de voir un *mou-derres* (1) payé par le budget algérien pour expliquer le chapitre de la guerre sainte, mais dans le fait, argumenter sur de telles matières consiste surtout à donner les raisons de ne pas agir, et de pareilles leçons ne font pas plus de fanatiques que l'exposition, dans l'ombre d'une faculté de théologie, du droit que l'Église se reconnaissait de déposer les souverains, n'aurait pu causer de révolution.

Quant à l'absence de toute hiérarchie musulmane, de tous cadres au moyen desquels on puisse former et diriger l'es-

_____

(1) Maître musulman professant dans une classe qui dépend d'une mosquée.

prit des fidèles, il ne faudrait pas s'y méprendre. Certains ont répété, en exigeant qu'on séparât les Églises de l'État en Algérie, que cette mesure serait tout indifférente aux musulmans, leur religion ne comportant aucune organisation cléricale, hormis celle que nous avions imaginée à leur usage. Cette affirmation était radicalement fausse : partout où s'élève une mosquée il y a un officiant, et comment d'ailleurs se passerait-on de lecteur ou de récitateur du Coran dans des pays d'ignorance comme sont tous ceux d'Islam ? Partout où vivent des gens du Prophète, il faut un directeur de conscience pour apaiser les doutes qui s'élèvent fréquemment dans l'interprétation de la loi religieuse, si compliquée, si intimement mêlée à la vie quotidienne. Le *mufti*, jurisconsulte canonique, l'*imam*, directeur de la prière, le *hazzab* qui fait la lecture du Saint Livre, le *mouedden* ou muezzin, l'appelant à la prière, aussi connu des amateurs de pittoresque que la cigogne des minarets, voilà du haut en bas le clergé musulman d'Algérie et, à quelque détail près, celui de toutes les provinces islamiques.

Quant à l'action que peuvent avoir ces sortes de prêtres, il n'est pas moins faux de prétendre qu'elle soit négligeable, du fait qu'ils ne sont pas consacrés, qu'ils ne constituent pas l'intermédiaire obligé entre Dieu et les hommes, qu'ils n'accomplissent même pas de rites particuliers, étant de simples croyants un peu moins ignorants que les autres. Assurément l'influence d'un lecteur du Coran ne dépassera pas beaucoup celle d'un chantre, mais comment nier la force de celui qui dit le droit au nom du Très-Haut, qui apprécie les faits de la vie moderne au point de vue des antiques préceptes, et comment oublier que ce clergé, à tel point inorganique, a cependant préservé sa foi des schismes et des hérésies mieux que n'a pu faire la hiérarchie chrétienne la plus merveilleusement ordonnée.

La France a donc avantage aussi bien que ses sujets, à choisir des muftis honnêtes et instruits ; elle aurait intérêt à construire des mosquées comme ne manquent pas de le faire les chefs des grandes entreprises qui occupent des indigènes. Il faudrait qu'elle gardât une place visible aux fêtes des musulmans; il faudrait que son nom fût partout au premier rang; il serait naturel que l'on prêchât l'attachement à notre pays dans les chaires de l'Islam français, comme on fait la prière pour le Sultan dans les églises d'Orient. Le colon qui, hier encore, déblatérait contre l'argent dépensé à quelque pauvre minaret du style des Ponts et Chaussées, comprendra peut-être un jour que l'attitude du conquérant consigné à la porte du temple est inférieure à celle qu'il avait en ses trop modestes libéralités.

Seulement, au point de vue légal, la liberté d'action du gouvernement n'est plus complète en pareille matière.

Le décret réglant les conditions d'application à l'Algérie de la loi de séparation permet à la colonie de maintenir pendant dix ans les traitements qui étaient alloués naguère aux ministres des diverses religions ; en fait, rien n'a été changé au budget du culte musulman, que le libellé du chapitre, mais l'administration algérienne ne s'en trouve pas moins dans une situation fausse et précaire vis-à-vis de ces agents qu'elle paie mais qui, officiellement du moins, ne dépendent plus d'elle. Et puis, dans peu d'années, il faudra prendre un parti définitif, et comme il est bien peu probable que les allocations aux trois autres cultes, déjà considérablement réduites, soient alors consolidées, il sera sans doute difficile de faire exception en faveur du clergé islamique.

Certains musulmans, il est vrai, ont prétendu avoir droit pour leur communauté à un traitement de faveur, du fait qu'en confisquant les *habous*, les revenus des fondations pieuses, le gouvernement français avait assumé formellement la charge de subvenir aux frais du culte, mais l'assertion est d'autant plus discutable que ces biens de mainmorte étaient grevés, non seulement au profit du personnel des mosquées, mais aussi des pauvres et des malades, et que notre adminis-

(209)

tration, avec ses créations d'assistance, a payé sa dette et bien au delà (1).

Toujours est-il que cette mesure a déjà donné lieu, dans Alger principalement, à plus d'une protestation des indigènes, et qu'elle peut entamer notre crédit moral auprès des musulmans, dans l'Afrique du Nord et ailleurs, comme aussi servir de prétexte aux agitateurs et aux mécontents.

Toute équité mise à part, la séparation ne peut, croyons-nous, créer de dangers vis-à-vis des musulmans, mais elle se solde par une perte de prestige et d'influence, elle brise un de nos liens avec la population conquise ; enfin, pour nous tenir au point de vue d'où nous considérons l'œuvre algérienne, elle est un obstacle à la tâche d'apprivoisement et de rapprochement qui est notre but véritable.

On continuera sans doute, même après le répit décennal, à s'assurer les services des muftis, qui aussi bien peuvent être regardés comme des fonctionnaires judiciaires ; le culte musulman, pour n'être plus subventionné, n'en sera pas moins l'objet d'une surveillance active et discrète, toujours aisée d'ailleurs dans les milieux indigènes, où d'ordinaire, quand trois personnes se réunissent, l'une est amie de la police et les deux autres vont la prévenir. Nous l'entourerons d'yeux et d'oreilles, comme nous faisons des confréries religieuses, libres et insaisissables en apparence ; nous saurons même nous ingérer dans l'administration des mosquées

(1) M. René Pinon, dans un article de la *Revue des Deux Mondes* (*La Séparation des Eglises et de l'Etat en Algérie*, 15 décembre 1907), objecte, non sans force, que " du moins en France peut-on soutenir, avec une apparence de raison, que la dette contractée vis-à-vis du clergé par la Constituante et garantie par le Concordat, devait naturellement s'éteindre avec la rupture du Concordat et par l'expression d'une volonté nationale différente... tandis qu'ici il s'agit de populations soumises à la France par la force des armes et envers lesquelles, même si l'on considère que nous leur avons rendu, en dépenses d'assistance, d'hôpitaux, d'écoles, beaucoup plus que la valeur des *habous* confisqués, le respect de la parole donnée devrait être d'autant plus sacré qu'elles sont plus complètement sous notre autorité et à notre merci ".

devenues établissements privés, comme il est advenu pour les lieux de vénération et de pèlerinage, tout à fait indépendants de la religion officielle. L'indigène, d'ici longtemps, se moulera à toutes les formes qui lui seront présentées : il constituera des associations cultuelles, dût-il en faire tous les frais et nous en laisser la direction. Nous resterons bien armés, si du moins quelque coup d'émancipation n'intervient pas, mais ce n'est pas avec des armes qu'on se fait des amis.

Le clergé musulman se maintiendra donc sans notre appui direct : facile à brider, il ne sera jamais dangereux, il perdra le peu d'influence qu'il pouvait mettre à notre service et qui d'ailleurs ne s'étendait guère en dehors des villes. La campagne, c'est-à-dire les neuf dixièmes des indigènes, appartiennent aux marabouts et aux khouans, aux congrégations musulmanes.

Curieux sujet d'études pour tous et grand sujet de préoccupations pour beaucoup que ce mouvement qui dès longtemps a poussé les gens du Prophète à se grouper pour exalter leur flamme de croyance. A peu près au même temps que dans le monde chrétien, c'est-à-dire cinq ou six siècles après la venue du Révélateur, on voit naître un besoin ardent de nourrir le sens religieux par l'union des âmes, par la prière en commun, par la fréquence de pratiques précises. Mais là s'arrête la ressemblance : nulle part mieux que dans ces deux développements n'éclate l'opposition des deux génies. D'un côté, c'est l'ordonnance minutieuse et sévère de la règle monastique, avec les réformes qui viennent la redresser ou l'assouplir, c'est la belle composition des différentes parties de ces grands ensembles, leur rivalité souvent féconde et leur subordination à l'arbitre suprême de Rome, c'est le sacrifice complet de tant d'êtres faisant surgir d'innombrables œuvres d'utilité et de beauté, c'est aussi l'organisation savante des ordres ambitieux, marchant à la conquête des esprits, de la société et du pouvoir. En face de ces légions romaines, les confréries musulmanes ont l'aspect d'une immense et confuse levée de goums. Point de discipline, aussi bien que dans la tribu, mais un grand respect pour certains chefs dont les attributions sont très mal définies et qui ne sont forts que de leur autorité personnelle ; leurs caïds, ce sont les *moqaddem* investis par une autorité centrale, ni plus ni moins obéie qu'un Sultan arabe. Au demeurant, point d'association en vue d'un travail de l'esprit ou des mains, point de programme d'action, point de vie commune surtout, le célibat n'étant point honoré sauf chez quelques ascètes ; rien que l'indispensable pour se distinguer des autres groupements, pour flatter ce goût de la dissidence, du particularisme si cher à l'Oriental et au Berbère, rien que des mots de ralliement, des prières et des rites spéciaux à chaque confrérie. Ces sortes de tiers-ordres sans réguliers, peu agissants dans le domaine moral et social, n'en sont pas moins puissants pour la propagation, sinon des idées, du moins des nouvelles et des opinions. En outre, les confréries ont une action considérable pour la conservation des croyances dans leur forme la plus sommaire, par la répétition machinale et indéfinie des gestes et des paroles ; aliment essentiel de ces âmes rebelles à la pensée, pleines d'illuminations confuses et violentes, elles lui fournissent ce qu'il leur faut de conspiration et de mystère, elles les tirent de l'horizon morne du douar vers de vagues perspectives de libération et de triomphe, ou bien elles leur apportent simplement un peu de nouveau. Parfois, au détour d'un chemin d'Algérie, on peut voir, accroupi sur un tertre où les moutons arrachent les derniers débris des chaumes, un vieil homme qui porte un chapelet pendant à son cou et, si l'on s'étonne de ce berger à barbe grise, on vous dit qu'il ne garde pas le troupeau, mais qu'il attend là chaque jour un envoyé de ses frères annoncé depuis quelques mois.

Les confréries sont une force, mais surtout de résistance et, l'heure venue, d'agression ; aussi comprend-on que la France, qui a trouvé parmi elles des auxiliaires de la première heure, comme le Tidjani ennemi d'Abd-el-Kader, et de terribles adversaires comme les Rahmania, levier de l'insurrection de 1871, considère avec un intérêt mêlé d'inquiétude ces vastes et inertes agrégations qui semblent endormies pour toujours au murmure des litanies, mais dont plus d'une est prête à se ramasser, à se contracter au premier cri de guerre, à se ruer hérissées de mille bras sur l'impie étranger. Les administrations qui ont été chargées successivement des affaires indigènes de l'Algérie, les militaires surtout, ont prêté à cette question une attention justifiée, tout en poussant quelquefois jusqu'au ridicule le souci de l'information. Il est en somme aisé d'être informé de ce qui se passe dans les assemblées de khouans, et il est important de le connaître en temps de crise, mais ce qui paraît impossible, c'est de les diriger. Quelques Français liés d'amitié avec de hauts dignitaires des confréries, et séduits par l'esprit libéral dont le musulman cultivé témoigne de très bonne foi dans ses rapports avec les non-croyants qu'il estime, ont pu rêver de se servir de ces puissantes formations pour élever et humaniser les conceptions du vieil Islam ; mais on peut bien croire que le jour où un peu d'esprit moderne pénétrera dans ces bastions de la foi aveugle, parmi ces dévots du gosier et de l'échine, le gros des fidèles les aura désertés.

Tout ce que nous pouvons espérer, c'est de rendre les confréries inoffensives et de parfois les plier inconsciemment à nos desseins : de même des marabouts, dont on doit même tirer meilleur parti, du fait qu'ils peuvent davantage pour le bien et le mal quotidiens.

C'est un trait des plus étranges, nous dirons même des plus répugnants de l'esprit berbère que cette idolâtrie pour les personnages les moins dignes de respect ou de remarque, dont généralement le seul mérite est de descendre d'un faible d'esprit. En effet, chose bizarre, la transmission héréditaire la mieux établie en ces pays est celle de la sainteté. On peut dire que le maraboutisme est à la fois très conforme et très contraire aux traditions islamiques. L'orthodoxie ne peut lui faire qu'un reproche, mais des plus graves, c'est d'user, à l'égard d'êtres infiniment inférieurs au fondateur de la religion, des formes de vénération, d'attachement passionné, qui étaient de mise avec l'Envoyé de Dieu. Mahomet lui-même, il est vrai, avait parfois réprouvé certaines manifestations de ce culte pour sa personne, mais il les avait bien plus souvent tolérées, voire les plus choquantes, comme le partage des eaux de ses ablutions. A coup sûr ces pratiques, dans leur essence, qui est la recherche des biens matériels et moraux de la *baraka* (bénédiction) par l'approche ou le contact d'une personne sacrée ou de ses descendants, appartiennent à l'Islam de tous les temps et de tous les pays, et elles sont bien propres à cette religion, à la différence de ce qui a trait aux reliques. C'est là une des issues de cette source de magie où s'alimente en partie la doctrine du Prophète ; c'est aussi bien, il est à peine besoin de l'ajouter, un fond assez corrompu.

L'opinion européenne est très partagée en Algérie quant aux marabouts et à la conduite qu'il convient de tenir à leur égard. Les colons se plaignent beaucoup et se servent fréquemment d'eux, comme ils font des caïds et de toutes les influences indigènes. C'est à eux qu'on s'adresse pour s'accommoder avec des voisins difficiles, pour museler la chicane ; ce sont eux qui font restituer les troupeaux volés et qui même, d'aventure, les recèlent. L'administration les contrôle et les favorise à des degrés divers, suivant leur importance, leurs tendances et aussi suivant l'humeur personnelle de l'autorité qui a directement affaire à eux. Il est de règle que ces hommes saints ne puissent faire de *ziara* (visites), c'est-à-dire de quêtes sans autorisation, et de quelque respect qu'on se pique pour les droits des indigènes, on ne peut que souhaiter le maintien de cette restriction. Il en est de ces collectes comme des présents que les tribus font à leurs chefs, aux fils de grande tente auxquels ils sont accoutumés à obéir. C'est un usage, un devoir peut-être, auquel on se soumet en maugréant. La *baraka* est bien précieuse, mais aussi bien chère, et le fidèle pense, à part lui, que le Saint, puisque Dieu la lui donne pour rien, pourrait bien la céder à meilleur compte. Et puis, bien souvent, le marabout est plus redouté que vénéré, et les pauvres hères demandent protection contre sa visite, contre les sorts qu'il jette sur les enfants, sur le bétail des gens mal donnants. Il n'est que juste d'empêcher autant que possible cette exploitation d'un peuple qui a déjà peine à suffire à ses charges publiques.

Dans l'ordre politique, le marabout peut devenir dangereux, lorsqu'il est pauvre et pas trop avide, donc rarement. Comme les révolutionnaires, comme tous ceux qui font appel à la haine, il est farouche, sombre, il vaticine et menace à mots couverts tant qu'il s'agit de s'affirmer et de gagner son public, mais il s'assagit et s'apaise quand il s'est engraissé aux dépens de ses adeptes. En qualité de chef de parti, il est jusqu'à un certain point et jusqu'à un certain moment sincère, et telles circonstances peuvent l'entraîner malgré lui à des entreprises désespérées. L'échauffourée de Margueritte, déplorable surtout à cause des commentaires injustes et absurdes qu'elle a provoqués, a montré le mal que peut faire, à notre époque de tapage, le geste violent d'un demi-fou en qui la malveillance a voulu incarner les revendications de toute une race. On a vu également par ce trop fameux fait-divers, comme par l'incident presque identique de Thala, en Tunisie, les procédés ordinaires des candidats au maraboutisme : la prédication, le jeûne, souvent obligé, ou simplement les tares intellectuelles sont autant de moyens de se signaler aux fidèles et d'être nommé saint ; il en est d'autres, et pour donner la mesure de la crédulité de ce pauvre monde, il suffit de rappeler qu'un des meilleurs est la prestidigitation.

Suivre de près ceux qui commencent leur carrière, entretenir de bons rapports avec ceux qui ont hérité d'une situation ou qui l'ont conquise, les empêcher d'en abuser, leur maintenir certains avantages tels que l'immunité des impôts là où ils en ont toujours joui, s'efforcer de faire bénéficier les malheureux d'une partie des aumônes qui sont recueillies à leur profit, établir quelque semblant de comptes dans les revenus des *zaouïas* où la foule vient apporter ses offrandes au tombeau des saints, refréner les gaspillages et les détournements de ces fonds destinés dans l'intention des fidèles à des usages pieux, empêcher les usurpations trop faciles en terre arabe que la complaisance des notables permet volontiers à nos santons, telle est notre tâche vis-à-vis des marabouts.

Au demeurant, après avoir jeté un coup d'œil sévère d'administrateur sur ces mendiants de conséquence, nous pouvons d'un point de vue plus étendu les considérer avec quelque bonhomie. Ils sont bien dans la tradition de leur race, ils éveillent des souvenirs sympathiques, comme les moines du moyen âge, magnifiques ou sordides, bienfaisants ou rapaces selon l'espèce : comme leurs devanciers du christianisme, ils sont l'affliction de beaucoup de croyants, dont les sentiments se sont lapidairement condensés dans un proverbe célèbre où il est question de la femme, du mulet et du marabout, disant que de ce dernier il faut se méfier de tous les côtés ; ils sont surtout jalousés par leurs rivaux en influence et en exactions, les caïds, équivalent des barons féodaux en lutte avec les abbés, et pareillement ils leur servent de contrepoids. Dans cette société où l'intervention de l'étranger a bien pu apporter l'ordre, non l'union, l'action de ces hommes que leur caractère, leurs intérêts, leur réputation, et même parfois leurs vertus portent à prêcher la conciliation et la paix, peut aplanir plus d'un conflit et prévenir par un peu de bonne entente les dénouements ordinaires de l'astuce juridique et de la violence. L'arbitrage maraboutique était prévu à chaque endroit des kanouns berbères et il peut encore bien faire en maintes circonstances.

Il y a là des forces sinon morales, du moins psychiques, que les gouvernants doivent et savent canaliser au profit de l'apaisement, et aussi bien sont-elles généralement assez disposées à s'y prêter. Le marabout, aussitôt décrassé, cousine volontiers avec l'autorité qu'il est obligé à plus d'un titre de ménager ; il peut devenir un utile et discret auxiliaire, et il restera tel jusqu'au moment où notre étourderie, en l'affranchissant avec ses coreligionnaires, lui permettra de les pressurer librement. Voyez ces ascètes avec leurs haillons graisseux et leur chevelure de séquestrés, voyez ces saints héréditaires, avec leurs beaux burnous blancs, leurs gestes doux, leur air fin et recueilli, ce sont peut-être les grands électeurs ou les députés de demain.

VI

L'ADMINISTRATION

ENFIN nous abordons le monstre lui-même, la grande Taras-que, objet tour à tour de la risée, de la crainte et de l'envie de tous les Français, l'Administration, cet être aux cent yeux, aux organes puissants, à la marche incertaine, ce ruminant qui suit lentement et sûrement son chemin, tout en jetant au hasard, lorsqu'un coup soudain l'arrache à son paisible effort, une foudroyante riposte qui souvent n'atteint que le vide. C'est un animal très méfiant et très naïf à la fois, toujours inquiet des embûches trop réelles qui sèment sa route, toujours arrêté par des barrières imaginaires et toujours prêt à suivre ceux qui le mènent avec les gestes auxquels il a coutume d'obéir. Tout embarassé qu'il soit dans ses mouvements, par la multiplicité et la force même de ses membres, par les directions diverses qui le tiraillent, il fait quand même de bonne et forte besogne et il en ferait davantage, si on ne l'affublait d'un harnachement trop compliqué.

Dans un pays où il faudrait agir rapidement et simplement, nous avons introduit notre organisation et nos méthodes surannées, en aggravant encore à certains égards l'abus du formalisme et du papier. Hormis les conseils d'arrondissement, on peut dire que toutes les institutions et toutes les fonctions administratives de la France se retrouvent, identiques ou légèrement modifiées, dans la colonie, qui davantage en possède plus d'une à elle particulière.

Et d'abord nous avons importé là-bas le département ; c'est aussi l'unité qui par son extension y a le plus changé de caractère. Le territoire civil de jadis, borné à la banlieue de quelques villes où régnait un minuscule préfet, maintenant s'est enflé à 180 000 kilomètres carrés, soit la valeur d'une trentaine de départements français ; celui de Constantine à lui seul a environ la superficie du Dauphiné, de la Savoie et de la Provence. On aperçoit tout de suite qu'une si vaste région, mal praticable sur beaucoup de points, n'est pas commode à administrer toute ensemble. Nos départements algériens ont succédé aux divisions militaires, comme celles-ci avaient pris la place des beylicats, tandis que ce même pays voyait sa population doubler ou tripler, et que nos besoins et nos aspirations de civilisés multipliaient bien davantage encore la tâche des hommes qui assumaient cette énorme charge d'âmes.

Il ne semble pas qu'on ait jamais sérieusement songé à partager l'Algérie en un plus grand nombre de districts ; le projet mis en avant il y a quelque vingt ans, de créer une préfecture à Bougie, ne s'est traduit que par la construction d'un hôtel dont a hérité le sous-préfet de l'arrondissement. Le problème à coup sûr est compliqué : sans doute il serait facile de discerner dans le Tell un certain nombre de régions bien distinctes qui pourraient former autant de départements, mais on aperçoit aussitôt que leurs limites coïncideraient à peu près avec celles des arrondissements actuels. Or, ces dix-sept circonscriptions seraient encore assez larges et assez peuplées pour nourrir l'activité d'un préfet, mais non point pour alimenter un budget provincial : la vie locale y serait vraiment trop réduite.

C'est aussi bien l'autre vice originel de ces trois grandes unités, d'avoir été créées sans ressources propres. Ces corps géants sont anémiques ; ils ne vivent guère que des impôts arabes dont la colonie, comme naguère l'État, leur abandonne la moitié. Trop étendus pour être bien contrôlés, trop pauvres pour être bien régis, c'est assez d'un seul de ces défauts et l'on comprend que, devant cette impossibilité de tailler en Algérie des départements bien faits et de leur donner une vie propre, l'idée soit venue de les supprimer.

Le projet ébauché en ce sens dans les débuts du nouveau régime financier de la colonie parait avoir été conçu dans la pensée que l'institution des Délégations financières permettrait d'abattre l'égoïsme régional devant l'intérêt de l'Algérie tout entière ; à côté de cette assemblée dispensatrice des deniers publics pour tout le pays, le rôle des conseils généraux dont le budget ne vivait que des libéralités de la colonie devenait superflu. Mais la réforme se heurtait à trop de petites ambitions pour ne pas échouer, et puis, eût-elle abouti, elle n'eût fait que transporter les départements dans le conseil de la colonie, tout en laissant au particularisme le foyer puissant qu'est le Parlement : en changeant d'étiquette et de récipient on n'eût pas supprimé le ferment. On l'eût même rendu plus actif, puisque les intérêts locaux n'ayant plus de représentants qu'aux Assemblées d'Alger, plus de satisfaction à attendre que du budget spécial, auraient lutté plus âprement encore que devant pour obtenir le plus possible aux frais des autres.

L'esprit inventif et hardi de M. Révoil, dont cette œuvre difficile avait tenté le courage, fut plus heureux dans sa création des territoires du Sud, quand, faute de pouvoir mettre fin à l'existence misérable et nuisible des départements, il voulut du moins mettre hors de leur prise les régions les moins accessibles à la colonisation. Il était trop paradoxal de voir les budgets locaux prélever un tribut sur les oasis et les steppes les plus éloignés, régions peu fécondes en bulletins de vote, et partant fort mal dotées par les conseils généraux. Tirer tout ce que l'on pouvait de ces pays bien déshérités dans leur ensemble et leur rendre le moins possible en dépenses utiles paraissait chose si naturelle que, lorsque les départements se virent amputés de leur partie semi-désertique, on réclama ingénument pour eux une compensation : les Délégations votent chaque année une subvention de 626 000 francs aux budgets provinciaux pour les indemniser de la perte qui résulte pour eux de la constitution des territoires du Sud.

Cette dernière création a permis à l'immense arrière-pays algérien de se développer avec un budget indépendant, sous direction du Gouverneur général, et de son délégué, administrateur habile et actif, passionné pour l'amélioration de ce prestigieux domaine dont il a tiré le meilleur parti avec des ressources encore bien étroites.

Le divorce amiable des deux Algéries a été aussi heureux en ses résultats que l'émancipation de la colonie dont il avait été en quelque sorte le contre-coup. On peut dire seulement que la conception des territoires du Sud était un peu contradictoire avec celle de la suppression des départements. Si l'Algérie du Sud se trouvait bien d'être administrée à part, on ne pouvait juger mauvais que les trois grandes fractions du Nord-Algérien ne voulussent pas se fondre dans l'unité trop vaste de la colonie.

Loin de vouloir y comprimer la vie régionale, il faudrait la développer, inciter les départements à développer leurs moyens propres au lieu de végéter comme aujourd'hui avec leurs budgets étiques, qui se soutiennent à peine avec la ration fournie par le budget spécial. Actuellement, bien gérer les finances départementales consiste surtout à rejeter en toute occasion sur la colonie les dépenses que les finances locales pourraient et devraient supporter. Il faudrait créer de nouvelles recettes pour permettre aux départements de travailler davantage par eux-mêmes à leur prospérité, d'assurer de meilleure façon les services publics qui leur incombent, et surtout de mieux entretenir leurs routes.

Plus ce pays grandira, plus les grandes villes y croîtront, et plus le sentiment provincial s'y affirmera. Oran continuera sans doute à suivre de près Alger, et Bône atteindra peut-être Oran; à coup sûr, jamais nos petites capitales africaines ne baisseront de bon gré pavillon devant l'une d'entre elles.

Au demeurant, le triptyque algérien n'a pas été tracé par le crayon présomptueux d'un conquérant ou d'un bureaucrate : c'est l'histoire, la nature des hommes et des lieux qui l'a formé. Chacun de ces trois grands tableaux a sa physionomie bien distincte : le Constantinois, avec son épaisse couronne de forêts, ses gisements partout semés, ses hauts plateaux brûlants ou glacés tour à tour, débordant de moissons par endroits, la masse de ses indigènes relativement industrieux et actifs, les vestiges de l'ancienne noblesse guerrière qui s'y retrouvent, la colonisation nationale et l'immigration étrangère moins fortes qu'ailleurs, — le pays d'Alger avec l'exubérance de son vignoble, de ses jardins et de ses vergers, avec sa Kabylie laborieuse et envahissante, sa Mitidja tout européenne, ses tribus de montagnards âpres et remuants, sa population nombreuse et agitée de Français, — l'Oranie, plus pauvre, plus sèche, mais riche de travail, de bras espagnols et marocains, agrandissant sans cesse son domaine francisé aux dépens d'une race autochtone plus inerte, plus asservie aux influences religieuses que dans tout le reste de l'Algérie.

Chacune de ces régions veut vivre pour elle-même et devrait aussi vivre par elle-même ; il conviendrait que la colonie les y formât, leur rendît le même service qu'elle a reçu de la métropole en les poussant dans la voie de l'autonomie.

Peut-être trouvera-t-on dans le passé financier de ces départements peu d'encouragement à élargir leur activité. Celui d'Oran est à peu net de tout passif, grâce à l'administrateur exact et énergique qui l'a tenu pendant quinze années, bonne fortune sur laquelle on ne saurait compter. Les deux autres sont lourdement endettés, Alger surtout qui continuera sans doute à augmenter ses charges pour développer un décevant réseau d'intérêt local. Les pessimistes pourraient conclure de l'expérience des trente dernières années qu'en Algérie ces collectivités n'ont que l'alternative de gaspiller ou de ne rien faire. On peut espérer qu'il leur adviendra comme à la colonie, de mieux connaître leurs véritables besoins, quand pour y répondre ils compteront avant tout sur eux-mêmes.

On souhaiterait aussi que le contrôle du Gouvernement général sur la gestion financière et l'administration des départements fût moins gêné par des actions rivales de la sienne. Tout subordonnés qu'ils soient au chef de la colonie, tout abrités qu'ils soient sous son autorité et sa protection, les préfets sont battus par tous les vents de la politique, ballottés par tous les remous des agitations locales. Bien rares sont ceux qui, tout en remplissant le rôle politique dont ils ne sauraient s'abstraire, se dévouent à l'œuvre essentielle qui leur incombe d'organiser et de développer ce pays.

Au lendemain de la réforme qui restituait des pouvoirs étendus au gouverneur général, on voulut en user de même à l'égard des chefs de l'administration départementale, et par arrêtés de 1900, le premier remit une partie de ses attributions aux seconds. Mais on aperçut bien vite que l'autorité et la responsabilité ne se délèguent pas aussi facilement que le droit de prendre les décisions, et que la décentralisation, entre les mains de certains préfets, c'est ou bien le désordre et l'irrégularité, ou bien le recours perpétuel à la haute administration, obligée de renouer chaque jour les lisières qu'elle a coupées.

On a songé un moment, pour remédier au défaut d'initiative de certains préfets ou à la trop grande indépendance de quelques autres, à en faire de simples représentants du gouverneur général. C'est ainsi que le projet tendant à la suppression des départements mettait des lieutenants gouverneurs à la tête des ci-devant préfectures. Cette combinaison, qui aurait encore affaibli la capacité de résistance et d'action de ces préposés aux grands intérêts de la colonie, aurait eu l'avantage de les rendre plus stables, donc plus compétents. Dans l'état actuel, le peu de goût des préfets pour les côtes d'Afrique et leur hâte à les quitter sont de très bonnes conditions d'inaptitude à exercer leurs fonctions en Algérie. Assurément, on a vu des hommes de valeur s'initier rapidement à cette tâche nouvelle et rendre en quelques années d'appréciables services à ce pays, mais ceux-là seuls y ont vraiment laissé une trace qui s'y sont maintenus longtemps et volontairement. Peut-être suffirait-il non pas de débaptiser ces fonctionnaires, mais de leur enlever l'assimilation avec les préfets de France pour qu'ils fussent dès lors choisis dans une catégorie d'hommes rompus aux affaires du pays et uniquement ambitieux de s'y maintenir.

Seulement il ne faudrait pas non plus, faute de débouchés, arriver à former des cadres exclusivement coloniaux, étroitement assujettis aux idées et aux puissances locales. Et puis, dans le fond, les changements de nom et d'organisation importent peu : il n'est que de bien choisir les hommes. On peut dire de ceux-ci comme des soldats du roi de Naples : que sert de changer leur uniforme s'ils ne savent pas tenir tête à l'adversaire, défendre l'intérêt général contre les convoitises et les coteries qui l'assaillent ? Parmi les nombreuses conditions qui font un bon préfet d'Algérie, la première peut ainsi se formuler : il vaut mieux qu'il soit étranger au pays, mais il ne faut pas qu'il y soit banni.

*
* *

On n'a jamais parlé, croyons-nous, de supprimer sous-préfets et arrondissements en Algérie, et c'est justice : ces circonscriptions, dont l'étendue est celle d'un département français, correspondent en effet à la capacité de surveillance directe d'un contrôleur unique, et par là l'utilité du sous-préfet dans la colonie est aussi certaine qu'elle peut être contestable dans nos petites villes. Toute personne ayant touché aux affaires algériennes reconnaîtra qu'aucune amélioration, ni même aucun fonctionnement régulier de la machine n'est possible, si ce rouage n'assure pas la bonne transmission de l'impulsion première. La réorganisation de 1900 a accentué le rôle d'agent d'inspection qui échoit au sous-préfet, et les a, comme on dit, mis à cheval, conception excellente qui aurait dû être complétée par une certaine décentralisation des pouvoirs du préfet. L'idée étant de réduire les occupations sédentaires du sous-préfet, la meilleure manière de simplifier son service eût été de lui laisser la décision sur maintes petites affaires qui l'obligent à correspondre avec son chef immédiat pour donner un avis presque toujours suivi. D'ailleurs, le sous-préfet étant plus près de ses administrés, il y a meilleur compte, en bien des circonstances, à le laisser agir par lui-même. Il mesure mieux que les bureaux de la préfecture, la perte de prestige et d'autorité qui est le salaire immédiat de certaines concessions.

Les observations faites au sujet des hôtes de nos préfectures africaines s'appliquent en grande partie au recrutement de leurs subordonnés. Leur choix présente même une difficulté particulière en raison de la mobilité qui leur est imposée et qui demande des jeunes gens. S'il fallait choisir entre le petit monsieur poussé en Algérie par le contre-coup du déplacement de grosses pièces sur l'échiquier préfectoral et le vieux fonctionnaire du crû tout roidi de rhumatismes et de préjugés, la balance resterait désespérément immobile. Il existe heureusement d'excellents moyens termes entre ces extrêmes. Il faut aux arrondissements de la colonie des hommes déjà au fait des choses du pays, mais assez près de leurs trente ans pour avoir gardé la vigueur et l'entrain nécessaires à leur tâche d'initiateurs et de redresseurs d'abus.

Il faudrait peut-être aussi qu'à cette tâche si peu semblable à celle de leurs homonymes de France, correspondît un nom différent qui aurait peut-être la vertu d'écarter les fonctionnaires de passage, peu soucieux d'un emploi sans équivalence avec ceux de la métropole. Il serait à craindre, il est vrai, que ces " inspecteurs des communes ", s'il plaisait de les appeler ainsi, ne fussent exclusivement recrutés en Algérie et ne cédassent trop souvent aux influences du milieu et à la camaraderie. Difficulté trop réelle qu'on trouve à constituer tout ordre de fonctionnaires en Algérie ; on doit y maintenir l'esprit de la grande patrie, et en même temps éviter qu'il n'y soit représenté par des amateurs et des touristes. Et d'autre part, il est trop ordinaire que ceux qui arrivent à bien savoir, commencent à ne guère pouvoir. Dans l'administration des arrondissements, on pourra concilier cette antinomie fâcheuse en plaçant au-dessus de l'agent local, conseiller prudent et patient du pouvoir aussi bien que des populations, apte aux surveillances prolongées, à la préparation des œuvres de longue haleine, le contrôle occasionnel et imprévu qui n'aurait à ménager personne.

C'est un grand vide en Algérie et très difficile à combler que l'insuffisance de l'inspection des services administratifs. Quand elle est périodique comme celle des secrétaires généraux des préfectures, elle devient bien vite routinière et indulgente. Si, à l'exemple des finances et du contrôle de l'armée, elle était remise à des agents du pouvoir central, inconnus dans la colonie, elle pourrait servir à couver toutes les intrigues et rendre impossible toute administration. Mais, d'autre part, confiée à des agents du Gouvernement général, elle ne peut guère rester inopinée, et elle n'est pas considérée comme assez indépendante. C'est pourtant là qu'est, selon nous, la solution, dans l'organisation d'un corps local d'inspecteurs qui, obligés à des tournées fréquentes et irrégulières, pourraient difficilement recevoir aucun mot d'ordre sur ce qu'ils doivent ignorer ou voir. Quant au fait qu'avec les habitudes du pays, leur apparition ne pourrait jamais être tout à fait imprévue, on sait assez que, dans les cas les plus ordinaires, ceux de paresse ou d'incurie, les coupables, fussent-ils avertis, sont généralement hors d'état de dissimuler une situation dont ils ne se rendent même plus un compte exact ; dans les circonstances plus graves, où la conspiration du silence peut s'ourdir, où les choses peuvent rentrer pour un temps dans un ordre factice, ces transformations ne peuvent cependant être plus soudaines que l'arrivée d'une automobile. Ajoutons que s'il s'agit d'indigènes, il ne peut plus guère être question d'enquête, sinon par des hommes de la maison algérienne.

Nulle part plus que dans l'administration locale des indigènes, le besoin d'une telle institution ne se fait sentir, ne fût-ce que pour faire justice des imputations odieuses et la plupart du temps gratuites dont on charge trop souvent le corps des administrateurs de communes mixtes. Sorte de maires nommés par le gouverneur général à la tête d'une circonscription municipale d'une étendue comparable à celle d'un arrondissement moyen de France, ces fonctionnaires ont hérité d'une partie des pouvoirs et de l'impopularité des anciens " bureaux arabes ". Ce galonné, moitié commissaire de police et moitié gendarme, est en horreur au soi-disant ami de l'indigène ; le colon lui-même le regarde d'un œil méfiant et jaloux, comme une incarnation de l'autorité à laquelle on a sans cesse recours tout en l'attaquant sans cesse ; le politicien aussi se sert de l'administrateur, en l'épiant et en recueillant les mauvais bruits pour les exploiter contre lui ou pour s'offrir à le défendre, selon les commodités du moment. Quant aux principaux intéressés, les Arabes ou les Kabyles qu'on lui a donnés à conduire, leurs sentiments sont ceux des écoliers pour leur maître et des soldats pour leur chef : il représente l'inévitable ennui dont il faut s'accommoder ; il apparaît même, la religion aidant, comme une espèce de fâcheux providentiel ; il est presque toujours respecté, haï rarement, souvent aimé. Ces êtres simples ont des réserves d'admiration et d'enthousiasme toutes prêtes pour l'homme qui vient à eux avec les marques de la puissance et de la bonté.

Tel qu'il est, l'administrateur est la cheville ouvrière de la domination française, le ferment le plus actif de l'évolution indigène. Sans lui, pas de sécurité, pas de discipline, partant pas de progrès chez les musulmans ; il est leur guide, leur protecteur, leur banquier comme président de la société de prévoyance, l'arbitre de leurs différends, notamment en ce qui regarde les terres collectives dont l'attribution est soumise à son contrôle immédiat. Il a le droit de punir des peines de simple police les petites infractions des indigènes, actes de désordre, refus d'obéissance, négligence dans le payement des impôts, voyages sans permis. Depuis l'établissement des tribunaux répressifs, il est juge des contraventions des indigènes et chargé du ministère public, en toute affaire correctionnelle, sauf celles où un Européen est inculpé. Il est, comme officier de police judiciaire, commis à la poursuite des crimes dans sa circonscription. Il gère à peu près seul les intérêts de sa commune, du moins les gérait-il très librement sous le contrôle préfectoral, avant que l'usage ne se fût répandu d'introduire dans la commission municipale, à côté des chefs de douars, des conseillers français en nombre disproportionné avec celui des électeurs disséminés en petits groupes par la colonisation à travers le pays indigène. Ces décisions inconsidérées qui donnaient aux moindres centres européens une représentation dans les municipalités des communes mixtes ont çà et là donné la prépondérance à des intérêts infimes et contraires à ceux de la population musulmane.

L'administrateur n'en est pas moins, à l'égard des colons, un personnage des plus importants, un conseil et un appui indispensable dans la plupart des cas. Il peut beaucoup pour eux ; ils peuvent beaucoup contre lui. Il en résulte une habitude de ménagements, de prudence évasive, d'approbation bienveillante qui donne à beaucoup de ces fonctionnaires une apparence de diplomates au petit pied, en opposition singulière avec la réputation de brutalité qu'on leur a faite dans certains milieux. Quant aux abus qui peuvent naître, moins de leurs pouvoirs très étendus sur les indigènes que du caractère de cette race, il faudrait, pour les nier, admettre qu'une institution productive de grands biens peut ne pas engendrer quelques maux. Pour y remédier il faudrait, non point réduire, avec leurs attributions et leur prestige, leur faculté de bien faire, mais s'efforcer de projeter sur leurs actes une lumière plus rapide et plus pénétrante. Disons d'ailleurs que ces éducateurs de nos musulmans ne donnent aucunement l'impression de croquemitaines, et que même dans ce pays algérien, si prompt à dévorer ses enfants, bien peu d'administrateurs ont la réputation de tyrans : les perfidies le plus souvent murmurées sur leur compte sont d'un autre ordre.

Assurément on est obligé parfois d'enregistrer au compte de ce personnel quelque lamentable défaillance. Et comment certains ne fléchiraient-ils pas ? L'indigène, avec son instinct de corrupteur ingénu, ne guette-t-il pas constamment le moment propice pour glisser un présent ? S'il n'ose approcher le fonctionnaire, il assiège ses proches, plus simples ou plus faibles. S'il est repoussé de toutes parts, il n'en croira pas davantage à la probité de ceux qui l'auront éconduit, et il dira ses concurrents plus généreux que lui. Pour la plupart de nos administrateurs, c'est peu de résister à de telles tentations, mais ce qui leur est dur, c'est de penser que, quoi qu'ils fassent, quelques calomnies ramperont peut-être autour d'eux, et seront recueillies et nourries quelque jour par un colon ou un politicien malcontent. Et pourtant, à côté de quelques malheureux et de très rares aigrefins, combien avons-nous vu de braves gens quitter cette carrière avec une maigre retraite, sans un sou d'épargne, après trente ans de fatigues, de soucis, de dévouement utile et modeste !

Le reproche qu'on pourrait leur faire, à plus juste titre après les avoir longtemps fréquentés, serait de remplir imparfaitement leur tâche, faute d'un contact suffisant avec cette foule ignorante et misérable, faute d'être suffisamment mêlés à ces âmes dont ils ont la charge. L'homme de cœur moyen se lasse vite des éternels recommencements de cette besogne, de la fourberie incorrigible de tous ces faibles, des résistances imprévues de ces êtres prêts à tout accepter, sauf une idée juste et nouvelle, de l'atmosphère d'imprécision et de fausseté qui enveloppe tout. Bien vite le fonctionnaire fuit devant ce peuple de fantômes gémissants qui s'amasse autour de lui et va s'abriter dans un bureau, derrière des règlements et des circulaires. On tend d'ailleurs de plus en plus, sous prétexte de contrôle, à demander un nombre croissant de papiers à ces agents qui devraient rester avant tout mobiles : on devrait s'appliquer à ne leur imposer de tâches nouvelles que celles qui les poussent au dehors et les font entrer davantage dans l'inconnu indigène, telles les attributions judiciaires qui leur ont été données, tel le rôle de surveillance qui devrait leur appartenir dans la répartition des impôts actuellement confié en théorie aux agents des contributions directes, en fait aux adjoints indigènes dont les déclarations font foi la plupart du temps, au grand détriment du Trésor et des pauvres hères.

* *

C'est ici le grand écueil du gouvernement d'une nation très différente par sa langue et par son esprit de celle qui l'a soumise. Nous ne pouvons l'atteindre qu'avec l'aide de quelques-uns des siens, à qui nous demandons, avant toute autre qualité, d'être à nous. Nous ne pouvons mouvoir ce corps inerte qu'en le saisissant avec gêne et avec peine par les membres qui s'offrent à notre prise et qui dans u e tension douloureuse attirent à nous le reste. En prenant pied sur la terre d'Afrique, nous avons dû comme tous les conquérants faire un pacte avec notre ignorance du pays, avec les traditions ou les convoitises des vaincus. Cette société était fondée sur la notion de la tribu, de la famille étendue ; entre les groupes voisins et dans la plupart d'entre eux, la rivalité et la guerre étaient ordinaires. Les chefs de tribus ou de factions qui se rallièrent le plus tôt à notre drapeau obtinrent ou conservèrent la primauté sur d'autres. Ce fut la période des grands commandements qui existent encore aujourd'hui dans le Sud Algérien, comme dans le Sud de la Tunisie et du Maroc. Nos gouverneurs militaires et nos commandants supérieurs de jadis se plaisaient à grossir la situation de ces grands caïds, de ces aghas ou bachaghas, dont l'élégance et le faste les flattaient et qui contentaient une administration limitée au maintien de notre domination et d'une paix branlante entre les tribus. Toute notre politique indigène se consumait alors dans les combinaisons que des Talleyrands en tunique édifiaient sur le tapis vert de l'alfa pour équilibrer les influences locales. Ce système, dont il ne faut pas trop médire, car il répondait à la phase première et nécessaire de la prise en charge du pays, celle où on ne demande à l'indigène que de vivre en paix sous le drapeau du vainqueur, ce passé dont on retrouve un peu l'image dans nos territoires militaires d'au-

(231)

jourd'hui, fut, comme on le sait, frappé à mort dans la tourmente de 1871 ; le nom de Mokrani, bachagha de la Medjana, rappelle à la fois la conception du grand chef arabe, comblé d'honneurs et de faveurs qui, sous la première poussée du fanatisme, se révèle un grand insurgé, et la diplomatie trop subtile des bureaux arabes qui, à force de temporisations et de manœuvres savantes, finirent par endosser devant l'opinion une partie de la responsabilité du soulèvement.

L'installation et l'extension progressive du régime civil aidant, les grands caïdats, les aghaliks et les bachaghaliks disparurent des régions du Tell et, par un excès contraire, on morcela à outrance le commandement, en ne laissant plus, comme on l'a dit, qu'une poussière d'hommes en face de l'autorité française. Dans les opérations dites du Sénatus-Consulte, qui délimitent les emplacements et la consistance des groupements indigènes, on s'appliqua à faire disparaître jusqu'aux noms des anciennes tribus, à leur substituer l'unité plus réduite du douar, sous l'autorité d'un chef, qui dans le département de Constantine est connu sous le nom de *cheikh*, qui a gardé dans le reste de l'Algérie le nom de *caïd* et que la langue officielle a dénommé " adjoint indigène " pour préciser son caractère municipal. Actuellement les communes mixtes comptent neuf cents et quelque de ces agents, une douzaine par commune, avec une moyenne de 3 000 administrés par douar ; ils reçoivent à titre de rémunération le *khommous* ou cinquième, qui est en réalité le dixième des impôts arabes, en général 1 000 ou 1 200 francs, tandis que les grands chefs du territoire militaire touchent dix à trente fois plus, notamment dans le Sud constantinois, où leur part s'élevait, jusqu'à ces derniers temps, au tiers de l'impôt. En Tunisie, les caïds ont des commandements environ cinq fois plus importants que ceux des nôtres, et leur rétribution moyenne s'élève à quelque cinq mille francs.

La situation médiocre de nos adjoints indigènes a suscité en Algérie même de violentes critiques : on a souvent fait honte à l'administration d'accepter le concours d'agents qui ne peuvent vivre avec leurs émoluments, étant tenus à faire une certaine figure, à entretenir un cheval, à offrir l'hospitalité aux personnes de distinction. Comment, avec l'optique morale qu'on leur connaît, ces indigènes ne se considéreraient-ils pas comme obligés de pressurer leurs coreligionnaires pour compenser les frais et les soucis que leur imposent leurs fonctions ? La malhonnêteté des caïds est un dogme pour le public européen, et elle est moins ouvertement mais aussi fermement admise dans les milieux administratifs ; c'est une préoccupation constante du gouvernement général d'empêcher que toute mesure où l'intermédiaire des adjoints indigènes est inévitable ne devienne pour eux une source de profits illicites. D'autre part, nous avons vu les fonctionnaires les plus avisés déclarer, dans leur correspondance officielle même, que lorsqu'on a obtenu d'un agent musulman le zèle et la fidélité à notre cause, il faut savoir fermer les yeux sur des faiblesses inhérentes à leur race. La conception ordinaire de l'administration en pareille matière est celle de beaucoup de maîtresses de maison : on accepte les taxations abusives tant qu'elles ne dépassent pas la mesure commune, et tant que la cuisine est passable.

Au demeurant, l'expérience montre que les agents indigènes les plus riches et les mieux rémunérés ne sont pas les moins attaquables. On recommande volontiers de choisir les caïds parmi les familles aisées et influentes du pays, on incrimine certaines nominations en alléguant qu'un homme de rien sera plus tenté qu'un autre d'abuser de ses fonctions : on ferait mieux de dire qu'il sera plus vite accusé. Il est politique de prendre ses auxiliaires parmi les gens de bonne souche : c'est un grand apaisement de s'appuyer sur des hommes du pays qui dominent leur entourage social par l'ascendant de la fortune et de l'influence héréditaire ; mais, la chose est trop certaine, de toutes les traditions qui sont cultivées dans les grandes familles arabes, la plus solide est celle de savoir " plumer la poule sans la faire crier ". Nominations, décorations, réceptions d'hôtes considérables, mariage des enfants du chef, autant d'occasions pour les indigènes, depuis le khammès jusqu'au notable, de témoigner par des présents obligatoires son attachement à l'autorité. Plus d'un nous a dit avoir assisté à ces quêtes altières où, quand une pièce d'un diamètre trop médiocre tombe sur le burnous étendu pour recevoir les offrandes, on la rend dédaigneusement au donateur, qui s'en va tout honteux à l'écart tirer un douro de son mouchoir noué (1).

On avance parfois, au sujet des exactions de cette vague aristocratie musulmane, que les indigènes s'y soumettent avec empressement et même les provoquent ; on compare leur habitude de se faire bien voir de leur caïd avec des cadeaux, à celle de nos paysans qui, dans certaines contrées, n'oseraient se présenter les mains vides en demandant un service. On peut dire que les collectes de nos agents indigènes ne ressemblent à rien tant qu'à des redevances féodales, sinon à de simples extorsions. C'est qu'aussi bien, tandis que les droits du suzerain étaient chez nous minutieusement définis et solennellement exercés, les avantages assurés aux chefs de tribus ont toujours été violents ou occultes. Pas plus au Maroc qu'en Algérie, le caïd n'est autorisé à monnayer ses fonctions ; seulement le Makhzen, quand il vendait ces charges, était bien obligé de laisser les mauvais bergers se rattraper sur le troupeau, alors que la France, qui rémunère tant bien que mal ses agents, voudrait bien les empêcher d'arrondir leurs émoluments de même sorte. Aussi, chez nos musulmans, le mal est-il moins grand mais bien plus secret. Rien de plus difficile que de prouver la concussion en pays arabe ; quand un fonctionnaire français est en jeu, les langues se délient volontiers sitôt que l'opinion s'est bien affermie que l'accusé est en disgrâce ; mais s'il s'agit d'une petite puissance indi-

(1) Il est d'usage, il est vrai, dans les fêtes arabes, de requérir la générosité des invités, à charge de restituer à chacun d'eux son obole, dans des circonstances pareilles, mais la règle est de refuser à tout fonctionnaire indigène et à ses proches parents, l'autorisation administrative qui est requise pour ces réunions.

gène, tous les visages et toutes les bouches se ferment, et dans ces regards ingénus ou fuyants, dans ces témoignages naïvement concertés, on devine la seule réponse véridique : " Nous ne voulons pas nous faire un ennemi pour aboutir à être tondus par un nouveau chef ."

Et pourtant quelquefois le douar s'agite, écrit, pétitionne, intéresse des influences à sa cause ; mais, hélas, c'est presque toujours contre un caïd inoffensif ou trop attaché à ses devoirs que ce complot s'ourdit et s'étend. Les mêmes indigènes qui auront supporté pendant des années les exactions correctes d'un personnage bien posé dans la tribu, mèneront un tapage terrible à la moindre faute où tombera son successeur, si c'est un homme de peu de surface et d'autorité et surtout s'il n'a pas su éviter ces coalitions d'intérêts, de rancunes et de convoitises qui font de chaque tas de gourbis une petite arène politique.

Enfin si d'aventure le sentiment populaire était d'accord avec la justice, les vices de l'esprit indigène feraient dévier la recherche de la vérité. L'imprécision des idées et du langage, la flexibilité des caractères rendent extrêmement difficile la poursuite d'une enquête concluante, et on pourrait presque dire que, lorsque les témoignages des indigènes sont tout à fait concordants, c'est qu'ils sont faux. Jamais on n'arriverait à écarter un mauvais caïd s'il n'arrivait d'ordinaire qu'un fonctionnaire rapace ne devînt négligent et ne se laissât prendre sur le terrain proprement administratif. Lorsqu'on a quelque temps pratiqué les hommes de ces races, on excuse ceux d'entre nous qui se résignent à des abus apparemment indestructibles et qui sourient des remèdes théoriques, des réformes toutes verbales auxquelles on veut périodiquement recourir.

C'est ainsi que de temps à autre, oubliant que les mieux rentés sont aussi les plus gros mangeurs de peuple, on préconise la réduction du nombre des commandements pour augmenter l'importance et la rémunération des caïds. Assurément il est sensé de vouloir, comme on l'a décidé il y a quelques années, supprimer les postes d'adjoints indigènes dans les douars trop petits qui peuvent sans inconvénients être rattachés à une circonscription voisine : le trop grand morcellement des tribus entraîne, entre autres difficultés, celle de trouver sur place des indigènes aptes à ces fonctions ; mais la limite est vite atteinte, au delà de laquelle les services rendus par le caïd ne sont plus en rapport avec la situation qui lui est faite. On peut admettre que de tous les caïdats, les plus grands sont généralement les plus mal tenus. Quant aux garanties de l'honnêteté du chef indigène, il n'en est d'autre que la sagacité des hommes qui sont chargés de le contrôler.

Une idée plus hardie que l'on met parfois en avant parmi nos compatriotes d'Algérie tendrait à supprimer caïds et cheikhs et à les remplacer par des agents français : il ne manque pas, dit-on, parmi nos colons de jeunes gens parfaitement informés des choses indigènes et munis d'une instruction suffisante pour commander un douar, sans pouvoir cependant se hausser aux galons d'administrateur. Et puis n'avons-nous pas les sous-officiers français sortant des corps indigènes ? Les uns et les autres, les retraités surtout, se contenteraient de faibles émoluments, et alors même qu'il en coûterait quelque chose au budget colonial, il trouverait largement son compte, assure-t-on, dans la rentrée plus exacte des impôts arabes qu'obtiendraient ces nouveaux chefs. Assurément le plan est séduisant ; si pauvre que dût être ce recrutement, des agents européens seraient toujours plus sûrs que les indigènes dont ils prendraient la place, ne fût-ce qu'en raison de l'esprit de secte et de clan qui épargne le coreligionnaire prévaricateur et se dresse contre l'étranger suspect. Mais sans parler des dangers de toutes sortes qu'il y aurait à confier le maniement de nos musulmans à des campagnards trop rudes ou trop madrés ou à des soldats ignares, comment ne pas voir qu'à supprimer, entre ces peuples et nous, tout intermédiaire officiel appartenant à leur race, on ne ferait que reculer et aggraver la difficulté : aucun Européen ne pénètre vraiment le monde musulman ; un colon qui a grandi parmi les indigènes d'une seule région arrive à les connaître admirablement, mais il pourra n'en être que plus incapable de les commander ; au demeurant, à cinq lieues de là sa compétence s'arrête et il lui faudrait poursuivre toute sa carrière aux lieux qui l'ont vu naître. En outre et d'où qu'il vienne, ce caïd en képi aurait absolument besoin d'auxiliaires pris dans le pays. Les subordonnés actuels de l'adjoint indigène, les " chefs de fractions " (1), lui sont indispensables pour accomplir sa tâche, et leur réputation, seul avantage qu'ils retirent publiquement de leurs services, est pire que celle des chefs de douars. Remplacera-t-on aussi ces gens par de minuscules fonctionnaires français ? Alors ce ne serait plus un millier, mais une dizaine de milliers d'agents à rétribuer et à rechercher avec une difficulté proportionnelle à leur nombre. Enfin, quand bien même on aurait réussi à faire pénétrer dans chacune des moindres cellules de la société indigène, un témoin de l'autorité, un élément de régularité tracassière, les influences locales n'en existeraient pas moins ; elles continueraient à s'exercer, mais non plus à notre avantage comme il advient là où les caïds sont bien choisis. Les marabouts, les grands propriétaires usuriers verraient leur situation grandir de tout ce qu'auraient perdu les petites aristocraties habituées à se partager ou à se disputer les commandements.

Actuellement on peut dire que, dans une certaine mesure et dans certaines régions, l'accession aux fonctions administratives est une sorte de régulateur des fortunes indigènes : l'autorité, les honneurs qui tentent l'indigène enrichi, lui apportent malgré tout plus d'occasions de dépense que de revenants bons. On a plus tôt fait de compter les caïds qui se sont notablement arrondis que ceux qui ont écorné leur patrimoine, tandis que les santons et les prêteurs indigèn e profitent toujours. Les familles qui possèdent un prestige tras-

(1) On les appelle *kebar* (pluriel de *kebir*, grand) à Constantine, *mezouar* à Sétif, *amin* en Kabylie, *ckelkhs* dans le reste de l'Algérie.

ditionnel ou religieux continueront longtemps encore à en tirer revenu, quand même elles auraient été dépouillées de tout pouvoir officiel ; elles sauront s'adapter à toutes les transformations politiques et à tous les modes d'exploitation.

Avant de quitter ce sujet, nous devons faire une importante restriction quant aux représentants indigènes de l'autorité en Kabylie.

Ce n'est pas que la conception kabyle des devoirs du fonctionnaire soit très différente de celle de l'Arabe, mais nos montagnards ne s'accommoderaient en aucune façon d'être rançonnés par un des leurs, fût-il de la meilleure souche. L'âpreté du Berbère à défendre ses intérêts, le reste des traditions de contrôle et de discussion publique qu'il a gardé de ses kanouns, la violence des partis locaux sont autant de garanties contre l'exaction. Dans la répartition même de l'impôt, où le chef arabe s'entend trop souvent avec les gros propriétaires indigènes au détriment du fisc et du petit contribuable, l'adjoint kabyle ne saurait trouver de complices et l'on nous dit que, lors de l'établissement des rôles de la capitation, tous les intéressés sont présents pour faire leur déclaration au lieu de laisser comme les Arabes ce soin au caïd ; non seulement le Berbère ne veut pas être surtaxé, mais il ne souffre pas que ses congénères, ceux du moins du çef opposé au sien, payent moins que leur dû, et il est toujours prêt à contrôler et à contester leurs dires.

Les chefs indigènes en Kabylie n'ont donc pas à compter sur le casuel, et comme leurs fonctions n'en sont pas moins recherchées, cela paraît confirmer que les abus trop fréquents en pays arabe ne sont pas imputables à l'exiguïté de la situation faite aux caïds.

En examinant les moyens de remédier aux vices de l'administration des indigènes, nous n'avons pas mentionné celui qui consisterait dans l'application du droit commun.

C'est qu'aussi bien personne ne le propose : on ne saurait évidemment remettre l'administration municipale aux mains des musulmans qui sont le nombre, sans annihiler l'élément français des campagnes et d'ailleurs, il faudrait une énorme dose de naïveté pour supposer qu'on instaurerait ainsi l'âge d'or, sinon en un certain sens, dans les communes du bled. Quant à confier aux autorités françaises issues du suffrage l'administration des musulmans, l'expérience est faite depuis vingt-cinq ans, et ceci nous amène à considérer l'appareil administratif de l'Algérie dans sa dernière partie, la moindre en étendue, mais non certes en importance, la commune de plein exercice constituée d'après le système français.

La loi de 1884, qui a élargi les franchises municipales en France, a spécifié que ses dispositions essentielles, notamment l'élection des maires, seraient applicables à l'Algérie. Cette importante démarche dans la voie de l'assimilation était la conséquence logique de celle qui en 1871 avait étendu aux Algériens les droits politiques reconnus aux Français. Elle n'a pas été d'ailleurs, comme tant d'autres mesures appliquées à l'Algérie, le fruit de l'ignorance et de l'irréflexion ; elle avait au contraire dans la pensée de ses auteurs un objet parfaitement précis, la main-mise de la politique sur toute la vie de la colonie, et on peut dire qu'elle n'a pas manqué son but. Sans doute il n'était pas possible que des méridionaux vifs d'esprit et de parole, réunis dans de petits centres où la besogne est souvent arrêtée par le climat ou autrement, ne fissent des discours et des cabales ; mais il leur manquait le cadre que la loi leur a donné, l'incitation officielle à la discussion et à la compétition, et aussi la possibilité de faire carrière. L'indemnité de maire est de règle en Algérie, et c'est justice, car la fonction y est beaucoup plus absorbante qu'en France, mais ce modique avantage suffit à exaspérer la concurrence électorale, surtout dans les communes moyennes, où l'écharpe, avec les deux ou trois mille francs qui y sont attachés, peut faire vivre un politicien besogneux.

D'autre part, la loi d'émancipation municipale a créé une représentation des intérêts locaux sans prévoir aucun moyen régulier d'y donner satisfaction. La liberté qu'elle octroyait à la commune algérienne, c'était la liberté de mourir de faim. Les agglomérations européennes, à part quelques villes ou gros bourgs, étaient trop peu nombreuses et trop disséminées pour se suffire à elles-mêmes ; elle ne pouvaient vivre qu'en faisant largement appel aux contributions des indigènes. Et c'est ici qu'apparaît l'injustice de cette mesure édictée au nom du droit : autant il était admissible que l'Algérie fût représentée au Parlement par les élus d'un petit nombre, eu égard à l'énorme majorité des métropolitains enclins à ménager les droits des indigènes, autant il était choquant de confier la gestion des intérêts de près d'un million de musulmans aux délégués de 50 000 électeurs ruraux.

Sans doute il ne faut pas trop médire des maires algériens : à côté de quelques cas illustres de concussion et de malversations, on trouverait parmi eux plus d'un exemple de dévouement utile et modeste. Nous en avons même connu quelques-uns qui, par leur influence sur les indigènes, par leur compréhension des intérêts des deux races, par la connaissance du pays et la longue pratique des affaires municipales, étaient tout aussi aptes qu'un bon administrateur de commune mixte à maintenir la sécurité et à diriger la population musulmane dont ils avaient charge. Il n'en est pas moins vrai que les hommes habiles, actifs et énergiques ne foisonnent nulle part et qu'un magistrat élu, obligé de ménager le moindre de ses mandants, absorbé par ses occupations professionnelles ou trouvant au contraire son gagne-pain dans cette fonction précaire, n'a pas à l'ordinaire beaucoup d'autorité, d'indépendance et d'impartialité. Parmi nos sujets eux-mêmes, il a ses adversaires et ses amis : il est propriétaire, aubergiste, débitant, il est en affaires avec eux, il a besoin de tel indigène et tel autre l'incommode.

Il en résulte notamment que les colons se plaignent plus fort que jamais de l'insécurité depuis que leurs élus sont chargés de maintenir l'ordre. On allègue, il est vrai, le manque d'argent, mais la colonie pourrait répondre que les communes trouvent toujours des ressources quand il s'agit d'appointer un personnel d'utilité électorale ou de construire des salles de mairie en vue des réceptions et sauteries municipales.

D'une façon générale, les communes comme les départements de l'Algérie vivent de subventions. Malgré les soixante-huit millions qu'elles ont empruntés et les nombreux centimes additionnels qu'elles s'imposent (1), elles n'ont pas beaucoup fait et elles sont forcées de frapper à la caisse de la colonie toutes les fois qu'un travail d'édilité s'impose. Presque tous les villages d'Algérie ont des trottoirs, beaucoup ont des squares ou des kiosques à musique, bien peu ont des abreuvoirs suffisants.

Composée d'une minorité de citoyens peu disposés à contribuer aux charges nécessaires, et de sujets trop pauvres pour y suffire, trop peu influents d'ailleurs (2) pour tirer profit des sacrifices qui leur sont imposés, la commune algérienne du modèle français est un non-sens.

Nous n'avons guère parlé jusqu'ici que du territoire civil, c'est-à-dire de la plus grande partie de l'Algérie du Nord ; au sud des trois départements, s'étend une zone discontinue qui reste soumise, comme jadis toute la colonie, à l'autorité des généraux de division, préfets militaires ; elle se compose de quatre cercles ou circonscriptions de commandants supérieurs et d'une annexe, administrée par un officier de moindre grade. Ces sortes d'enclaves, débris d'un régime disparu, sont destinées à être absorbées par l'une des deux grandes unités qui les environnent, l'Algérie civile, ou les Territoires du Sud,

(1) Moyenne par département en 1909 : Alger, 42 centimes; Oran, 30 ; Constantine, 23.

(2) Les conseillers municipaux indigènes ne peuvent former plus du quart de l'assemblée ni même y dépasser le nombre de six.

(241)

confiés à l'administration militaire sous le contrôle du gouverneur général.

On avait envisagé en 1907 la suppression de cette sorte de marche frontière qui sépare les deux parties de notre possession ; un arrêté de M. Jonnart avait prévu la transformation successive de ces cercles et annexes en communes mixtes rattachées aux départements. Une partie seulement de ce programme a été réalisée, et dans chaque région, quelques témoins de l'âge divisionnaire sont restés debout. Il n'y a aucun motif selon nous de retarder l'unification du système et de maintenir ces petites principautés militaires à peu près fermées à l'action du Gouvernement général, aussi bien qu'à la colonisation. Les officiers qui y règnent sont sous les ordres directs des généraux de division qui d'ordinaire n'ont pas grande expérience des choses du bled et qui, d'autre part, sont en fait très peu dépendants du chef de la colonie. L'avancement du personnel des affaires indigènes est avant tout dans les mains de leurs supérieurs militaires, bien que le gouverneur général lui aussi leur donne des notes. C'est ainsi que, dans ce service, de très bons administrateurs se voient primés dans leur avancement par tous les guerriers de caserne ou de cabinet ; c'est ainsi que, mieux encore, des officiers bien vus des états-majors sont parfois maintenus dans ces fonctions civiles contre le gré de l'administration civile.

Le personnel des " bureaux arabes ", tout militaire qu'il soit, est considéré avec quelque défaveur dans l'armée, comme tout ce qui sort de l'uniformité ; les jeunes officiers s'empressent à ces emplois par amour de la nouveauté, mais ils aperçoivent vite la difficulté d'y faire carrière, si bien que la plupart d'entre eux les abandonnent au moment où ils commencent à les bien tenir, après une initiation toujours difficile à la langue arabe et à des notions administratives ou juridiques qui généralement leur étaient tout à fait étrangères. Aussi est-il souvent très malaisé de bien pourvoir aux postes importants, ceux de commandants supérieurs, de chefs d'annexe ou de chefs de bureaux, faute de trouver chez les candidats une expérience approfondie et récente des choses d'Algérie.

Il serait temps de faire disparaître cette anomalie d'une administration militaire qui s'exerce dans des régions absolument semblables à celles où le régime civil est établi depuis trente ans. On ne s'expliquerait pas les difficultés qu'ont soulevées et que rencontreront encore tous changements dans cet ordre d'idées, si on ne devinait pas qu'ils se heurtent à des intérêts et à des préjugés.

L'administration militaire ne voit naturellement pas sans regret la fin de l'œuvre glorieuse et utile qui fut la sienne ; le moment ne lui paraît jamais propice pour trépasser et sa disparition lui paraît devoir être féconde en désordres et en calamités. Son opinion trouve un écho empressé parmi les chefs arabes qui perdent beaucoup à l'avènement du civil ; leurs commandements sont alors réduits, leurs pouvoirs sont moindres et leurs actes plus étroitement contrôlés : la féodalité finit en bureaucratie.

Quans aux colons, il semble qu'ils devraient approuver sans réserve toute mesure de ce genre, prélude ordinaire de l'ouverture d'une région aux entreprises européennes ; mais les choses ne sont pas si simples. La colonisation n'intéresse à ses débuts qu'une catégorie spéciale de pionniers et de spéculateurs, qui d'ailleurs ont immédiatement maille à partir avec l'administration civile, du chef de leurs opérations imprudentes ou malhonnêtes ; quant à la masse de l'opinion européenne, indulgente à ce qui n'est plus et toujours prête à critiquer ce qui existe, elle a oublié les sévérités d'antan pour le gouvernement de la culotte rouge ; à force de radotages sur l'insécurité, elle en arrive parfois à soutenir que seuls les galons d'or, les conseils de guerre, les commissions disciplinaires, le droit de punir étendu, peuvent sauvegarder les personnes et les biens en pays indigène ; elle ne remarque pas que si la criminalité s'exerce rarement contre les roumis en territoire militaire, c'est surtout parce qu'ils y sont en très petit nombre et ramassés dans les agglomérations urbaines sous la protection de l'autorité.

On peut s'expliquer ainsi le peu d'entrain avec lequel l'extension du régime civil à toute l'Algérie du Nord a été poursuivie. Néanmoins le dénouement ne saurait tarder : l'occupation du pays d'Oudjda, en enlevant au territoire de commandement, du côté de l'Ouest, la seule raison d'être qui lui restât, au titre de la défense militaire, a fait tomber un des derniers obstacles.

Si, dans la partie la plus riche et la plus peuplée de notre possession l'administration militaire n'est qu'une survivance, elle fait encore merveille dans les régions qui avoisinent le Sahara ou qui s'y perdent, là où la pacification, le maintien de l'ordre et le développement du commerce font tout l'office du conquérant.

Nous avons déjà parlé de ces territoires du Sud créés sous l'inspiration de M. Révoil, pour enlever à la gestion égoïste des corps élus de la colonie ces vastes pays qui, jusqu'alors, voyaient leurs pauvres ressources s'écouler aux budgets du Nord, sans que rien presque en refluât vers eux.

On fit de ces dépendances méridionales de l'Algérie une colonie indépendante, en leur laissant la libre disposition de leurs recettes et la charge de leurs services, ceux de la guerre exceptés. La délimitation indiquée par la loi entre les deux parties de notre possession a été forcément un peu arbitraire, faute d'une frontière géographique bien marquée ; d'ailleurs, on ne voulait ni repousser si bas les territoires du Sud qu'ils ne fussent formés que de sables et de rochers, ni englober dans ces confins voués à une administration économique et sommaire des régions où la colonisation pût un jour se développer.

En fait, cette nouvelle unité comprend, avec une énorme étendue de terrains improductifs et inhabités, des régions comme celle de Touggourt qui sont riches mais impropres au peuplement européen, et d'autres comme les steppes de Djelfa qui pourraient dans l'avenir attirer nos colons, aussi bien que d'autres contrées jadis considérées comme à peu près incultivables faute de pluies régulières. Tels qu'ils sont, les territoires du Sud assurent largement leurs dépenses civiles, amassent des réserves, entreprennent de grands travaux, notamment la prolongation de la voie ferrée jusqu'à Touggourt : nouvel exemple de ce que peut, en matière de finances publiques, la spécialisation comme aussi la simplification du mécanisme administratif.

Cette nouvelle Algérie dépend directement du Gouvernement général, sans intermédiaire de préfets ou de généraux ; un haut fonctionnaire concentre sous ses ordres à Alger les services civils qui la concernent ; point de corps élus, le budget étant approuvé par décret en Conseil d'Etat ; point de divisions administratives que les quatre territoires administrés par des commandants militaires, les énormes communes indigènes à peine plus nombreuses, et les deux petites communes mixtes de Laghouat et de Djelfa.

Nous aurions long à dire sur les exploits et les travaux que nos officiers ont prodigués dans ce splendide et misérable domaine du Sahara. Il nous plairait de les suivre dans cette immense arène qui reproduit comme une image démesurément agrandie et diluée la physionomie de l'Algérie des premières années françaises. Nous voudrions les montrer, forant les puits qui jaillissent des sables fiévreux de Touggourt, secouant la paresse des Ksouriens de la malsaine Ouargla, disciplinant les fiers pillards Chaamba, déjouant les intrigues des Mozabites, nous voudrions étudier avec eux ces puritains musulmans qui s'agitent dans les cinq villes sacrées de Ghardaia, nids de verdure sombre cachés dans les replis de la roche brûlée, cette étrange communauté qui répand ses tentacules patients et discrets sur toute la terre algérienne, et les reploie incessamment sur l'oasis maternelle, où les produits de l'usure et du négoce s'enfouissent dans les jardins avares du désert. Nous voudrions courir avec nos sahariens la dune changeante, donner la chasse aux coupeurs de route, aux beaux guerriers voilés de noir, braver les caprices impitoyables du climat, faire des feux d'éthel par les matins glacés et radieux, respirer les brumes immenses de l'Ahaggar et boire l'eau pure des oasis qui, rafraîchie dans le sable, descend jusqu'à trente degrés. Nous aimerions à conter cette épopée, où l'on voit quelques escouades venir à bout en moins de dix ans d'un ennemi insaisissable et protégé par les formidables génies de ces solitudes, la faim, la soif, le vent, l'erreur. Nous dirions que l'empire de cette mer, qui, n'ayant coûté que la vie de quelques braves, paraît sans doute de peu de prix, nous réserve peut-être de brillantes surprises,..,., mais il faut nous borner à payer notre tribut d'admiration aux vaillants qui, de Djanet au Reteb, ont harassé, réduit, usé les écumeurs du désert, à ceux qui ont posé en de gigantesques enjambées quelques jalons d'ordre, de paix et de travail sur cette terre dévastée, où l'homme marquait seulement sa trace par quelques taches de sang (1).

Maintenant revenons à des sujets plus casaniers.

(1) Il nous en coûte de ne pouvoir retracer ici l'œuvre magnifique du général Lyautey, la pacification et l'organisation des confins sud-oranais, mais un tel sujet, qui demanderait tout un livre, est étroitement connexe à l'histoire de notre politique marocaine, et par là sort du cadre de notre étude.

TROISIÈME PARTIE

L'ACTION ÉCONOMIQUE ET SOCIALE

I

LA COLONISATION

Nous voici vraiment au cœur de l'œuvre, et ce n'est pas sans un certain réconfort que nous touchons enfin à ce ressort solide. Nous avons vu jusqu'ici notre politique se débattre entre les apparences, les théories, les compétitions, nous avons vu l'indigène dans une attitude contrainte ou hostile, courbé sur les bancs de l'école, gesticulant devant les prétoires, écoutant les ordres de ses chefs, chuchotant dans l'ombre des confréries. Nulle part, sauf dans l'armée, nous n'avons guère aperçu de collaboration constante et cordiale entre les conducteurs et les dirigés. Maintenant nous retrouvons l'homme sous son ciel, derrière sa charrue ou ses moutons, voisin ou compagnon de l'Européen. Maintenant, mieux que les juristes, les maîtres d'école, les gouvernants et les bavards, la vieille terre va réunir ses enfants à sa table de réconciliation. Nous pressentons bien que beaucoup n'y trouveront pas place, et que ce mode de rapprochement des races, pour être le plus fécond, n'en est pas moins le plus rude. N'importe, c'est de la vie, et l'on respire.

Tout d'abord, avant de parler de répartition et d'aménagement, que vaut l'héritage ? Une certaine école algérienne, heureusement peu nombreuse, mais obstinée dans sa manie de dénigrement, a entrepris de démontrer, baromètre et statistiques en mains, que ce pays ne pouvait rien produire. Vainement le sol s'évertue, la plaine verdoie et se dore, les sacs et les tonneaux encombrent les ports ; en face de cette abondance illusoire, le prophète de malheur a un sourire désabusé : " Ne voyez-vous pas que la terre s'épuise " ! dit-il, et comme il enregistre précieusement les échecs, tout en déclarant les succès désastreux, ses oracles sont irréfragables : il n'épargne même pas le passé, il ne veut pas que l'ancienne Afrique ait été le " grenier de Rome ", il proclame qu'elle n'a jamais été plus fertile qu'aujourd'hui, et en cela nous sommes enclins à lui donner raison.

Il est remarquable que ce pessimisme ne soit jamais le fait des hommes qui ont peiné, souffert, succombé dans la lutte économique : ceux-là d'ordinaire sont prêts à rentrer en lice ; pour eux, il n'y a qu'à se baisser pour ramasser de l'or dans la colonie ; c'est la mauvaise chance, ce sont les mauvaises gens, c'est le gouvernement qui les en a empêchés.

Sans doute le colon, heureux ou malheureux, est toujours l'homme qui a tenté une aventure et qui traverse des crises de doute et de découragement : c'est ainsi qu'on entend parfois ceux qui ont le mieux réussi en Algérie se demander si elle deviendra jamais très prospère. Ils ne nient pas au demeurant qu'elle ne soit moins misérable depuis que nous y sommes, mais ils ne remarquent pas que sa pauvreté relative est une des conditions et même la raison d'être de la tâche qu'ils y ont entreprise.

Si l'Algérie était aussi fertile que l'Egypte, la colonisation et le peuplement européen y seraient inutiles et impossibles. Dans la vallée du Nil, l'exploitation agricole n'est guère que l'exploitation du fellah, à laquelle les vieilles races du pays s'entendront toujours mieux que les immigrants ; le capitaliste venu d'Europe n'a chance de faire fortune avec la terre qu'en se jetant à des spéculations immobilières aussi dangereuses pour lui que préjudiciables à la bonne économie de la culture. Notre Afrique du Nord, avec son climat capricieux, le régime torrentiel de ses eaux et de ses récoltes, l'âpre diversité de son sol, avec cette instabilité générale qui semble se communiquer aux tendances de ses habitants, semble bien disgraciée auprès des régions unies, tempérées, bien arrosées ; mais elle a mieux que le limon du Nil, elle a l'air sec et vif de ses hauts plateaux et de ses montagnes qui peuvent nourrir des souches fécondes et fortes de Français, tandis que notre sang dépérit bien vite dans la captivité d'Egypte, où les familles européennes dégénèrent dès la seconde génération.

Elle offre aussi l'avantage d'exciter l'esprit au travail et à la recherche, en posant partout des problèmes divers d'adaptation culturale que chacun doit résoudre seul. La crue du Nil est variable, mais le fellah ne peut rien pour parer à ses mouvements, que seuls les grands travaux d'Etat sont capables de régler. Au contraire, la terre algérienne plus qu'aucune autre demande des bras intelligents.

Il semble que dans ces termes l'alliance soit d'avance conclue entre les premiers occupants, aptes aux rudes travaux, et les arrivants qui apportent du Nord plus de réflexion, de patience, d'ingéniosité pour corriger cette nature fantasque. Malheureusement les autochtones, contents d'une misère insouciante, attachés par tradition, religion et paresse à l'industrie pastorale ou à des cultures primitives, ne sont guère curieux d'une association qui doit, dans leur pensée, aboutir à les chasser peu à peu de leur pays. D'autre part, le colon de la conquête ne peut suppléer par sa foi et son courage à son ignorance des hommes et des choses, et ses rapports avec les fils du sol consistent plus souvent à échanger des coups de fusil que des produits et des conseils. Une expérience se poursuit là qui n'a jamais été tentée, la transformation économique d'un peuple obstinément cantonné dans une croyance hostile, la cohabitation de deux races qui depuis douze cents ans ne connaissaient que les contacts prudents et espacés du commerce.

Et puis, quelque chose embarrasse encore aujourd'hui les ententes entre ces deux éléments, la prédominance politique de l'un sur l'autre. L'association agricole, qui aura peut-être au Maroc des effets utiles sur l'évolution de la race indigène, si ce mode nouveau survit aux conditions politiques qui l'ont créé, ne serait guère de mise dans une colonie où l'indigène ne se sent pas assez fort pour se mettre de compte à demi avec l'immigré. Dans un pays conquis, il n'y a guère de collaboration possible entre les deux races que sous la forme du fermage ou du salariat, c'est-à-dire de l'acquisition d'une partie des terres par les nouveaux venus. Et c'est ici que le nœud se serre et se reploie.

Non seulement nous n'avons pas affaire à un pays vacant, mais nous tombons, à chaque motte de terre, à chaque touffe de palmiers nains, dans un réseau inextricable de droits qui, au bout d'un siècle de patientes études, ne sont pas encore complètement débrouillés.

On présume que le régime turc de la propriété, régime de conquête indéfiniment recommencé, était celui de la confiscation théorique des terres, du droit éminent de l'Etat, s'affirmant par l'inaliénabilité, par l'exigence d'un tribut supplémentaire à l'impôt coranique, et par la concession des terres à titre précaire, avec obligation de cultiver. Le principe de la domanialité ou plutôt de la mainmorte au profit de la communauté islamique (1) était d'ailleurs fort entamé dans la pratique par les nombreuses constitutions, en toute franchise, de biens dits " melk ", consenties par le Beylik qui d'ailleurs s'arrogeait le droit de les révoquer ; d'autre part une grande partie du pays, la Kabylie notamment, étant indépendante en fait du gouvernement d'Alger, n'avait jamais admis que le régime de la propriété privée. Seulement la montagne berbère surpeuplée et hostile restait, comme aujourd'hui, inaccessible au colon européen, et d'autre part, les nombreux ilots de terre " melk " qui s'étaient formés, demeuraient, en raison de la confusion des

(1) Voir Pouyanne, la *Propriété foncière en Algérie*, p. 211-299. D'une façon générale, la plupart des indications que nous donnons au sujet de cette question sont empruntées à ce beau livre.

titres apocryphes et des possessions indivises, particulièrement inabordables à l'acheteur. Il semblait que la terre fût
plus difficile encore à acquérir là où elle était aliénable.

Embarrassé dans ce fatras de lois et d'usages différents,
de parchemins falsifiés et de serments contradictoires, le
conquérant, qui ne disposait ni d'espaces libres à sa portée,
ni d'un domaine d'Etat bien déterminé et commodément
divisible, se trouvait dans l'alternative de fermer l'Algérie à
toute entreprise durable ou de trancher dans le vif : les
ordonnances de 1844 et 1846 sanctionnèrent les opérations
les moins douteuses des spéculateurs qui, au lendemain de la
conquête, avaient acheté à tout venant, commandèrent à
tout détenteur de terres incultes dans les périmètres de colonisation, de produire ses titres à peine d'expropriation, attri-
buèrent définitivement, partie à des Européens, partie à des
autochtones, les biens acquis par ce procédé sommaire à la
collectivité, enfin interdit les transactions entre Européens et
indigènes en dehors des limites fixées par l'administration
militaire.

Ainsi nous étions dès l'abord engagés dans la seule voie
alors praticable, celle de la colonisation officielle. Il est
facile de prôner la libre initiative, de constater la supériorité
de ses résultats, d'évoquer les grandes ombres des émigrants
du *May-flower*. Il faudrait rappeler aussi ce que l'œuvre
immense accomplie au Nouveau Monde a coûté de sang de
part et d'autre : la marée anglo-saxonne a monté de l'Atlantique, en roulant les cadavres empanachés des Peaux-Rouges
et les crânes scalpés des Puritains. Notre attaque du
sol africain, eût-elle été aussi rude, ne pouvait avoir la
même allure. L'entreprise algérienne a été dès l'origine
une chose d'État, menée par des soldats et des bureaux ;
nos pionniers ont été non des enfants perdus, des exaltés
fuyant la tyrannie du pays natal, mais de braves gens
dont le sort émouvait la mère-patrie, et dont la perte devenait matière à censure publique, à combinaisons politiques
et militaires. Dans ces conditions, il n'était guère possible de

laisser se répandre à leur guise, sur un territoire soulevé ou grondant encore, ces éclaireurs de la cause française qu'on était obligé de soutenir et, le cas échéant, de venger.

D'ailleurs, au point de vue même des conceptions les moins extensives de la puissance publique, la collectivité était bien obligée aux tâches dont les individus ne pouvaient se charger, celles d'assurer la sécurité, les bases de la propriété, et d'exécuter les travaux publics indispensables. Seulement l'activité très légitime de l'Etat dans ce domaine n'en est pas moins passible des reproches habituels. Sans doute, parmi ses fautes, beaucoup ne sont remarquées que parce qu'elles sont publiques, et n'auraient pas été évitées par les entreprises particulières les plus avisées, mais dans l'ensemble de ses démarches elle montre ses infirmités ordinaires, la vision indirecte et déformée de l'objet, la lenteur et l'incoordination des mouvements. Et puis, la pauvre Tarasque est tirée à hue et à dia, la piste qu'elle suit est difficile et partout les pièges sont ouverts sous ses pas.

Depuis bientôt cent ans, l'administration a essayé de tous les systèmes pour attirer en Algérie les bonnes volontés et les compétences agricoles, petites concessions gratuites des gouverneurs de Louis-Philippe, grandes concessions aux favoris du Second Empire, ventes de terrains du commencement de la République, puis de nouveau la concession gratuite, enfin le régime actuel du décret de 1904, qui combine toutes les possibilités, avec, en fait, une prédominance de la cession à titre onéreux.

Inutile de dire que chacun de ces changements a été fortement préconisé et ardemment critiqué, parfois par les mêmes juges. Donne-t-on les terres ? On favorise la paresse de quelques pseudo-colons, recrutés au hasard des recommandations des maires de village, heureux d'éloigner un malchanceux ou une mauvaise tête ; dépourvus de toute ressource, ignorant tout de l'Algérie, ces vaincus de la vie n'ont rien de ce qu'il faut pour mettre en valeur la terre qui leur est confiée ; tout ce qu'on peut attendre d'eux, dit-on, c'est qu'ils bâtissent quatre murs pour s'abriter, qu'ils se livrent à un simulacre de culture avec l'aide des Arabes du voisinage, pour faire constater au bout du stage réglementaire, qu'ils ont réalisé les " améliorations " exigées, empocher un titre définitif, le céder au plus vite et aller végéter en France ou dans les villes du littoral avec les quelques milliers de francs dont la colonie leur aura fait présent.

Vend-on au contraire les concessions ? On gratifie les riches ; on est forcé de constituer des lots assez importants, par suite disséminés et peu nombreux ; on ne fait donc presque point de peuplement, on ne constitue pas cette démocratie rurale qui est la pierre angulaire de l'établissement d'une race. Les acheteurs sont, il est vrai, obligés de résider ou d'installer à leur place une famille d'immigrants, mais la condition est, dit-on, facile à éluder. Ce qui est certain, c'est que les concessions à prix réduit ne tentent guère les chalands métropolitains, et que d'autre part elles ne sont pas accessibles aux très petits capitalistes d'Algérie, aux fils de colons peu fortunés, en raison des compétitions qui se résolvent par la voie des enchères.

Un fait domine toute cette discussion, l'attraction insuffisante de l'Algérie sur nos petits agriculteurs. La plupart de nos ruraux, possesseurs de quelques milliers de francs, aimeront mieux les employer à un achat de terres, de fonds de commerce, à l'établissement d'une petite industrie, que d'aller chercher fortune dans un pays mal connu. L'aventure dont peuvent rêver nos villageois, c'est la grand'ville, avec la perspective de larges affaires ou de gros salaires.

A voir un pays regorgeant de population comme l'Allemagne restreindre son émigration, au cours de ses récents et immenses progrès, on se rend compte des possibilités de travail et d'enrichissement que recèle le vieux sol d'Europe.

Si donc nous voulons assurer, non pas même la prédominance de notre sang parmi les Européens d'Algérie, mais seulement une certaine force de l'élément français, nous ne devons négliger aucun moyen de favoriser l'immigration de nos compatriotes, là où la tâche est la plus utile et la moins attrayante, dans la campagne, dans les régions les moins pénétrées encore.

On pouvait dire du temps de Burdeau que les ventes de terrains ne réussissaient pas, faute de savoir-faire administratif ; aujourd'hui, l'expérience est complète. On se dispute la plupart des domaines offerts aux acheteurs par le Gouvernement général de l'Algérie, sauf ceux qui sont réservés aux immigrants. Il est démontré que la vaste publicité qui est faite aujourd'hui en France à ces opérations, ne saurait suffire à faire affluer les capitaux de la métropole. Il ne viendra pas à l'idée d'un homme prudent (et qui l'est plus que nos capitalistes ?) d'acquérir une propriété de rapport avant d'avoir étudié le site et la région ; combien peu de Français, séduits par les affiches officielles, se résoudront à un voyage outre mer pour un résultat douteux, alors même que l'Algérie en ferait les frais, comme pour les concessionnaires à titre gratuit. Dans le fait, l'annonce des ventes n'agit guère que sur la catégorie restreinte des gens du vieux pays qui ont déjà une certaine connaissance de l'Algérie, qui ont des intelligences dans la place, qui peuvent profiter d'une bonne affaire dont les conditions sont connues des seuls voisins ; et ceci ouvre également la porte à bien des ruses, à des achats par prête-noms qui sont bien difficiles à déjouer.

A tout prendre, la vente, telle qu'elle a toujours été pratiquée, c'est-à-dire à prix réduit avec conditions de résidence, est un procédé bâtard. On affirme que l'homme s'attache plus à la terre qu'il a payée, mais les faits n'y souscrivent point. Un bon argument en faveur du système, c'est qu'il procure des colons qui d'ordinaire n'ont pas consacré toutes leurs disponibilités au paiement du prix d'achat, et qui peuvent tirer bon parti de leur lot. Seulement on obtiendrait les mêmes résultats en constituant fortement le crédit agricole au profit des concessionnaires à titre gratuit : actuellement, par une innovation heureuse du décret de 1904, ceux-ci peuvent bien emprunter sur leur lot avant d'en être définitivement propriétaires, mais ils ne profitent guère de cette faculté, en raison de la nécessité de faire certifier par l'administration l'utilité des dépenses faites au moyen de l'emprunt.

Le seul avantage incontestable de la vente est de réduire les frais de la colonisation, et par conséquent de permettre d'en étendre le champ d'action : à cet égard, il eût été sage de prendre de bonne heure pour règle, comme on le fait aujourd'hui, de ne céder qu'à bon prix les bonnes terres d'accès facile, en se réservant de donner celles qui se trouveraient moins bien placées.

*

Deux images peuvent nous guider dans la confusion des expériences et des indices contradictoires, c'est d'une part celle du rentier qui, tout en somnolant dans une petite ville de France, tire 8 ou 9 pour 100 de son domaine loué à des Arabes ou à des Kabyles ; de l'autre, celle d'un beau village algérien, riche de moissons et d'enfants français. Tel est l'aboutissement des deux partis à prendre. Assurément, le premier est celui de la sagesse et de la bonne économie budgétaire, mais que reste-t-il d'une pareille œuvre ? Sans doute nous avons choisi les deux cas extrêmes. Libre à vous, dira-t-on, de vous extasier devant les bourgs prospères de la plaine, devant leurs kiosques et leurs quinconces, leurs maisons basses et mal tenues, leurs auberges sordides, la vacuité morne de leurs places trop spacieuses, leurs églises, leurs mairies et leurs fontaines sorties du compas d'un agent voyer : on y respire un air bien étouffé et bien lourd, mais du moins cela existe ; seulement il faudrait aller, sur les chemins écartés, chercher les cadavres que l'incurie administrative y a semés, les masures lézardées qui s'alignent, laissant voir sous leurs tuiles clairsemées le lattis du toit, ruines presque neuves où les Arabes qui ont pris la place des colons ruinés trouvent un refuge plutôt qu'un abri !

En réalité, et ceci est vraiment la justification de cet immense et coûteux effort, presque aucun des centres créés n'a disparu ou n'est en train de périr, et quelques-uns d'entre eux sont devenus des villes, Sidi-bel-Abbès, Boufarick, Saïda, enfonçant au cœur du pays des cavaliers et des pasteurs, l'empreinte définitive de la France ordonnée et laborieuse. Assurément les yeux de l'artiste sont rebutés par la terne uniformité, par l'aspect vulgaire et factice de ces créations, et le plus misérable des hameaux de France lui plaira davantage avec ses chaumes, que les villages administratifs les mieux crépis. Et pourtant il y a çà et là des impressions de terre natale qui devraient toucher le voyageur français, trop souvent injuste pour cette œuvre qui ne lui en impose pas, comme la transformation d'une Amérique, par l'opulence et l'énormité.

Quand, après avoir longuement roulé par les ravins déserts, entre les forêts ravagées, noircies çà et là par les incendies, tondues partout par les moutons et les chèvres, parsemées de maigres champs de blé ou d'orge, sans rien apercevoir qui vive, sinon quelques petits bergers qui s'enfuient à votre approche, ou bien un Arabe qui trottine sur son cheval étique entre les buissons de laurier-rose et les tamaris bleus d'un oued desséché, après s'être imprégné de cette sensation d'abandon et d'insouciance rêveuse, on découvre enfin dans un remous de terres couvertes de moissons les toits rouges de Teniet-el-Hâd, quand on voit çà et là sur le bord du chemin encombré de charrois, le sol profondément défoncé qui montre les rocs arrachés de son sein par la charrue, on se réveille de cet enchantement du passé, de la vie diffuse et primitive, on est rafraîchi par le souffle de travail qui vous vient de ce coin de France. Et voyez, pour que les harmonies visibles ne soient pas toutes sacrifiées dans cet effort, voici sur la colline, le village indigène qui oppose à la confortable ordonnance du bourg français, l'amusant amas de ses habitations de termites, voici la redoute qui protège et qui veille, ouverte aux malades, à ceux qui demandent justice ou conseil, et, bien loin sur les crêtes, la ligne des cèdres qui prolongent dans le ciel leur contemplation immémoriale.

Le village, la ville, voilà les pas sans retour que la France marque en avant dans le sol africain; groupement d'intérêts français, d'entreprises, d'administrations publiques et privées, le centre algérien est un microcosme de l'Europe qui peut prêter à toutes les ironies, mais que l'observateur réfléchi ne sera pas plus tenté de juger sévèrement qu'il ne songerait à reprocher aux cellules d'un corps leur organisation rudimentaire.

L'Afrique du Nord ne possédait pas avant nous cet élément essentiel de stabilité et de progrès social, l'agglomération rurale. A part le *thaddert* de la Grande Kabylie, elle ne connaissait que le marché ou le lieu de pèlerinage, où quelques gourbis abritent les dévots et les cafetiers. Là où la colonisation officielle, observant la marche historique de la fixation des nomades, met ses créations de centres dans le voisinage d'un bon lieu d'échanges, elle est à peu près sûre de réussir.

La concentration de nos nationaux dans des villages peut seule assurer l'implantation d'une classe de paysans et de petits bourgeois français capables d'agir sur le peuple musulman. L'initiative privée est impuissante à réaliser ces formations, dans un pays où on ne peut, comme au Nouveau Monde, tailler en plein drap ; l'échec des grandes compagnies dans leurs tentatives de colonisation, malgré les libéralités exceptionnelles qui leur avaient été consenties, l'a démontré surabondamment en Algérie. L'administration seule peut assumer cette tâche, et il n'apparaît pas qu'elle puisse à l'ordinaire aboutir dans son œuvre de peuplement sans concéder gratuitement les terres.

Après cela, pourquoi chicaner sur la qualité de nos colons, pourquoi supputer le nombre de ceux qui ont abandonné la lutte aussitôt qu'ils ont pu emporter leur maigre butin, pourquoi les accuser de fainéantise et en même temps reprocher à ceux qui travaillent de leurs mains d'enlever leur pain aux indigènes ? A quoi bon constater que beaucoup d'entre eux délaissent l'agriculture pour le petit commerce et les petites industries locales, voire même pour prêter aux indigènes à des conditions plus douces que celles des usuriers musulmans, mais cependant interdites par des lois surannées ? Pourquoi imputer au système les défections et les défaillances de l'individu ? Alors même que dans quelques années nos villages ne dussent plus être habités que par des indigènes et des étrangers, — et rien n'est moins probable, — notre travail n'aurait pas été vain : le cadre, le moule, l'empreinte demeureraient, les canaux subsisteraient par lesquels nos idées et nos produits pénètrent jusqu'au cœur du pays arabe.

D'ailleurs nos campagnards algériens méritent-ils vraiment les critiques acerbes qu'on leur adresse trop souvent dans le particulier, par réaction contre les hyperboles officielles ? A en croire, non seulement les voyageurs qu'un mauvais déjeuner dans le " bled " a suffisamment édifiés sur la population française de l'intérieur, mais aussi, chose triste, quelques-uns de ceux qui devraient la mieux connaître, le colon algérien serait un assez pauvre exemplaire d'humanité. L'absinthe et la politique aidant, il serait perclus de paresse et distendu de vanité ; son activité, son intelligence parfois réelle seraient tournées tout entières vers l'obtention d'un petit poste, d'une écharpe, d'un traitement de maire, d'une subvention, d'une décoration, d'une faveur quelconque ; il ignorerait généralement le travail manuel ; il serait gaspilleur et sans ordre ; son labeur acharné, *labor improbus !* consisterait à se lancer sans étude dans des entreprises agricoles ou commerciales, avec l'argent des autres, quitte à déployer toute l'ingéniosité imaginable pour retarder l'échéance ou pour esquiver le règlement. A-t-il par hasard réussi ? Quelle superbe, quelle emphase, quel mépris pour les ronds-de-cuir de l'administration et des banques qui croient avoir fait quelque chose pour l'Algérie, alors que seule l'indomptable énergie de l'homme de la terre peut tirer quelque abondance de son sein maigre ! A-t-il échoué ? Quelle rancune contre ces prêteurs qui, après lui avoir tout pris, lui réclament encore leur argent, quelle haine contre ce gouvernement qui, après l'avoir attiré sur ce sol de misère, l'y a abandonné et ruiné !

On ne dirait pas tant de mal de nos compatriotes d'Algérie s'ils n'étaient pas eux-mêmes si empressés à se dénigrer. Parmi les reproches qu'on leur fait ou qu'ils se font entre eux, plusieurs ne seraient pas déplacés dans le vieux pays, témoin ce qui a été dit de la gloriole et de l'apathie engendrées par les abus de la politique ; il y en a qui sont de tous les temps et de tous les pays, comme ceux qui vont aux parvenus et à la malice emprunteuse, mais il y a aussi dans cette caricature, si grossière qu'elle soit, un trait qui nous retient et qui est vrai et qui est l'opposé de ce que nous connaissons de notre paysan, le goût du risque et de la dépense. Nous serions portés à en louer nos colons ; du moins dirons-nous que sans cette disposition, sans l'insouciance, l'irréflexion même avec laquelle ils se lancent souvent dans leurs entreprises, on n'aurait pas remué grand'chose dans ce pays.

Pour répondre à toutes les critiques, les colons n'ont qu'à montrer leurs sillons et leurs troupeaux, l'accroissement constant de la production agricole et des rendements obtenus par les Européens, tandis que leur nombre n'augmente guère dans les campagnes. Et si la colonisation, l'officielle notamment, laisse voir de trop évidents déchets, plaignons seulement les pauvres hères, les pauvres plantes de France qui se sont rabougries sous le soleil d'Afrique, malgré les soins plus ou moins judicieux dont elles ont été entourées.

****

Crise profonde que celle de l'homme des champs qui s'arrache au pays pour aller chercher au loin un sort meilleur, sous un climat nouveau et dur, entre des voisinages inquiétants, et sans les commodités d'existence que possèdent la plupart de nos villages. Et, d'abord, ce n'est pas dans un sursaut d'énergie ambitieuse que sa décision a été prise. L'Afrique du Nord n'a jamais été la terre des merveilles, des fortunes faciles, comme furent les Antilles ou l'Inde des Nababs. L'émigration rurale en Algérie est le fait du cultivateur des régions très pauvres, homme de patience et de privations plutôt que de grand ressort. Et puis les délais inévitables de l'installation sont une épreuve où trop souvent s'épuisent le goût du travail et les économies de l'immigrant. Une fois que le sort a prononcé, l'aspirant concessionnaire fait presque toujours un premier voyage pour faire connaissance avec le lot qui lui est échu ; s'il l'accepte, il retourne en France pour liquider ses affaires, et revient en Algérie avec sa famille. Ces transports, bien que gratuits, ne vont pas sans dépenses accessoires, et le colon, tout en y perdant du temps et quelque argent, s'y fait plus ou moins à l'idée qu'il peut compter sur l'administration pour le défrayer en toutes circonstances.

Il apprend bientôt le contraire ; il arrive généralement dans un pays éloigné de toute agglomération européenne ; il n'a d'autre ressource que de s'installer au plus près, en subissant les exactions d'un aubergiste et d'un maçon, jusqu'à ce que sa maisonnette soit achevée. Faut-il s'étonner si, pendant ce temps-là, il accepte de louer à vil prix à un Arabe la terre qu'il ne peut cultiver lui-même en raison de l'éloignement de l'hôtellerie où il loge, et qu'une fois installé sur sa concession, il ne reprenne pas toujours la charrue et continue la vie nonchalante qui lui a été faite ?

Sans doute on s'est efforcé de remédier à cette situation ; on a beaucoup fait en ces dernières années pour aider, conseiller, entourer le colon dès son arrivée : nous avons été témoins de la sollicitude avec laquelle le plus haut fonctionnaire de la colonie surveillait sur place l'aménagement des nouveaux centres, puis l'installation des concessionnaires, s'enquérait en des entretiens familiers des difficultés de leurs débuts, les encourageait et les tançait tour à tour. C'est sur ses instructions que l'on a commencé à loger les nouveaux arrivants dans des chalets démontables en attendant que leurs constructions fussent terminées. Mais de quelques précautions que l'on entoure le premier contact entre un homme de notre civilisation et les difficultés de la vie primitive, le résultat en sera toujours chanceux : les Robinson Crusoé sont rares, surtout quand ils peuvent sortir de leur île, et l'ingéniosité ne se développe guère chez ceux qui peuvent se tirer d'affaire en vidant leur bas de laine. Et puis, trop souvent la manie de réclamer s'accroit à raison des satisfactions obtenues.

Quand nous entendions certains immigrants se plaindre de leur lot, de leurs fontaines, de leurs chemins, notre pensée se reportait volontiers vers un brave homme à qui nous avions rendu visite un jour dans un coin perdu de la montagne, à six heures de cheval des habitations françaises les plus proches, et qui s'était établi là, seul Européen, sous un gourbi, à soixante ans, avec sa jeune femme et son enfant, au milieu d'un joli jardin qu'il avait créé. Seulement celui-là tremblait, n'osait quitter une seule journée son monde, et réclamait du secours. Il résumait complètement dans cette expérience la vertu et la faiblesse de l'action privée.

Un des avantages de grouper les recrues de l'administration est l'entr'aide et l'exemple : par contre la présence de quelques concessionnaires querelleurs ou fainéants peut suffire à gâter tout un peuplement. Il y a beaucoup d'imprévu dans les raisons pour lesquelles un centre de colonisation " prend ", comme on dit, ou ne prend pas ; en dehors des mauvais éléments qu'il est bien difficile d'écarter à l'avance du peuplement, il y a les terres médiocres ou mal placées, plus faciles à discerner que les gens nuisibles, mais bien plus malaisées à éliminer.

C'est un problème singulièrement dur que l'établissement d'un projet de colonisation. Mettez-vous l'agglomération sur une hauteur ? Il n'y a pas d'eau. Dans un fond ? Elle est malsaine. A mi-côte ? Elle est loin des cultures. Et davantage on voudrait des concessions étendues qui fussent en même temps concentrées ! Il ne resterait plus qu'à exiger de l'administration la constitution de terrains parfaitement identiques comme composition, comme surface, comme profil, et comme exposition, que l'on partagerait par secteurs égaux d'une circonférence dont le village occuperait le centre. On ne peut toujours épargner au colon l'inconvénient de ces continuels déplacements, qui sont une calamité de l'agriculture dans les nombreuses régions de France où la propriété est très morcelée ; on ne peut non plus le garantir contre les déconvenues du tirage au sort ni contre l'ennui de voir, à côté de la glèbe médiocre qui lui est échue, des champs beaucoup plus riches appartenant à des Arabes qui ne veulent point les céder même à bail.

Ni l'Etat ni la colonie, n'ont jamais été libres de s'approprier les biens-fonds qui leur paraissaient le mieux convenir à leurs vues : les terres séquestrées après l'insurrection ne pouvaient évidemment être choisies d'après leur valeur ; du temps même où on usait de l'expropriation pour la formation des centres, on était souvent arrêté par la question de prix. Actuellement ce mode d'acquisition n'est plus employé que pour simplifier les formalités, après s'être mis d'accord avec les indigènes pour une cession amiable.

L'opinion s'est beaucoup répandue durant ces dernières années qu'il fallait sacrifier en matière de colonisation la quantité à la qualité, faire peu de créations nouvelles, y installer peu de colons bien dotés et qui dussent réussir. Cela est judicieux et conforme à notre instinct français de faire peu pour bien faire. Seulement il faut bien souvent, dans les grandes œuvres collectives, se contenter d'à peu près : nous avons trop de mécomptes possibles avec nos boutures pour ne pas être amenés à étendre les plantations. D'ailleurs, même en comblant les concessionnaires, en leur allouant 50 ou 60 hectares en bon pays, près du chemin de fer, en leur ouvrant largement les portes du crédit agricole, on fera d'eux des hommes plus jalousés, mais non plus heureux, si la nature ne les a faits laborieux et sages. Qu'on augmente la part de chaque colon dans les centres éloignés, où le sol maigre réclame une assez vaste étendue pour la culture biennale des céréales, rien de mieux, mais quelque large et quelque prudent que l'on soit, on n'évitera pas les erreurs et les déconvenues. Les responsables peuvent s'y résigner en songeant que, n'agissant point, ils ne seraient pas moins critiqués.

***

Supposons le centre de colonisation bien venu au monde : comment l'habitant européen va-t-il s'y comporter ? C'est ici la seconde phase de la crise, celle de l'adaptation. Voilà notre bonhomme installé dans sa petite maison de pisé, en face de ses 20 ou 30 hectares à cultiver. Il ne peut en labourer, avec l'aide des siens, que la moitié chaque année ; il ne saurait d'ailleurs en tirer une récolte annuelle sans épuiser la terre. Le rendement est maigre, 100 à 150 quintaux, soit deux à trois mille francs brut. Il faut là-dessus entretenir toute une famille dans un pays où les produits de consommation européenne sont chers, où le chauffage est très onéreux ; il lui faut amortir les constructions, acheter un cheptel, payer les moissonneurs. L'immigrant suppute ce qu'il aurait pu tirer des quelques milliers de francs qu'il a dépensés, s'il les avait consacrés à un achat de terre en France, et il ne trouve pas le profit aussi grand que les soucis et les embarras où il s'est mis. Et puis, le climat agit, tantôt surexcitant, tantôt déprimant, avec ses lourdes pluies, ses sautes de chaleur et de froid. La bicoque mince, à ras de terre, préserve mal de l'humidité, des jours brûlants et des nuits glacées : la maladie guette le colon habitué au bon toit de France, à une alimentation différente et peut-être plus saine. D'autre part, les méthodes de la culture extensive déroutent notre paysan, habitué aux soins minutieux d'un tout petit bien. Point d'amendement, point d'assolement, rien que la jachère morte un an sur deux, rien que des façons préparatoires de la terre pendant l'année où elle se repose : l'emploi des engrais minéraux, là où les moyens de transport le permettent, est encore peu sûr, faute de leur complément organique qui est toujours insuffisant. L'activité n'est pas soutenue comme dans nos régions tempérées, par la variété d'un calendrier agricole bien rempli. Les céréales n'occupent que le temps des labours, des semailles et de la récolte ; la vigne demande trop de capitaux ; les légumes ne viennent que dans les parcelles irrigables et n'ont pas de débouchés, sinon près des villes ; fruits, volailles, tout cela est de mauvaise vente loin des grands centres, et le paysan ne travaille guère pour améliorer son propre ordinaire.

Voilà bien des raisons d'inaction, mais combien elles pèseraient peu si la nécessité prenait à la gorge l'agriculteur déraciné, s'il n'avait à compter que sur lui-même, ou s'il était démangé d'un peu d'ambition : il saurait bien montrer, malgré gelées, paludisme et sirocco, l'ardeur forcenée du manœuvre espagnol ou de certains colons libres qui ont débarqué en Algérie en jurant de s'y tailler mille hectares ou une bonne fosse. Mais ces hommes racolés aux quatre coins de la France par la propagande officielle représentent bien la moyenne de notre race, avec son extrême modération de goûts et d'aspirations. La colonisation algérienne a eu ses héros, au lendemain des premiers combats, quand les défricheurs, décimés par la fièvre, sans secours et sans routes, ne comptaient que sur leurs bras et sur leur fusil pour vivre sur leurs étroites concessions de cinq ou six hectares. Cette génération sortait d'une population rurale plus nombreuse, moins aisée que celle de la France actuelle, où le souvenir récent des grandes guerres avait laissé plus de germes de hardiesse. Aujourd'hui l'immigration en Algérie n'est plus guère qu'un placement : le concessionnaire vit et travaille plus ou moins bien jusqu'à la fin de son stage, sagement prolongé de cinq à dix ans par le dernier règlement ; il devient alors propriétaire, pourvu qu'il justifie d'avoir amélioré son lot, savoir, d'avoir bâti, d'avoir labouré à la charrue française et fait disparaître quelques palmiers nains ou quelques jujubiers. Entre temps quelques-uns de ses voisins, trop manifestement décidés à ne pas cultiver ou à ne pas résider, ont été évincés, pertes utiles. D'autres sont parvenus à passer entre les mailles de la surveillance administrative, et ont obtenu leur titre définitif sans avoir rempli aucun de leurs engagements.

*
* *

A ce moment, le colon devenant maître de quitter un lieu peu attrayant et de vendre son bien, le résultat de l'expérience apparaît. A première vue, il est peu favorable : d'après les tableaux qui accompagnent la magistrale *Enquête sur la Colonisation officielle de 1871 à 1895*, œuvre de M. de Peyerimhoff, plus de 62 pour 100 des concessionnaires immigrants, 3 500 chefs de famille sur 5 600 auraient disparu des centres créés à la fin de la période envisagée, c'est-à-dire au bout d'un temps moyen d'une quinzaine d'années après l'attribution des terres.

Mais d'abord il faut remarquer que les errements suivis pendant ce quart de siècle, savoir la délivrance des titres au bout de cinq ans et l'étendue souvent trop restreinte des concessions, étaient fâcheux. Et puis, les mêmes statistiques répondent à la critique qu'elles ont suggérée : ces centres désertés par le plus grand nombre des métropolitains qu'on y avait installés ont néanmoins prospéré ; les défaillants ont été remplacés par d'autres immigrants, par des Algériens surtout, et finalement on trouve les centres peuplés de 81 000 Européens, dont 60 000 Français, là où on avait amené 50 000 colons de France et d'Algérie. Sans doute, parmi les nouveaux habitants, il faut compter bon nombre de naturalisés ; beaucoup de villages reproduisent la mosaïque de races dont la colonie est formée, mais encore une fois, l'œuvre de diffusion et d'attraction française par le groupement rural n'a pas échoué.

Maintenant, que deviennent les colons de la fondation restés au village ? Beaucoup d'entre eux, tout en conservant leur lot qu'ils font cultiver ou même qu'ils louent à des indigènes, s'emploient à quelque commerce; d'autres, au contraire, étendent leurs exploitations en achetant les concessions de leurs voisins, et c'est ainsi que la colonisation officielle, qui se propose de constituer la petite propriété dans l'intérêt du peuplement national, arrive souvent, par le jeu des libres contrats, à former de plus larges domaines, qui d'ailleurs se prêtent mieux que les moindres au développement économique du pays.

Aussi bien, quand les créations administratives n'aboutissent pas directement à ce résultat, elles y contribuent toujours, et ce n'est pas leur moindre utilité : la grande propriété et la moyenne prospèrent à l'ombre de la colonisation d'Etat, dans son voisinage plus ou moins proche, ne fût-ce que pour bénéficier des moyens de communication dont les centres sont dotés. A part quelques anachorètes de l'agronomie, combien d'hommes risqueront leur personne, leur famille, leurs capitaux, en plein pays indigène, loin de toute aide européenne ou administrative? Pareille aventure demande pour réussir un ensemble de possibilités morales, financières, professionnelles, une entente avec les autochtones ou une capacité de les dominer qui sont bien rarement réunies. Ceux que le hasard des découvertes minières ont jeté dans quelques régions de l'Algérie encore fermées à toute vie européenne savent combien il est parfois difficile de traiter avec les habitants, même pour de simples fournitures de vivres. Que dire des acquisitions foncières qui constituent, en pays musulmans surtout, le premier et plus gros obstacle? Nous trouvons ici un nouveau profit, et des plus sûrs, de la colonisation administrative, la mobilisation d'une masse considérable de terres que l'Etat livre au travail européen, avec toute la sécurité que donne un titre officiel, bien déterminé par un plan de lotissement.

Assurément, il est d'autres modes d'acquisition des terres, et les chalands en ont largement usé puisque, en moins de trente ans, de 1880 à 1908, les Européens ont acheté aux indigènes 550 000 hectares, leur en ont revendu 130 000 (1), ce qui laisse un solde de 420 000 hectares aux mains des premiers. Mais, de 1871 à 1895, 660 000 hectares ont été concédés ou vendus par le Gouvernement général ; si l'on en déduit la part qui a dû être rachetée par les indigènes, en tablant sur le chiffre de 70 000 hectares abandonnés ainsi de 1880 à 1908, soit 2 500 par an, la colonisation officielle aurait donné, tout compte fait, 600 000 hectares en 24 ans à la culture européenne, c'est-à-dire sensiblement plus que les colons libres n'ont pu acquérir par leurs seuls moyens, pendant un espace de temps un peu plus long.

En résumé, la colonisation officielle était une conséquence obligée de notre prise de possession : elle a transformé heureusement une grande partie de ce pays, elle a créé des centaines de villages dont beaucoup sont florissants et qui, tous, agissent quelque peu sur la population indigène des environs ; elle a fixé au sol un grand nombre d'agriculteurs de notre sang, et ceux même qui n'ont fait qu'y passer ont pu y laisser une trace utile; elle a guidé ou accompagné les entreprises privées, et mis à leur disposition un champ vaste et sûr.

Faut-il admettre, comme on le dit quelquefois, que bonne ou mauvaise, la colonisation officielle ait fait son temps, qu'elle ne peut plus opérer qu'en des régions de plus en plus éloignées, ou à des prix de plus en plus élevés ? Nous croyons qu'il faudra clore le plus tard possible ce chapitre de notre conquête pacifique. Le jour où nous cesserons de progresser, de pousser nos postes avancés dans la plaine arabe, nous serons bien près de reculer. Ajoutons que l'opinion métropolitaine aurait mauvaise grâce à décourager cette œuvre française continuée aux frais de l'Algérie, car, si on venait à y renoncer, la mère-patrie perdrait le seul moyen qui reste de favoriser l'implantation de nouveaux Français dans un pays où les étrangers et les demi-étrangers prospèrent et foisonnent.

(1) Ce total ne comprend pas 70 000 hectares provenant des territoires de colonisation, qui ont été revendus aux indigènes par les concessionnaires ou par leurs ayants droit.

II

LA PROPRIÉTÉ FONCIÈRE

L'ADMINISTRATION ne pouvait évidemment se contenter de caser un certain nombre de colons dans les emplacements qu'elle avait choisis : elle eût manqué à un de ses premiers offices en n'essayant pas d'ouvrir à tout immigrant de bonne volonté, l'accès de la propriété dans ce pays. Elle s'y efforce depuis bien longtemps ; elle est encore loin du but.

Aussi bien s'est-elle vue arrêtée dès le début par bien des obscurités et aussi par un gros obstacle moral, la crainte de favoriser la spoliation des vaincus. Il n'y aurait eu ni profit ni honneur à laisser des spéculateurs pêcher dans l'eau trouble des titres de propriété indigène, se découper à grand renfort de chicane et de fraude de vastes domaines en pleine chair musulmane, et en débiter les morceaux, le plus cher possible, à des colons qui subiraient la haine et la vengeance de leurs voisins dépossédés. C'est ainsi que la loi de 1851, venant après l'ordonnance de 1844 qui interdisait toute acquisition d'immeubles en dehors des régions ouvertes à la colonisation, prohibait toute aliénation dans le territoire d'une tribu au profit des personnes étrangères à cette collectivité. La plus grande partie de l'Algérie était ainsi fermée à toute entreprise privée, mais comme on ne pouvait, pour faire pièce à quelques aigrefins, paralyser tout développement économique, il fallut bien chercher un moyen terme entre le désordre et l'inertie.

Alors se formula la théorie du cantonnement, dont on a fait grand bruit mais peu d'application, et qui tendait à déterminer la part légitime revenant à la population indigène dans les étendues incultes qu'elle occupait et d'attribuer le surplus à l'Etat en vue de l'installation de colons français. Système plus équitable qu'il ne paraît tout d'abord et conforme aux notions des musulmans eux-mêmes sur l'acquisition de la terre : en droit islamique, les terres vacantes appartiennent au Sultan, les terres mises en culture, " vivifiées ", appartiennent à celui qui les a défrichées jusqu'à ce qu'il les abandonne ; le pacage ne donne aucun droit d'appropriation.

Dans un pays en grande partie pastoral, comme était l'Algérie, le souverain pouvait donc revendiquer une portion considérable du pays, tout en laissant aux tribus la pleine propriété des étendues nécessaires pour le parcours de leurs troupeaux.

Seulement ces conceptions ne pouvaient tenir contre le courant de générosité débordante et folle qui agitait la France de 1860. Le sénatus-consulte de 1863 déclara les tribus propriétaires des territoires dont elles avaient " la jouissance permanente et traditionnelle " à quelque titre que ce fût, et commanda de délimiter la part de chacune d'elles.

Cette décision a été souvent et amèrement critiquée pour l'énorme largesse qu'elle paraissait contenir en faveur des possesseurs apparents du sol algérien ; donner aux tribus les terres dont elles disposaient à titre précaire, c'était signifier son congé à tout progrès, à toute action nationale. L'empereur hanté par sa conception du " royaume arabe ", l'administration militaire lasse des colons malcontents, s'étaient unis, disait-on, pour refouler toute immigration française.

Il n'est pas impossible que cet acte législatif, dans la pensée de ses auteurs, n'ait été un moyen de retarder ou d'empêcher la pénétration européenne dans notre possession qui, alors, ne paraissait pas susceptible d'un grand avenir matériel, mais, dans l'application, cette mesure n'est pas essentiellement différente de celles qu'on a le plus préconisées en sens contraire et elle aboutit à un cantonnement très prudent et très modéré des indigènes.

On a estimé en effet dès l'abord, et les expressions du sénatus-consulte justifient complètement cette interprétation, qu'il ne suffisait pas qu'une étendue de pays fût *occupée* par une tribu, à l'exclusion de toute autre, pour qu'elle en eût la jouissance permanente et par suite la propriété exclusive : c'eût été une prime à l'inaction et à l'incurie. Par conséquent, la collectivité indigène n'a droit qu'à la propriété de la terre qu'elle utilise.

On commence par établir, après force contestations et débats contradictoires sur le terrain, les droits de la tribu vis-à-vis de ses voisines, on amène les rivales à reconnaître leurs limites traditionnelles et, chose encore plus ardue, à s'entendre sur les droits d'usage réciproque qu'elles exercent sur leurs pâturages, par une nécessité de climat qui s'impose en beaucoup d'endroits. Les officiers ou les administrateurs qui sont chargés de trancher en premier ressort ces inextricables différends sont généralement conscients de la gravité de la décision qu'ils prennent ; ils savent que, sauf erreur évidente, l'avis de l'autorité la plus proche de nos sujets, qui a constaté les faits et recueilli les témoignages, est toujours suivi ; ils s'efforcent de leur mieux à concilier les prétentions adverses, sachant la répercussion indéfinie d'une injustice involontaire, les animosités inextinguibles et les légendes calomnieuses qui en naîtront.

Une fois dégagé le territoire de chaque tribu, reste à dire ce qui, dans ces limites, doit lui être attribué en propre, ce qui doit être retenu pour l'usage commun, et ce qui doit revenir à l'Etat. Il y a d'abord un certain nombre de réserves et de prélèvements obligés : les forêts, de par la loi de 1851, sont présumées domaniales, le lit des cours d'eau, les abords des sources vont de droit au domaine public. D'autre part, on recherche le genre de tenure propre au pays : propriété franche ou *melk*, ou détention précaire au titre *arch*. Les intéressés inclinent naturellement à se considérer comme pleinement propriétaires ; mais il y a des signes très clairs qui distinguent le second mode.

Si le caractère collectif est reconnu à tout ou partie du territoire d'une tribu, il importe, pour sauvegarder les droits de l'État, de préciser dans quelle mesure elle est en possession de « la jouissance permanente et traditionnelle » de ces espaces.

Dans les contrées agricoles à population dense, il est facile de déterminer la consistance des terres qui sont mises à profit par les indigènes, et d'attribuer le restant au domaine ; mais au pays du mouton, dans les grands champs d'alfa où çà et là, dans un repli plus humide ou plus gras du sol, un Arabe vient tous les deux ans, tous les dix ans, promener sa charrue de bois, il faut bien se contenter d'à peu près.

On considère alors, par rapport à la surface à répartir, le chiffre des habitants, l'étendue et les procédés de leurs cultures, la qualité des terres, le nombre des têtes de bétail, et on en déduit la part totale qui est nécessaire aux besoins de la population actuelle et à son développement probable. On détermine, d'un côté, les régions qui sont plus ou moins susceptibles de donner des récoltes, et qui formeront les groupes de terres collectives, de l'autre celles qui ne sont guère propres qu'au pâturage et qui deviendront les communaux de douars, distinction d'ailleurs bien délicate et qui donne lieu à des bévues difficilement réparables.

Ce travail terminé, on connaît le reliquat qui doit revenir à l'État à la fin de l'opération, mais comme ce serait une terrible gêne pour tous de cribler le terrain d'enclaves domaniales, ainsi qu'on a été souvent obligé de le faire dans le Tell, on procède à un échange général et on bloque dans un seul lot, après entente avec les intéressés, tout ce qui revient à la grande collectivité, laissant les indigènes seuls dans la portion qui leur a été équitablement mesurée.

Voilà bien des complications, n'est-ce pas, bien des erreurs et des iniquités possibles. Légalité à part, il serait sans doute beaucoup plus simple de reconnaître aux occupants tout ce qui ne leur est pas disputé par les groupements voisins, et de les laisser ensuite, suivant leur tempérament, fermer la porte à toute intrusion européenne, et végéter dans la paresse sur un sol inculte, ou bien vendre à vil prix leurs terres inutiles à des trafiquants, au détriment des acquéreurs sérieux. Mais toute notre tradition s'y oppose, et tant qu'il y aura une administration en France, elle s'efforcera plus ou moins adroitement à faire le bien et à empêcher le mal.

Une fois le sénatus-consulte appliqué (1), on connaît le caractère de chaque immeuble, terrain domanial ou terrain de parcours des communes, propriété privée ou collective, mais ce n'est là qu'une première étape vers la mobilisation des terres, car nous avons vu que, en raison de l'inaliénabilité des propriétés collectives, eu égard à l'état d'indivision et de confusion des propriétés privées, et de l'attachement des Kabyles à leur domaine, il n'existait de facilité théorique pour acheter des biens-fonds aux musulmans que là où personne n'en voulait vendre.

On a d'abord voulu sortir de cette impasse en ouvrant un boulevard à la française au milieu de cet amas impénétrable de droits qui, tout en s'opposant, se soutenaient les uns les autres ; mais il est arrivé au législateur, comme à ceux qui prétendaient embellir et assainir le vieil Alger, de voir s'écrouler autour de lui les constructions du temps passé, privant d'asile les générations que l'on prétendait protéger, tandis que s'accumulaient sans fruit les dépenses de l'entreprise.

La loi de 1873 sur la constitution de la propriété privée en Algérie partait de cette idée que tout le monde, indigènes comme Européens, avait intérêt à préciser la part de chacun en matière de possession immobilière. On dit parfois que nos Arabes s'accommodent fort bien de cette douce indistinction primitive, de ce communisme patriarcal si convenable à leur détachement pieux et à leur respect de l'autorité familiale : cela n'est vrai qu'en partie. Sans doute, dans la plupart des cas l'indivision familiale entre un petit nombre de proches est

(1) Les opérations s'étaient étendues à tout le territoire civil, et à une partie du territoire militaire de l'Algérie du Nord, soit à 10 millions d'hectares sur 20, au 30 juin 1899.

un utile compromis qui épargne un partage compliqué et un morcellement nuisible à la culture rudimentaire de ces pays : chaque co-propriétaire, il est vrai, peut vendre sa part à un étranger, et introduire un loup dans la bergerie ; mais on a le droit d'éconduire l'intrus en le remboursant, et si l'argent fait défaut et que le partage en nature soit difficile, le cadi refusera presque toujours la licitation. Par contre, les détenteurs de terres de tribus ont constamment aspiré à sortir de leur situation précaire, à se garantir contre la chicane des voisins et l'avarice des puisssants ; or les biens possédés au titre arch représentaient, d'après les calculs du rapporteur de la loi de 1873, quelque cinq millions d'hectares, soit environ la moitié des étendues cultivables.

Or, qu'advint-il de cette loi ? Dans le dessein d'assurer la sécurité de la possession immobilière, on jeta le trouble dans des milliers de familles indigènes, et cela dans les régions où la terre était possédée à titre privé ; dans les autres en effet, les biens-fonds restèrent inaliénables, du moins jusqu'à la loi de 1887, et par suite la constitution de la propriété, qui ne présentait aucun intérêt au point de vue de la colonisation, n'y fut guère poursuivie.

On connaît le principe de cette erreur fameuse, de cet exemple frappant de l'application à l'étourdie de nos codes à une société absolument différente de la nôtre : la loi de 1873 proclamait qu'en Algérie comme en France, nul n'était tenu de rester dans l'indivision ; beau progrès assurément, alors que le droit musulman avait établi ce principe quelque mille ans avant Napoléon, mais en le corrigeant par les obstacles opposés à l'ingérence du spéculateur étranger dans les affaires des cohéritiers (1)!

(1) On crut donner toute garantie à nos musulmans en leur appliquant les dispositions du Code civil sur le retrait successoral, sans remarquer que l'article 841 ne vise que le rachat par les cohéritiers d'une part indivise de l'ensemble des biens vendue hors de la famille, et que par suite il était inapplicable dans le cas le plus fréquent, celui de la vente par un des copropriétaires, d'une part indivise d'un immeuble, d'un objet particulier dépendant de la succession.

L'obligation du partage, sans garanties contre les interventions du dehors, c'était le jugement dernier de la propriété indigène, d'autant plus terrible que ceux à qui s'adressait le coup de trompette ne l'entendirent point et se virent arracher à la terre en pleine quiétude. L'administration décidait l'ouverture dans une circonscription des opérations de constatation de la propriété; cette enquête générale aboutissait à établir les droits d'une foule d'indigènes, appartenant à un même groupe de familles, sur un grand nombre de parcelles qui n'avaient fait depuis longtemps l'objet d'aucun partage régulier; il appartenait ensuite à chaque intéressé de réclamer sa part en nature, ou s'il était impossible, en argent, selon les règles de notre droit, en imposant à ses copropriétaires les frais écrasants qu'entraîne la licitation d'immeubles de peu de valeur. Il suffisait donc qu'un agent d'affaires sans scrupules achetât une portion infime de ces droits indivis portant sur cent immeubles à la fois, pour que la procédure impitoyable s'engageât, déchiquetant et détruisant le bien de chacun sous prétexte de le séparer de celui des autres. Cette curée, qui réclamerait la plume énorme et barbelée de l'immortel ennemi des " chats fourrés ", ne profita même pas sensiblement au domaine européen : les pires escroqueries légales commises aux dépens de nos sujets bénéficièrent à des musulmans. Il est remarquable, d'autre part, que le total des achats faits aux indigènes en terres soumises à la loi de 1873, ait été à peu près égal pendant les trente dernières années aux acquisitions réalisées en terrain " melk ", quelque 300 000 hectares; on peut en inférer que les titres de propriété purgés par le législateur français n'attirent pas plus l'acquéreur européen que les transactions toutes chanceuses en pleine confusion arabe.

Il se trouva d'ailleurs que cette introduction brutale de nos pires procédés de chicane dans la société indigène n'était pas plus opérante en droit que soutenable en équité : les tribunaux jugèrent en effet que les droits établis à la suite de ces enquêtes étaient primés par d'autres constatés antérieurement par un titre français, acte administratif ou notarié. Heureusement cette colossale bévue législative fut assez vite reconnue telle, et quand Burdeau en montrait la grandeur dans son rapport de 1892, elle avait déjà cessé de porter fruit.

La question demeurait donc entière ; le besoin demeurait le même pour l'Européen d'assurer ses transactions en pays arabe, pour l'indigène de consolider sa possession en territoire de tribu et, le cas échéant, de sortir d'une indivision devenue pesante.

La loi de 1897 a adopté, pour atteindre ces différents buts, une méthode opposée à celle de ses devancières et qui a été reconnue heureuse. Plus d'opérations d'ensemble ; nul ne pourra plus jeter le trouble dans tout un monde indigène, en réclamant une part infime du bien commun. Pour les biens " melk ", on rétablit un droit de retrait successoral très étendu, analogue au *chefaa* coranique. Celui qui possède quelques hectares indivis dans tout un canton ne trouvera plus à les céder aux vautours de la procédure, dédaigneux du morceau de pain qu'ils en retireraient. L'acquéreur d'une part d'héritage ne peut plus obliger ses copropriétaires musulmans à une licitation ruineuse : la loi nouvelle prend autant de précautions pour maintenir l'indivision que l'ancienne s'efforçait de favoriser le partage. Au contraire, dans le vaste domaine dont les tribus sont encore, en théorie, propriétaires, elle tend prudemment à assurer la répartition définitive des terres.

On a beaucoup discuté sur la nature et même sur l'existence de cette propriété collective, appelée communément *arch* ou de *tribu*, à Alger et à Constantine, et *sabega* ou de *précession* en Oranie. Ce qu'on ne peut contester, c'est que la loi ait elle-même tranché la question, en reconnaissant nommément ce mode de tenure tout différent de l'indivision, et que dès longtemps, dans la pratique, deux des traits considérés comme inhérents au caractère collectif de la terre musulmane ne se soient généralisés dans une grande partie de l'Algérie. C'est d'abord l'impôt spécial que payaient les terres de tribus dans toute la Régence et auquel sont encore soumis les terrains arch de Constantine, le *hokkor*, sorte de fermage payé au beylik pour les labours en terres collectives, aboli dans le reste de la colonie pendant le khalifat éphémère d'Abdel Kader ; puis, fait capital en pays musulman, la loi successorale du Coran ne s'applique pas aux biens-fonds de cette espèce, qui se transmettent en ligne directe à l'exclusion des femmes, et généralement des collatéraux.

Enfin l'attribution de ces terres est faite par les représentants du souverain, et les litiges qui les concernent sont réglés administrativement, sans intervention du juge. Ce mode de tenure, que l'on retrouve dans une grande partie de l'empire ottoman et dans toute l'histoire de l'Islam, paraît dériver du droit de conquête qui immobilise, au profit de la collectivité des croyants, les terres appartenant à des populations rebelles au khalife, quelle que soit leur religion. Le *raia* conserve son champ à charge de le cultiver et de payer tribut, mais son titre reste toujours précaire ; qu'il meure sans laisser un héritier mâle, présumé seul capable de mener la charrue, qu'il cesse de labourer pendant plusieurs années, qu'il n'entretienne plus ses canaux d'irrigation, et tous ses droits disparaîtront avec la trace de son travail. C'est aussi bien de ce nom, la *djorra*, la trace, que les Arabes d'Algérie désignent communément le droit de l'occupant des terrains collectifs.

Ces traditions ont survécu à la conquête française et à la décision du sénatus-consulte qui, tout en conférant à chaque tribu la pleine propriété du territoire dont elle avait la jouissance, n'a point modifié le caractère des droits fonciers alors existants ; elles ont, d'ailleurs, avec le poids de l'ancienneté, une réelle utilité, celle d'encourager le maintien et l'extension des cultures, mais elles sont viciées par l'arbitraire et par l'insécurité. D'un côté, sous prétexte de mettre les terres en valeur, un membre important de la tribu peut facilement accaparer à son profit exclusif une part considérable du domaine collectif ; de l'autre, on peut voir contester des occupations anciennes en raison de l'incertitude des limites et de l'irrégularité des travaux agricoles. Tout détenteur d'une terre de tribu est à la merci d'une intrigue qui amènera la *djemaa*, représentant les intérêts du douar, à prononcer sa déchéance, sous prétexte d'interruption de jouissance, sentence qui sera la plupart du temps confirmée par l'administrateur ou le commandant supérieur, puis par le préfet ou le général de division, enfin par le gouverneur général.

On pourrait être tenté d'imputer ces abus à la forme administrative de cette procédure, mais il est bien probable qu'une enquête judiciaire, prenant forcément comme base les témoignages locaux, ne donnerait pas plus de garanties. Néanmoins il serait grandement désirable qu'un peu d'ordre fût apporté dans cette répartition du domaine des tribus ; on avait, dans ces dernières années, inauguré une réforme très utile à cet égard, l'institution d'un " registre terrien ", qui devait comprendre la liste complète des parcelles de caractère collectif, occupées par les indigènes du douar avec l'assentiment de la djemaa. On fixait ainsi à une époque donnée l'état de la propriété dans chaque groupe de terrains *arch*, et on pouvait opposer aux témoignages improvisés par les intérêts en lutte, les constatations impartiales d'un passé récent. Malheureusement ce travail long et minutieux n'a été exécuté que dans quelques communes mixtes, et le " livre de la *djorra* ", là où il existe, n'est guère tenu au courant.

Cette lacune est d'autant plus regrettable que les occupations enregistrées devraient former le point de départ de ce que l'on appelle l'enquête partielle, organisée par la loi de 1897 en vue de constituer la propriété individuelle. Cette procédure consiste à rechercher les droits du requérant et ceux-là seulement ; un indigène détient une étendue de terre collective et s'adresse à l'administration pour en être reconnu propriétaire ; on s'enquiert de son origine, puisque seuls les membres du douar doivent participer au domaine collectif, de la surface qu'il a réellement cultivée ; on examine si cette terre dépend bien des groupes laissés à la disposition de la tribu, non des biens du Domaine ou de la Commune. On prononce sur les contestations qui peuvent se produire, chose souvent bien malaisée, en raison de l'enchevêtrement et de l'intermittence des cultures en certains endroits. La preuve même qui semblerait la meilleure, celle du paiement de l'impôt, est aussi chancelante que les autres, car les contributions arabes n'ont pas le caractère foncier, n'étant pas assises sur la possession d'une parcelle, mais sur le fait du labourage d'une étendue approximative et non située.

Enfin, le plan levé, et tous échelons gravis, le dossier arrive au Conseil de gouvernement, sorte de Conseil d'Etat de l'Algérie, qui tranche définitivement les différends, et accorde ou refuse ou suspend l'homologation.

Cette juridiction administrative donne des garanties suffisantes aux justiciables, puisqu'il s'agit en somme d'apprécier des situations de fait, et que si les tribunaux ordinaires avaient à statuer sur les enquêtes partielles en terrain arch, comme il leur appartient pour les melk, ils ne pourraient que s'en rapporter à des témoignages, à des constatations d'experts identiques à celles qui dictent généralement les conclusions du Conseil.

D'autre part, les décisions de cette assemblée peuvent s'adapter aux circonstances, aux questions d'espèce, avec plus de souplesse que ne ferait la jurisprudence d'une cour d'appel. Elle admet les considérations d'équité ; par exemple, elle ordonne, en attribuant la terre enquêtée aux héritiers du requérant, qu'une part soit faite aux femmes de la famille, dans cette dévolution qui survient entre le régime de la transmission de mâle en mâle, et celui du droit coranique, applicable à l'immeuble devenu melk. Bien plus, elle examine la moralité des opérations soumises à son contrôle ; elle considère si le prix consenti pour la vente, — ou proprement pour la promesse de vente, les terres collectives étant inaliénables jusqu'à l'homologation de l'enquête, — est honnête et comparable aux valeurs moyennes de la région ; elle écarte même, elle " laisse sans suite " les demandes formulées par certains demandeurs trop connus pour leurs opérations usuraires. De même, elle déjoue la fourbe de certains indigènes qui, ayant touché une partie de la somme promise, pourraient, l'enquête terminée, refuser de donner suite à la vente et de restituer l'acompte : pour y parer, le Conseil de gouvernement dit généralement, en pareil cas, que le titre sera remis à l'acheteur conditionnel. Enfin, il veille à ce que les acquéreurs ne s'installent pas, au mépris de la règle de l'inaliénabilité, sur les terres visées dans la promesse de vente ; la sanction de ces usurpations est la réunion des parcelles occupées au domaine de l'État, comme biens vacants et sans maîtres légitimes, la tribu et le détenteur indigène ayant également perdu leurs droits sur elles. Alors même que cette solution n'apparaîtrait pas comme parfaitement juridique, faute d'un délai pour la revendication au nom du douar, il faudrait reconnaître que c'est la seule équitable, et qui ne soit pas favorable à la malhonnêteté du vendeur. Au demeurant, la colonie se montre volontiers bonne princesse, et, quand la bonne foi est admissible, le Conseil prescrit de vendre à prix très réduit au chaland imprudent la terre indûment occupée. Il importerait grandement d'ailleurs de restreindre les exceptions, craindre de voir entamer trop largement dans certaines régions les réserves que le législateur a sagement constituées en faveur des tribus.

Somme toute, la procédure de l'enquête partielle a donné de bons résultats. Les indigènes y font largement appel pour leur propre compte ; en même temps, c'est le moyen le plus simple et le plus rapide pour les non-musulmans d'acheter en pays arabe. La loi de 1897 a fait passer en douze ans, sans soulever de protestation, sans troubler aucune possession légitime, 115 000 hectares de biens collectifs aux mains de propriétaires plus aptes à en tirer parti, et le mouvement s'accélère à tel point que l'année 1909 fournit près du quart de ce total. C'est surtout à Constantine, région laborieuse et éveillée, beaucoup plus agricole que pastorale, pour laquelle l'incertitude du régime actuel apparaît comme particulièrement surannée, que l'indigène s'empresse le plus à cette émancipation. C'est d'ailleurs aussi le pays qui comprend le plus de terrains arch ; on peut évaluer à un million pour le moins le nombre d'hectares soumis à l'hokkor. A la vitesse actuelle, l'appropriation privée de ce domaine serait accomplie en un demi-siècle.

Dans le département d'Alger, les terres collectives de tribus sont de peu d'importance ; dans celui d'Oran, le mouvement de transformation de la propriété sabega paraît surtout bénéficier aux Européens.

Il est difficile de discerner exactement la part qui revient dans ces acquisitions aux divers éléments de la population, d'autant qu'on voit parfois, dit-on, les indigènes se servir de prête-noms européens dans leurs demandes d'enquêtes partielles, pensant ainsi les faire aboutir plus rapidement. On se plaignait en effet beaucoup, jusqu'à ces dernières années, des lenteurs de l'administration dans l'accomplissement des démarches et des formalités, d'ailleurs un peu compliquées, de la loi de 1897 : on y a remédié en partie, et on ne saurait plus guère objecter rien de grave à l'organisation en vigueur, sinon le fait qu'en établissant un minimum de 250 francs pour les frais de ces opérations, on rend impossible l'accession de la propriété aux détenteurs de petites parcelles. Là, comme en toute affaire arabe, le riche peut presque seul tirer parti des facilités et des faveurs légales, seul il peut s'assurer la neutralité ou la bienveillance des puissants de la tribu, et nommément des membres de la *djemaa* qui prononcent en premier ressort sur sa demande.

Enfin qu'il s'agisse de biens melk ou de terres collectives, il serait très nécessaire, une fois les droits créés ou constatés, une fois l'immeuble identifié par le plan parcellaire, de l'empêcher de retomber, au fil des dévolutions successorales, dans le chaos des choses musulmanes.

*   *
*

On connaît le régime inauguré par l'Act Torrens de 1855 dans l'Etat de l'Australie du Sud et importé il y a bientôt trente ans en Tunisie. Tel qu'il fonctionne dans la Régence, il a pour caractère essentiel, non la délivrance d'un titre qui a force de chose jugée et qui assure le détenteur contre toute contestation possible, trait qui lui est commun avec la procédure que nous venons d'examiner, mais l'ouverture, sur le registre foncier, d'un compte de la propriété immatriculée, où les intéressés peuvent retrouver rapidement la mention de tous les actes constitutifs de droit sur l'immeuble. C'est dans cette sécurité et dans la facilité de ces recherches plutôt que, comme on le dit volontiers, dans la mobilisation de la propriété, qu'il faut rechercher le principal avantage de l'immatriculation. Une plus grande facilité d'aliéner serait en effet un progrès contestable ; mais dans le fait, la double obligation de faire enregistrer et de mentionner sur la copie du titre toutes les conventions dont l'immeuble est l'objet, constitue non seulement une double sûreté pour les tiers, mais un ensemble de formalités analogues aux règles de notre législation et suffisantes pour souligner l'importance de l'acte aux yeux des contractants ; l'intervention du conservateur de la propriété foncière donne même des garanties plus grandes que celles d'un officier ministériel, intéressé à ce que l'opération, quelle qu'elle soit, aboutisse.

On a reproché au système tunisien (1) les retards que subissent beaucoup de demandes d'immatriculation, et l'omnipotence attribuée au tribunal mixte chargé de statuer en cette matière ; mais comment arriver à débrouiller rapidement les situations prodigieusement compliquées qu'on rencontre partout en terre musulmane, et davantage comment concevoir la possibilité de solutions rapides, si la juridiction spéciale

(1) Voir *Rapport de M. G. Cochery*, t. II, p. 135 sq.

d'immatriculation pouvait être tenue en échec par des litiges engagés devant d'autres juges ?

On objecte d'autre part que, quelque procédé qu'on emploie pour rechercher, simplifier et rendre publics les droits immobiliers en pays d'Islam, l'efficacité n'en peut être que temporaire, si la loi coranique conserve son empire comme elle fait en Tunisie. La terre immatriculée reste-t-elle ou revient-elle aux mains des indigènes ? Au décès du premier titulaire, il faudra inscrire le nom des nouveaux ayants droit, et si plusieurs successions s'ouvrent parmi eux sans qu'un partage intervienne, on sera de nouveau dans l'inextricable confusion ; c'est le rocher de Sisyphe qui retombe : nous retrouvons partout cet énorme obstacle, les complications du partage qui poussent à l'indivision et à l'aliénation des parts indivises. Encore faut-il reconnaître que l'obligation de l'inscription améliore singulièrement la situation de l'acquéreur, qui connaît ainsi tous ceux qui possèdent des droits sur l'immeuble et qui n'a rien à redouter de ceux qui auraient omis de les faire mentionner au livre foncier.

Quand le Gouvernement général reprit en 1904 le projet d'organisation d'un registre immobilier analogue à celui dont le Protectorat a été doté dès 1885 et dont l'administration algérienne réclamait depuis un quart de siècle l'ouverture en Algérie, on songea un moment à trancher dans le vif, en soumettant les terres immatriculées à notre loi successorale. La chose eût été légitime assurément, puisque personne n'était obligé de faire enregistrer sa terre, mais, par un scrupule honorable, le gouverneur général et les assemblées algériennes s'entendirent finalement pour ne pas mettre les intérêts des musulmans en querelle avec leurs croyances. Non seulement l'immeuble immatriculé pouvait être soumis au régime successoral du Coran, mais il l'était de droit, si les indigènes intéressés ne réclamaient formellement font, au moment de l'immatriculation, l'application de la loi française, sorte d'abjuration partielle qui ne se produira guère.

Quoi qu'il advienne du texte très complet qui a été élaboré

depuis lors, d'accord avec le ministère de la Justice, ces dispositions y seront certainement maintenues. Rien ne fait d'ailleurs prévoir le moment où cette réforme obtiendra l'approbation des Chambres, ni même celui où commenceront les discussions forcément prolongées auxquelles ce projet donnera lieu dans ces assemblées bien pourvues d'éminents juristes.

Ainsi donc l'immatriculation en Algérie pas plus qu'en Tunisie n'apurerait définitivement la situation des terres appartenant aux indigènes, mais elle l'éclairerait beaucoup néanmoins ; elle donnerait surtout aux acheteurs européens une sécurité permanente qui leur fait défaut aujourd'hui et elle abrégerait singulièrement les formalités qui leur sont imposées.

Si l'on veut apprécier le rendement des deux systèmes, il suffit de constater que l'application de la loi de 1897 avait abouti, à la fin de 1907, à définir exactement les droits de propriété sur 42000 hectares melk (1), tandis que, dans le même espace de dix ans, le tribunal mixte de Tunis, dont on incrimine la lenteur, avait décidé l'immatriculation de 630000 hectares, soit exactement quinze fois davantage, si l'on admet comme à peu près égales la superficie cultivable de la Régence et celle du territoire melk de la colonie. La comparaison entre le nombre des requêtes admises est encore plus frappante, 6009 en Tunisie contre 261 pour les terrains melk ou arch de toute l'Algérie, tandis qu'à la fin de cette même période décennale plus de onze cents demandes d'enquêtes partielles restaient en souffrance dans les greffes ou dans les cartons de l'administration algérienne. Cependant, il convient de signaler que durant ces dernières années le mouvement s'est accéléré dans la colonie et paraît s'être ralenti dans le protectorat.

Mais, alors même que l'on arriverait, en améliorant les méthodes du travail, à obtenir en Algérie, avec la méthode

(1) Voir *Exposé de la situation de l'Algérie pour 1907*, p. 74.

actuelle, des résultats aussi étendus et aussi rapides que ceux de l'immatriculation tunisienne, il serait encore nécessaire d'ajouter aux garanties de notre législation, applicable aux propriétés enquêtées, les facilités et les sûretés qu'on trouve dans le registre foncier, Il n'y aura jamais trop de moyens de traduire en notre langue le grimoire de la propriété indigène.

Nous avons entendu parfois émettre l'idée que l'application d'un nouvel act Torrens à l'Algérie ne serait qu'une commodité de plus pour dépouiller les Arabes. Bien au contraire, ce régime donnerait au propriétaire musulman moins de facilité qu'il n'en a, en vertu de sa loi, pour aliéner ses terres, la vente immobilière pouvant, en droit coranique, s'opérer sans aucune formalité et sans acte écrit. La véritable et seule garantie de l'indigène contre ses propres entraînements, c'est l'indivision, ce mur qui le protège et qui l'étouffe en même temps ; or l'immatriculation n'y fait aucunement brèche.

D'ailleurs nos musulmans, quelques incorrigibles prodigues mis à part, ne se dessaisissent de leurs biens-fonds que dans la dernière nécessité, et ils préféreront toujours, en pareil cas, avoir recours aux moyens de crédit que les usages musulmans mettent à leur disposition.

III

RÉSULTATS DE LA COLONISATION. — LE CRÉDIT AGRICOLE

POUVONS-NOUS maintenant porter un jugement d'ensemble sur les résultats obtenus dans l'ordre de la colonisation et du régime foncier ?

Quand on observe les progrès que l'Algérie a réalisés, durant ces dernières années surtout, on reconnaît sans peine que sa prospérité, quoi qu'on en ait dit parfois, n'est pas uniquement budgétaire. Ce ne sont pas seulement les rentrées des impôts qui croissent rapidement et régulièrement, mais aussi les recettes des chemins de fer, les achats de terres par les Européens, et les importations de la métropole, — les exportations restant soumises aux variations des récoltes (1).

(1) Moyenne décennale des recettes du Trésor :

1889-98	45.336.291
1898	53.381.670
Recouvrements effectués en 1901	57.885.440
— 1904	63.618.502
— 1907	76.833.636
— 1910	87.239.722

(non compris la subvention de la France pour les garanties d'intérêts).

Recettes des chemins de fer, moyennes quinquennales :

1891-1895	23.696.160
1896-1900	25.927.259
1901-1905	32.818.278
1907	40.368.795
1910	45.810.888

Cet élargissement général a donc profité à bon nombre de producteurs et d'intermédiaires, des deux côtés de la Méditerranée. Assurément, dans la colonie, bien des échecs privés ont pu enfler ces chiffres, mais on peut présumer que la plupart des immigrés n'ont pas été malheureux dans leurs affaires, ne fût-ce qu'en raison du fait que la ruine de l'un fait ordinairement la fortune de l'autre. On ne dira pas non plus que cette poussée en avant a profité moins à nos compatriotes d'Algérie qu'aux israélites ou aux étrangers : des premiers, la part est connue, du moins quant aux achats de terres (1) ; quant aux seconds, il est notoire qu'ils forment la masse du prolétariat européen des campagnes et qu'ils sont en minorité parmi les moyens et surtout parmi les grands propriétaires.

En définitive, l'élément français a largement bénéficié de notre effort national ; en dirons-nous autant de l'indigène ? A ses yeux, la colonisation apparaît tout d'abord sous les espèces d'un prélèvement de quelque deux millions d'hectares, soit environ la cinquième partie des espaces que l'on

Suite de la note. — Excédents des achats de terre d'Européens à indigènes sur les ventes consenties par les premiers à des indigènes (non compris les acquisitions faites par les Israélites) :

De 1880 à 1899	231.741 hectares.
De 1900 à 1907	81.584 —
1908	33.131 —
1909	39.116 —

Le département de Constantine, dont le domaine européen ne s'était augmenté que de 12 000 hectares entre 1880 et 1899 et qui s'était maintenu à peu près stationnaire de 1900 à 1907, a gagné 8 751 hectares en 1908-1909.

Les importations de la France en Algérie, qui oscillaient autour de 200 millions de 1890 à 1895, se sont élevées depuis lors, *par un accroissement à peu près ininterrompu,* à 389 millions en 1909 et 433 en 1910.

(1) Elle est d'ailleurs considérable, près du sixième des ventes consenties par les indigènes à des non-musulmans, alors que les israélites sont à peu près dix fois moins nombreux que les Européens : seulement la statistique des immeubles vendus par les israélites ne paraît pas avoir été établie.

peut cultiver régulièrement dans le Tell et sur les Hauts Plateaux. Où est pour lui la contre-partie et que pèse-t-elle ?

Nombreuses sont les études dans lesquelles on s'est efforcé d'évaluer le profit que la main-d'œuvre indigène tire des entreprises de nos colons. On peut discuter ces comptes, mais ce qui est incontestable, c'est qu'une culture quelque peu perfectionnée exige plus de bras que la plus primitive et que par conséquent, si l'on met à part la toute petite propriété qui n'est qu'une forme temporaire de l'exploitation européenne, chaque hectare colonisé apporte une possibilité nouvelle de travail et de vie pour l'enfant du pays. S'il s'agit de céréales, un hectare cultivé à l'européenne représente une centaine de francs de main-d'œuvre, tandis qu'année moyenne, il en aurait rapporté net 80 à un Arabe labourant et moissonnant lui-même son champ avec l'aide de sa famille. Encore faut-il remarquer que ce salaire va aux plus nécessiteux et aux plus méritants, tandis qu'une très forte partie des revenus de la terre indigène profite à des propriétaires paresseux et ignares. En même temps l'exemple du colon est la meilleure des écoles professionnelles, et seule la vue des récoltes qu'il obtient malgré la sécheresse, avec des labours suffisamment profonds et répétés, est capable d'arracher ses voisins musulmans à la routine, quand ils comparent ses blés serrés et nourris à leurs épis clairsemés et brûlés par le sirocco. Plus l'agronomie algérienne avancera, plus elle multipliera les façons, plus elle fera appel aux amendements, plus ses progrès bénéficieront à la société indigène, en haut par les leçons, en bas par le pain qu'elle lui donnera. Dès maintenant, les cultures riches comme la vigne procurent une somme de salaires six ou sept fois supérieure au bénéfice que la possession du sol laisserait communément aux fellahs.

Assurément, les cent cinquante millions que la propriété européenne peut verser annuellement à la main-d'œuvre agricole, sont fortement entamés par quarante mille ouvriers français ou espagnols et par les moissonneurs marocains ; les Kabyles aussi en prennent une large part, eux qui ont

(289)

gardé ou racheté leur montagne et qui viennent grossir leur épargne sur les champs dont l'Arabe a été chassé par la conquête ou par la chicane, par l'infortune ou par la paresse. Mais qu'y faire ? La colonisation n'a pas la vertu de créer l'énergie : elle ne peut que la réveiller ou la soutenir. Elle offre aux indigènes plus de travail qu'ils n'en veulent faire et elle serait même sérieusement en peine de main-d'œuvre, dans l'Oranie notamment, si l'afflux étranger venait à lui manquer. Fatalement le domaine européen grandit aux dépens des populations les plus arriérées et les plus inertes, les plus impuissantes de par cette même apathie à tirer profit de l'établissement des Européens à leurs côtés.

Non seulement la culture européenne apporte au prolétariat agricole des salaires inconnus des indigènes en service chez leurs coreligionnaires, mais elle lui donne les moyens d'échapper à un véritable servage. Le mode d'exploitation ordinaire en terre arabe est le khammessat ou bail au cinquième de la récolte, les quatre autres parts restant au possesseur du sol, à charge de fournir au preneur les instruments de travail, presque toujours les grains et l'argent nécessaire à son entretien, souvent aussi, selon les usages locaux, des vêtements au commencement de l'hiver, un mouton ou un pot de beurre au moment des grandes fêtes. Ces avances dites *sarmia*, remboursables sur la part qui revient au khammès, le constituent la plupart du temps en débet vis-à-vis de son maître ; or la coutume oblige, dans beaucoup de régions, le propriétaire indigène qui emploie un khammès à rembourser la sarmia qu'il doit au précédent bailleur ; le débiteur ne trouve donc à se placer nulle part et doit travailler indéfiniment pour son créancier, s'il ne trouve à louer ses bras chez un Européen qui n'a pas à tenir compte de ces usages tyranniques, aussi contraires à nos principes de droit qu'à la loi musulmane elle-même qui proscrit comme aléatoire tout bail à quote-part des fruits (1).

(1) Pouyanne, *Op. cit.*, p. 156 à 158.

Alors même que cet abus disparaîtrait, la situation des khammès serait toujours singulièrement étroite et humble vis-à-vis de possesseurs indigènes de la terre, dont beaucoup emploient les mêmes familles depuis des générations ; s'ils ne sont pas légalement attachés à la glèbe, comme ceux de Tunisie qui peuvent être réintégrés de force tant qu'ils sont redevables d'une obole au propriétaire, ils sont rivés à leur état par toutes les forces du groupe, du sang, de l'habitude ; pour échapper à l'exploitation héréditaire, il leur faut s'arracher à toute leur vie, chercher au loin leur pain, au risque de tomber définitivement à la boue des villes ou des grands chemins.

D'ailleurs, en supposant même le mieux, un bailleur honnête et une bonne terre, le cinquième de la récolte nourrit tout juste son homme, tandis qu'on voit plus d'un indigène se retirer du service d'un Européen avec un petit pécule qui lui permet de devenir propriétaire.

Peut-être objectera-t-on que si l'intrusion européenne profite à quelques journaliers indigènes, elle a par contre réduit beaucoup de propriétaires musulmans à la condition de salariés en leur prenant leurs terres. Pour justifier notre œuvre, il suffit de se demander ce qui serait advenu de ce pays, dans la paix française, s'il était resté complètement fermé aux entreprises du dehors. Un calcul bien simple s'impose : la colonisation occupe environ la cinquième partie des champs algériens ; d'autre part, le nombre de nos sujets augmente de près de deux pour cent par an (1) et la part de terres revenant théoriquement à chacun d'eux diminue d'autant chaque année. Si donc l'Algérie n'avait été aucunement colonisée, elle se serait trouvée, une douzaine d'années plus tard, dans une situation identique à celle de l'heure actuelle, et cela sans que l'ombre d'un progrès, d'un accroissement de prospérité fût venu compenser ce resserrement.

(1) Moyenne de l'accroissement de 1901 à 1906 : 77 350 pour 4 477 788 indigènes musulmans, soit 1,7 pour 100.

Mais, dira-t-on, que signifient les chiffres dans une question qui est avant tout morale ? Qu'importe un peu moins de misère pour les indigènes, si le contact d'étrangers arrogants vient constamment leur rappeler leur sujétion ? Qu'importe que la part des Européens ne soit pas excessive si elle est trop visible et si elle rappelle un passé de violence ? Qu'importe que leur travail enrichisse et étende le sol, si cette richesse excite constamment l'envie et le regret de l'enfant du pays, et accrédite chez lui l'idée que les Français ont pris chez lui toutes les bonnes terres ?

Il n'est que trop vrai : les indigènes n'ont pas besoin de consulter les statistiques de M. de Peyerimhoff pour être convaincus que la plus grande part du domaine livré à la colonisation provient du séquestre, des confiscations immobilières qui ont suivi les grandes insurrections : " Quand nous rendra-t-on nos terres ? " disait un jeune instituteur arabe en recevant son décret de naturalisation. Son interrogation sera répétée par tous ses coreligionnaires au lendemain de leur émancipation, et la seule réponse qu'on y pourra faire sera de s'unir dans le travail de tous pour amener la colonie à un état de prospérité qui rendra possibles tous les règlements de compte.

Mais n'eussions-nous aucun souvenir de ce genre à effacer, que l'attitude du peuple conquis n'en serait guère modifiée à notre égard, témoin les difficultés que nous rencontrons en Tunisie, aussi bien que l'Angleterre en Égypte. C'est la présence même du roumi sur le sol des ancêtres qui choque le musulman.

Assurément, il ne faut pas croire qu'en Algérie les relations journalières des deux races soient foncièrement mauvaises, que le contact des burnous et des manches de chemise s'accompagne forcément de regards torves et de sourdes injures ; mais la vie coloniale n'est pas douillette, et les rapports entre gens sans façons et d'origine très différente ne sont pas comparables aux échanges de vues entre savants d'Europe et d'Islam dans un congrès d'orientalistes.

Du côté de Mahomet, du moins parmi les populations qui n'ont pas vécu longtemps dans le voisinage du chrétien, il est assez couramment admis que les infidèles sont impurs, au sens rituel du mot, et qu'il faut éviter de les toucher. Dans les pays de stricte observance, on ne peut employer à leur égard les formules de politesse qui sont réservées aux vrais croyants, leur donner le véritable " salut ", le souhait de l'éternelle paix. Il y a des paroles de bienvenue et de bénédiction qui sont réservées aux non-musulmans (1), mais le vulgaire les ignore et se tait. Si le langage populaire ne sait comment les honorer, il n'est pas embarrassé pour les maltraiter ; chose digne de remarque, les appellations qu'on donne aux Européens ont fréquemment trait à leur grossièreté, ce sont les chacals, les *aledj* (ânes sauvages). On ne peut s'en étonner beaucoup : à ces croyants dont l'attitude est soutenue et minutieusement réglée par la tradition religieuse, et qui, fussent-ils de la plus basse extraction, savent de par leur foi, leur orgueil et leur placidité se tenir et parler devant Dieu et devant les hommes, la familiarité du Français de nos jours, son allure libre et pressée apparaissent comme le fait de gens mal appris ; aussi bien la qualité des latins qui forment le fond de la population coloniale ne leur donne que trop raison, et davantage l'idée de la prééminence européenne peut porter un esprit simple à la brutalité, du moins verbale. Ce n'est pas à dire que nos sujets se laissent si facilement rudoyer : quiconque, après avoir vu les écœurantes manifestations de supériorité auxquelles se livrent les touristes, à coups de courbache ou d'ombrelle, sur le dos des fellahs d'Égypte, aura été à même d'observer l'attitude des indigènes d'Algérie vis-à-vis des étrangers, pourra apprécier la différence des deux fibres.

Les sentiments de nos colons à l'égard de l'Arabe ou du Kabyle procèdent à la fois de la bonhomie, d'une certaine crainte, et d'un mépris pour leurs mœurs et leurs usages

(1) Voir Daumas, *Mœurs de l'Algérie*, p. 46.

égal à celui que les gens du Prophète ont pour les leurs.

Certes, il ne faut pas attacher trop d'importance aux diatribes dont les cafés d'Algérie retentissent à l'adresse des indigènes ; ceux qui médisent le plus d'eux ont peut-être parmi eux des amis et des auxiliaires précieux. Après s'être répandus en plaintes sur la complaisance des hautes autorités à l'égard du peuple conquis, en anecdotes sur les perfidies de vieux serviteurs indigènes auxquelles on oppose le dévouement de certains autres qui ont défendu leurs maîtres jusqu'à la mort en temps d'insurrection, les Algériens presque invariablement portent sur nos sujets le jugement suivant : " Ce sont des enfants, il faut avant tout les traiter avec justice, comme je le fais. " Sentence où il n'y a rien à reprendre, quant à la partie générale. Pris en masse, les colons, ceux surtout qui sont nés dans le pays, s'entendent bien avec les autochtones ; ils ne ressentent pas à l'égard de ces hommes dont ils comprennent la langue et dont l'aspect leur est familier, l'inquiétude qui jette parfois le paysan fraîchement débarqué en des méprises sanglantes. Ils savent les prendre et tirer parti d'eux au meilleur compte. Néanmoins, et quelle que soit la continuité et la loyauté des rapports entre Européens et indigènes, il reste toujours au cœur des premiers un reste d'appréhension vis-à-vis d'une race dominée, mais non ployée, retranchée derrière des formules absolues d'exclusion, possédée par d'obscures hantises de violences, d'hécatombes au vrai Dieu. Ainsi s'expliquent les émois soudains, les paniques même qui traversent à certaines heures la population européenne : il est d'ailleurs parfaitement conforme à notre tempérament colonial de passer d'une insouciance téméraire à des perplexités exagérées.

Nos sujets se rendent très bien compte de ce qui s'agite dans l'âme du conquérant, et ils en tirent certainement vanité : ils ont le sentiment très net de la force qu'ils possèdent sur leur vieux sol, et une ferme croyance dans la grandeur de leur race qui a fait si longtemps reculer les princes chrétiens ; ils ne partagent guère l'admiration et le respect que le noir, fût-il musulman, a souvent pour l'homme d'Europe ; ils peuvent bien, quand on leur explique une invention nouvelle, s'incliner gravement en répétant " que les Français ont bonne tête ", mais le moment d'après, ils parleront avec dégoût de ces buveurs d'alcool qui ne font pas d'ablutions et qui laissent voir leurs femmes. Il y a beaucoup à apprendre en observant l'air de convoitise méprisante avec laquelle ils regardent les Européennes.

Cette mésestime peu dissimulée, cette ironie même à l'égard de l'élément dit supérieur est certainement pour quelque chose dans l'éloignement qu'on voit à l'égard des indigènes, même dans des milieux algériens qui ne sont pas en compétition ni en fréquentation avec eux. Quant aux colons, ils ne sont pas en reste de répugnance avec ces compagnons obligés de la vie du bled : ils goûtent peu leur air de noblesse et ils évitent leurs parasites ; ils trouvent désagréable le spectacle de certains de leurs rites religieux ; ils leur reprochent les vices qui leur sont particuliers et, pour s'étonner de les voir protester contre le mélange des enfants des deux races dans les écoles, il faudrait pousser un peu loin le parti pris arabophile. Ils raillent la facilité de leurs mariages et de leurs divorces et d'une façon générale jugent peu édifiante la conduite de ces gens pieux.

En définitive, entre ces éléments si dissemblables, les rapports individuels sont souvent bons, pleins de confiance et de sympathie, mais dans l'ensemble les sujets de mésentente, les points de répulsion réciproque abondent. C'est dans la psychologie, non dans le heurt des intérêts ou dans l'exploitation, beaucoup moins fréquente qu'on ne le dit, de l'ignorance et de la pauvreté de l'Arabe par les Européens, qu'il faut chercher la cause principale des dissentiments trop réels qui séparent les deux groupes ethniques. Bien au contraire, une plus grande pénétration réciproque par l'association et la collaboration économiques, pourra miner à la longue ces préjugés que seule l'impossible fusion des sangs pourrait renverser tout à fait.

Heureux si la solidarité de race se traduisait par l'entr'aide ; mais chez les Arabes elle consiste principalement dans l'exploitation du plus grand nombre. L'expérience le montre : dans la plupart des régions peu ou point colonisées, l'indigène végète sans pouvoir étendre ni améliorer ses cultures, jusqu'au jour où une mauvaise récolte le réduit à l'emprunt et l'emprunt à la ruine.

Certes, il est tout à fait exagéré d'évaluer, comme on l'a fait, à soixante hectares l'espace qui serait nécessaire à un chef de tente, en certaines régions, pour subsister avec les siens (1), mais si l'on compare l'étendue moyenne des cultures annuelles avec le nombre des propriétaires musulmans, familles comprises, on trouve environ 1 hectare 40 ares par tête, soit environ, pour une maisonnée de cinq personnes, 7 hectares, rendant en blé ou en orge 500 à 600 francs ; nous ne comptons d'autres frais de culture que la semence, le maître travaillant lui-même avec sa femme et ses enfants, le bétail se nourrissant sur les chaumes et sur les communaux. Épargner sur un pareil revenu est à peu près impossible. Ce pauvre monde, il est vrai, vit de rien, se nourrit pour 300 ou 400 francs par an ; la laine des moutons suffit à le vêtir et quelques perches l'abritent sous des touffes de diss ; mais tant d'embûches l'entourent, tant de mains avides et impérieuses se tendent vers lui ; et puis le musulman naît obéré : du jour où il possède, il a quelques dettes à traîner. Arrive donc un accident quelconque, grêle, sirocco, sécheresse, froidure ou épizootie, et aussitôt notre homme perd pied ; il sollicite un voisin, un parent peut-être ; il en obtient un prêt ; de ce jour, il est perdu, à moins qu'une de ces folles aubaines de la campagne algérienne, une de ces moissons éclatantes que parfois les pluies de printemps font déborder de terre, ne vienne le sauver ou plutôt retarder sa ruine.... Et qu'on y

(1) Voir l'*Enquête sur la propriété indigène* publiée par le Gouvernement général de l'Algérie (*Procès-verbaux de la Commission de 1898*, p. 205 sq.). L'auteur du rapport enfle manifestement les dépenses indispensables d'entretien et les frais de culture.

songe, nous avons tablé sur une moyenne, ce qui suppose que la plus grande partie de nos fellahs se trouve dans un pire état !

Pourtant, si l'on s'en rapporte aux statistiques, le nombre des propriétaires indigènes ne diminue pas sensiblement et il représentait en ces dernières années la moitié de la population musulmane des campagnes. Mais en tenant même ces chiffres pour exacts, il faut remarquer qu'ils comprennent sous la dénomination de propriétaires tous les membres de la famille des détenteurs de la terre. Or, la population indigène ayant augmenté annuellement de 70 000 unités environ dans la dernière décade, nous devrions trouver chaque année, si le nombre des propriétaires véritables restait stationnaire, vingt-cinq à trente mille individus de plus dans cette catégorie.

Il serait assurément prématuré de prédire la disparition de cette classe agricole qui, à l'heure actuelle, se maintient surtout grâce à sa prodigieuse capacité de résistance aux privations ; il est impossible d'imputer leur misère à la colonisation ni même à l'accaparement des terres par les gros capitalistes indigènes (1). Certes, il y a eu, notamment dans la région du Chéliff, quelques faits scandaleux de cet ordre, mais qui sont heureusement rares. On manque de documents sur ces mouvements si importants que les statistiques officielles devraient mieux suivre, mais ce que tout le monde sait, c'est que les domaines de plusieurs milliers d'hectares ne sont pas nombreux en Algérie, mais que par contre les usuriers y prospèrent et y pullulent. Ce sont moins les grands vautours qu'une foule de petits rapaces qui dévorent le peuple arabe.

La grande propriété ne se généralisera plus dans l'Afrique

(1) Il nous paraît difficile d'admettre, avec M. Victor Bérard (Voir l'article intitulé *France d'Afrique — Politique oranaise* dans la *Revue de Paris* du 15 février 1911, p. 882), que le capitaliste musulman achète plus cher parce qu'il peut se contenter d'un revenu moindre. En réalité, si l'Européen paye moins cher en apparence que l'indigène, c'est qu'il acquiert généralement des terres à défricher. L'éviction des petits propriétaires arabes est généralement le fait des usuriers de leur race, à qui on ne saurait reprocher de gâter les prix.

du Nord comme elle put faire du temps de l'esclavage antique ; chez les Européens, la tendance est à la culture intensive et par conséquent réduite ; chez les indigènes, la prodigalité et la mauvaise administration, aussi la polygamie et la loi successorale qui multiplient le nombre des héritiers, poussent au morcellement. Seulement, au-dessous des fastueux caïds, des marabouts avides, des chicaniers de haut vol, le Kabyle, le Mozabite et ses émules arabes guettent, amorcent, agrippent le pauvre fellah, ramassent à vil prix quantité de petits biens, se répandent et s'arrondissent obscurément, et se substituent aux cultivateurs ruinés qu'ils réduisent à l'état de fermiers ou de khammès.

Voilà un des grands maux actuels qui évidemment n'est pas le fait de l'exploitation européenne, mais qui au contraire sévirait davantage encore si les capitaux et les initiatives européennes ne venaient agrandir les possibilités de travail et de gain, accroître le prix des terres ainsi que le taux des salaires et réduire le loyer de l'argent.

* * *

N'est-il point de remède à cette lente expropriation des petits agriculteurs qui, si elle continuait son œuvre, compromettrait gravement l'équilibre social de ce pays sans augmenter ses capacités de production ? L'usurier en effet ne se soucie guère de progrès agricole : il lui est plus expédient d'employer ses fonds à faire de nouvelles victimes que de les risquer à des améliorations culturales.

Tout d'abord il faut écarter résolument les recettes juridiques et législatives, l'idée de protéger l'indigène par l'établissement du *homestead*, du bien de famille inaliénable. Que servirait à un malheureux de garder sa terre s'il se voyait réduit à mourir de faim en attendant la moisson ? Une telle mise en interdit de la majeure partie du territoire ne ferait que favoriser la malhonnêteté de quelques vendeurs, tout en laissant le plus grand nombre sous la domination des usuriers qui, par des arrangements occultes et dolosifs, se feraient céder en gage ou à bail, aux pires conditions, les terres mises hors du commerce. Dès aujourd'hui, on voit trop de fellahs privés depuis de longues années de leur bien qu'ils ont donné en nantissement pour un prêt infime.

Aurons-nous meilleur compte à pourchasser Shylock ? Mais les indigènes seront les premiers à en pâtir ; mieux leur vaut être tondus que mangés, et plus d'un pauvre diable, une fois la disette passée, dit de son prêteur, en dépit du Coran : " C'est mon père, il m'a prêté à 50 pour 100 et j'ai gardé ma terre. "

Il ne s'agirait donc que de leur trouver des pères à meilleur marché. C'est à quoi l'administration s'efforce depuis longtemps : elle a déjà réalisé, dans ce domaine, une grande œuvre, aussi belle que simple, celle des sociétés de prévoyance. Notre administration, en vingt ans d'efforts, est arrivée à faire du vieux silo une institution perfectionnée et généralisée. De tout temps, le Berbère avisé et l'Arabe insouciant, lui-même, avaient obéi à l'instinct amasseur et pratiqué avec un art souvent remarquable le choix des emplacements et des terrains bien secs, où l'on peut conserver les grains sans autre précaution que l'enfouissement et la dissimulation des orifices. Il a suffi à nos officiers, puis à nos administrateurs civils de propager cette coutume, de la faire renaître là où l'insécurité ou la facilité de se procurer des subsistances l'avaient fait disparaître, et surtout de pourvoir à la surveillance et à la répartition de ces modestes trésors, de les empêcher de tomber à l'usage exclusif des puissants de la tribu, et de les défendre contre les visites des voisins, plus désastreuses que les razzias d'autrefois.

Les " sociétés de crédit, de prévoyance et de secours mutuels " organisées par la loi du 14 avril 1893, sont en théorie des associations auxquelles l'indigène apporte librement son adhésion et sa cotisation. On peut affirmer que si ce beau principe avait été appliqué à la lettre, aucune de ces institutions, si nécessaires à la vie des indigènes, n'aurait pu durer et prospérer. C'est ici un des exemples les plus frappants des effets que peut produire l'émancipation de nos sujets. Actuellement, ces sociétés comptent plus de 520 000 membres et se recrutent principalement parmi les contribuables ruraux musulmans des communes mixtes. Chacun d'eux paye sa quote-part, en même temps que ses impositions, au receveur des contributions directes, trésorier de la société de prévoyance agricole, et bien peu sauraient établir aucune distinction entre ces versements divers. Dans les communes de plein exercice, au contraire, les indigènes, éveillés à notre contact, se montrent parfois trop bons adeptes d'une certaine école démocratique en retirant leurs adhésions aussitôt après les avoir données, en refusant d'acquitter les versements promis, et en réclamant le concours de la société de prévoyance après lui avoir refusé le leur. Aussi cette organisation ne fait-elle que végéter là où le système électif livre l'indigène à lui-même, à son esprit d'opposition, de versatilité et d'intrigue (1).

Il faut l'ascendant qui appartient dans les communes mixtes au représentant du pouvoir et à ses auxiliaires indigènes, pour vaincre dans les débuts l'inertie de la masse et le mauvais vouloir de quelques-uns ; une fois le branle donné, la machine fonctionne à souhait ; l'indigène le plus malintentionné ou le plus borné comprend l'intérêt de donner chaque année trois à cinq francs pour pouvoir en emprunter dix fois davantage. On peut même dire que l'administration locale, en voulant acclimater plus vite l'idée de la mutualité, a trop multiplié l'usage des petits prêts. Par embarras de choisir entre les requêtes trop nombreuses des sociétaires, entre les nécessités trop réelles auxquelles ils doivent parer,

(1) En 1907-1908, sur 190 sociétés on n'en comptait que 98 pour les communes de plein exercice ; les deux tiers à peu près de celles-ci en étaient donc dépourvues. Ces 98 sociétés ne groupaient que 29 986 membres contre 417 591 sociétaires appartenant aux communes mixtes, qui comptaient donc environ quatre fois plus d'adhérents, eu égard à leur population.

par crainte aussi de favoriser les exactions des chefs de douar ou de fraction qui ne recommandent guère sans motif intéressé les demandes d'emprunt de leurs coreligionnaires, beaucoup d'administrateurs en arrivent à répartir également, machinalement, chaque année, entre tous les adhérents de la société, riches ou pauvres, pressés ou non de besoins, le contenu presque entier de la caisse. De là beaucoup de menues prodigalités des indigènes qui ne sauraient en général résister au chatouillement de quelques douros impatients de s'échapper de leurs doigts ; de là aussi la tentation pour le pauvre diable de suivre l'usurier qui l'attend au sortir de la distribution, offrant de compléter la somme que la société n'a pu lui avancer en totalité. Assurément, on peut admettre que tous les petits propriétaires musulmans ont besoin de crédit : trop de charges les empêchent d'épargner, même pour l'indispensable, pour semer et subsister jusqu'à la récolte nouvelle, mais comme il n'est pas possible de satisfaire à toutes les demandes, étant donnée l'insuffisance des ressources actuelles, qui ne dépassent guère une vingtaine de millions, soit quelque quarante francs par adhérent, il serait à souhaiter que les chefs des communes mixtes, présidents des sociétés de prévoyance, fussent toujours à même de discerner, parmi les candidats à l'emprunt, les gens les plus méritants et leur fissent la part aussi large que de raison.

Si l'emploi de ces fonds n'est pas toujours judicieux, du moins le placement en est-il très sûr, et le recouvrement des prêts annuels ne laisse qu'un montant très faible de non-valeurs. Encore faut-il, pour être tout à fait juste, mentionner d'une part les excès de zèle de quelques administrateurs qui, en pressant trop quelques retardataires, les obligent à s'adresser à l'ennemi commun, l'usure, pour s'acquitter vis-à-vis de la mutualité ; d'autre part, dans certaines communes, la pratique tout à fait répréhensible qui consiste à renouveler indéfiniment les prêts par un simple jeu d'écritures, au risque de ne trouver dans la caisse aux jours de disette que les billets des indigènes·

Par contre, nous ne saurions nous associer au reproche qui a été fait aux sociétés de prévoyance, de n'avoir arraché les pauvres hères aux dents des prêteurs à la petite semaine, que pour les jeter aux griffes des harpagons officiels, adjoints indigènes et autres pressureurs du pauvre musulman. On a publié des calculs hautement fantaisistes, d'après lesquels le mutualiste indigène, après avoir passé par le kébir, le khodja, le caïd et le chaouch, aurait déboursé 20 pour 100 de l'avance que lui consentira la société. Que de tels abus existent, cela n'est que trop certain, encore que la généralisation des prêts doive bien les atténuer. Mais il serait curieux que cette institution, en ouvrant une nouvelle source de crédit, n'eût pas réduit le taux moyen de l'intérêt : à coup sûr l'indigène n'est pas obligé de s'adresser à la société de prévoyance, et s'il s'y empresse, malgré sa répugnance bien connue pour le remboursement à époque fixe, c'est qu'il y trouve un avantage sérieux.

On dit aussi que certains adhérents, parmi les Kabyles surtout, n'empruntent que pour prêter à usure : la chose n'est pas impossible, étant donnée l'incurie qui règne dans quelques communes mixtes, mais elle demeure exceptionnelle, et de tels financiers, opérant avec un capital de 50 à 100 francs, ne peuvent causer grands ravages.

A plus forte raison ne croirons-nous pas que les sociétés de prévoyance puissent, comme on l'a affirmé récemment, servir à l'accaparement des terres par quelques riches musulmans (1). Il est bon cependant de se méfier de tout prêt important demandé par un sociétaire notable ou puissant et de ne consentir que rarement, à qui que ce soit, une avance dépassant quatre ou cinq cents francs. Surtout il faut condamner tout renouvellement qui peut faciliter l'emploi abusif des fonds de la société. Il ne faut jamais perdre de vue que l'argent du " silo des pauvres ", comme disent les indigènes, est versé par des pauvres, et destiné aux plus laborieux et aux plus besogneux.

(1) Voir l'article précité de M. Victor Bérard, p. 884.

Plus douteux est de savoir s'il vaut mieux encaisser et prêter en numéraire ou en nature : le premier procédé simplifie beaucoup la tâche de l'administration, qui se débarrasse ainsi de la surveillance et de l'entretien des silos, mais le second, comme tous les moyens primitifs, a l'avantage de s'adapter beaucoup mieux aux conditions du milieu et de la race. L'indigène qui emprunte deux quintaux de blé pour ensemencer est beaucoup moins tenté de les gaspiller que s'il touche huit beaux écus pour le même usage ; le caïd, si leste à glisser dans son burnous le douro prélevé sur la somme prêtée, sera fort embarrassé pour escamoter un double décalitre. D'autre part, les céréales étant au plus bas prix après la moisson, la société qui encaisse alors les cotisations en nature, peut recevoir sous cette forme plus qu'elle n'aurait fait en argent, de même qu'à l'époque des semailles, qui est celle de la hausse, elle peut prêter davantage en grains qu'elle n'aurait fait en numéraire. En outre, la constitution de réserves, en des régions mal accessibles, bride un peu la spéculation en temps de disette, et met les secours à la portée immédiate des besoins, dans un pays où l'insuffisance des communications et de l'organisation commerciale donnent trop beau jeu aux intermédiaires.

Tant de raisons devraient triompher de la paresse des uns et des hésitations de quelques autres auxquels les méthodes du patriarche Joseph semblent surannées, dans un état social qui n'a cependant guère varié depuis l'époque des Pharaons ; il faut que toutes les régions productrices de céréales imitent l'exemple de l'Oranie, et se pourvoient de bons silos, maçonnés et cadenassés, à l'abri des fureteurs et des charançons (1).

La société de prévoyance doit rester avant tout dans son rôle d'assurance contre la famine, et ce rôle a de quoi absorber pendant bien longtemps ses ressources croissantes. Le déficit d'une récolte en Algérie peut encore atteindre la valeur

(1) Ce progrès sera dû en grande partie aux exhortations de M. de Peyre, le vénérable apôtre des sociétés de prévoyance, à qui la mutualité indigène est redevable de tant de bienfaits.

de 100 millions, malgré la diminution de l'écart des rendements due aux améliorations culturales, et nos mutualités disposent à peine du cinquième de cette somme. En continuant à s'enrichir à peu près d'un million et demi par an, elles suffiraient tout juste à leur tâche dans un demi-siècle. Tout en renforçant autant que possible ces instruments rudimentaires et indispensables du crédit, on ne saurait évidemment compter qu'ils suffiront à la transformation de l'économie agricole, et à la fécondation d'un sol à peine effleuré pendant des siècles par l'effort humain. On pourra bien, çà et là, pourvoir de charrues françaises un certain nombre de notables indigènes, à l'aide des prêts de nos sociétés, mais il ne faudrait pas que ce fût au détriment des petits adhérents, dont les demandes, nous l'avons vu, sont trop souvent écartées faute de fonds.

*
* *

Cette aide que la tirelire administrative ne suffit pas à lui fournir, et sans laquelle le petit propriétaire indigène ne saurait longtemps subsister, la trouvera-t-il auprès des capitalistes ? Hélas, il n'a que le choix entre la méfiance des uns et l'avidité des autres ; l'Européen ne se risque pas volontiers avec eux à des opérations aussi dangereuses pour sa considération que pour son argent ; le Juif lui-même, malgré sa merveilleuse accommodation aux tractations avec le musulman qui depuis des siècles l'outrage, le maudit, le supplie, le remercie, lui donne sa parole, la reprend, le paie, le vole et l'enrichit, le juif est gêné par nos lois contre l'usure, tandis que l'Arabe, le Kabyle, le Mozabite surtout, trouvent de précieuses ressources dans le droit spécial qui les régit, pour tirer des moutures inépuisables du prêt consenti à un coreligionnaire.

La jurisprudence coranique montre d'une façon frappante où l'on aboutit en voulant comprimer un besoin universel, qui, se jouant des interdictions, tourne ou déborde tous les obstacles, et cherche une issue dans les passages mêmes où l'on s'assurait de l'étouffer. Le droit musulman a prévu et condamné toutes les formes possibles de l'usure ; tout lui est suspect, l'association commerciale, le métayage, la vente à crédit, le simple change de monnaie ; et non seulement toutes les variétés du louage abusif de l'argent fleurissent dans le monde arabe, particulièrement le prêt de semences payable à un taux déterminé au moment de la récolte, procédé habituel de l'exaction d'intérêts excessifs entre indigènes algériens, mais bien plus cette législation donne au prêteur, dans la *rahnia* ou gage immobilier, des facilités qui n'existent guère en aucun autre code pour rançonner un débiteur.

Frappés de la détresse où la prohibition du prêt à titre onéreux mettait le musulman en mal d'argent, les docteurs favorisèrent de bonne heure l'antichrèse qui, en fournissant une garantie au bailleur de fonds, lui permettait de se récupérer sur les revenus de l'immeuble engagé. Seulement l'usage s'établit bien vite, contrairement au vœu formel de la loi sacrée, de conserver les immeubles en rahnia jusqu'au remboursement intégral de la dette, sans compter pour rien la jouissance de la terre ou de la maison mise en gage.

On a bien essayé il y a quelques années de redresser cet abus en rappelant aux magistrats musulmans, par une consultation de la commission chargée de codifier le droit musulman, les vrais principes qui règlent ces contrats. Nous craignons bien que ces recommandations n'aient point trouvé d'écho dans les prétoires et que parmi les innombrables propriétés laissées en rahnia pas une n'ait été reprise aux roitelets de l'usure ; c'est qu'aussi bien les spoliations de cette espèce sont surtout pratiquées par les grands du monde indigène, notables, chefs religieux ou civils, ou par leurs clients, si bien que, fussent-ils mieux instruits de leurs droits, les emprunteurs frustrés n'oseraient les faire valoir : on voit ainsi de nombreuses parcelles rester indéfiniment aux mains des fils de grande tente, ou de leurs amis, sans autre titre que d'anciens prêts dont souvent le montant

(305)

ne dépasse guère la valeur d'une récolte annuelle des terres occupées. Souvent il n'existe aucun acte écrit, souvent le propriétaire légal reste comme khammès sur le bien qu'il a engagé, et la confusion des comptes de colon partiaire vient rendre plus impossible le règlement éventuel de sa situation d'emprunteur. On pense si ces combinaisons occultes qui se perpétuent trop facilement entre musulmans sont propres à simplifier les problèmes juridiques auxquels on se heurte à chaque pas en pays indigène.

Et cependant, quelque oppressive que se manifeste parfois une telle institution, on n'en peut nier l'utilité : elle permet au petit agriculteur ruiné d'échapper à l'éviction immédiate, de garder l'espérance des jours meilleurs qui lui rendront son petit domaine ; à tout le moins, elle lui laisse la satisfaction, très chère à sa religion du sol ancestral, de conserver la propriété nominale du coin de terre où ses pères ont vécu et travaillé. La rahnia et son succédané la *tsenia* ou vente avec stipulation de rachat sans terme, ont sur notre réméré un avantage considérable, c'est de ne pas obliger l'indigène, enfant imprévoyant, à s'exécuter sans rémission avant une date déterminée. En outre, les indigènes trouvent dans la rahnia le moyen de tirer quelque profit d'une part indivise d'héritage dont ils ne pourraient ou ne voudraient se défaire par une aliénation définitive ; en engageant à leurs co-héritiers ce qui doit leur revenir de la succession, ils évitent de recourir à un partage onéreux et d'introduire des étrangers dans le bien familial.

Honnêtement pratiqué, ce mode d'engagement pourrait rendre autant de services qu'il entretient actuellement de misères. On pourrait concevoir une sorte de Mont-de-Piété des immeubles où l'autorité française, agissant au nom d'une association de musulmans, utiliserait, au profit des débiteurs indigènes, les commodités que la loi religieuse leur donne en cette matière.

Là, comme dans les sociétés de prévoyance, le croyant le plus scrupuleux pourrait consentir à payer un intérêt qui ne constituerait plus un gain pour le prêteur, mais une contribution au profit de la communauté des emprunteurs. Les risques de cette entreprise seraient, semble-t-il, infiniment moindres que son utilité ; ils consisteraient moins dans la gestion, très simplifiée par le taux peu élevé de capitalisation des terres et par la facilité correspondante avec laquelle on trouve à les louer à bon compte, que dans l'incertitude de la propriété musulmane ; encore l'absence de titres n'empêche-t-elle pas actuellement ces opérations entre indigènes.

Seulement, pareil essai de libération de la propriété indigène ne saurait évidemment être tenté sans une première et assez forte mise de fonds ; or, jusqu'ici, tout l'effort de la colonie dans cet ordre de choses s'est porté, non sans succès, vers l'organisation du crédit agricole proprement dit, fondé non plus sur les garanties immobilières, mais sur les capacités de travail et de succès des individus.

* *

On n'a pas besoin de rappeler les difficultés que présente en tous lieux le problème du crédit aux gens de la terre : durée et simultanéité des opérations culturales qui immobilisent durant six à neuf mois les capitaux du prêteur, tandis que l'escompte commercial, chez nous du moins, se règle à trois mois au plus ; danger des crises qui peuvent s'étendre à de vastes contrées et qui déjouent toutes prévisions ; difficulté de surveiller les affaires d'une clientèle disséminée sur un territoire trop étendu ; tempérament de l'homme des champs qui, selon les races, est trop prudent pour emprunter ou trop insouciant pour s'acquitter.

Nulle part les agriculteurs n'ont pu vaincre la répugnance des grands manieurs d'argent à se risquer en ces entreprises, réservées de tout temps à l'âpreté minutieuse du petit capitaliste villageois. L'exemple unique de l'Ecosse montre que les banques, et surtout celles qui ont la faculté d'émettre des billets-monnaie, ne peuvent seconder le progrès agricole qu'à condition d'avoir un rayon d'action très limité, de vivre tout près du cultivateur, en collaboration étroite et constante avec lui. " C'est sous la puissante influence de ces banques que l'Ecosse a changé d'aspect, presque de forme, et que sa terre pétrie et manufacturée en quelque sorte est devenue l'une des plus fertiles et des mieux cultivées de l'univers (1). " On ne peut évidemment attendre d'aussi merveilleux résultats des grandes banques d'Etat ou dépendant de l'Etat, qui participent aux énormes risques de sa fortune, et dont l'organisation centralisée ne se prête en aucune façon aux tractations patientes et méticuleuses du crédit rural.

Là même où la finance est la plus hardie, comme en Allemagne, ce n'est d'elle qu'est venu le salut pour la petite et la moyenne agriculture, c'est de l'union des intérêts, de même qu'en Italie, sous la forme de la solidarité illimitée des emprunteurs associés. Dans notre pays individualiste et timoré en matière d'engagements pécuniaires, cette méthode, assurément la plus féconde de toutes, n'a jamais pu aboutir, et il a fallu, après bien des hésitations, recourir à l'intervention de l'Etat.

On connaît l'organisation du crédit agricole constitué en Algérie par la loi du 8 juillet 1901, à l'imitation du système établi en France par la loi du 31 mars 1899. Au moyen des avances et redevances fournies par la Banque de l'Algérie, comme par la Banque de France dans la métropole, les caisses dites régionales, composées d'agriculteurs du même pays, reçoivent de la colonie des prêts gratuits qui peuvent s'élever et qui atteignent généralement le quadruple du capital versé

(1) Courcelle Seneuil, *Traité des opérations de banque*, p. 336. Les banques écossaises bénéficiant du monopole de l'émission des billets n'étaient pas moins de dix-huit en 1849; il en subsiste dix. Elles ne sont d'ailleurs autorisées à émettre que 2676000 livres à elles toutes, au delà de leur encaisse métallique, et elles n'osaient de cette faculté que pour 1265000 livres en 1906. Le privilège de l'émission ne représente donc pour elles qu'un minime avantage, et leur succès, dans l'ordre agricole notamment, s'explique principalement par leur caractère local et par les facilités spéciales du régime hypothécaire de l'Ecosse.

par les sociétaires; elles obtiennent assez facilement des banques l'ouverture de crédits supérieurs au total des fonds qu'elles leur confient en dépôt, de sorte qu'avec une somme de 1 200 000 francs fournie par les intéressés, et les trois millions et demi qui lui sont confiés par la colonie, l'ensemble de ces caisses arrive à escompter pour 15 millions à leurs adhérents.

Ces chiffres montrent bien, en même temps que les avantages que les colons tirent de l'appui pécuniaire de la collectivité, l'insuffisance du régime des avances gratuites. C'est par centaines de millions qu'il faudrait pouvoir venir en aide aux gens de bonne volonté, européens ou indigènes, pour mettre en mouvement toutes les forces endormies de la terre algérienne et surtout pour empêcher l'expropriation des agriculteurs laborieux et malchanceux. Le procédé actuel, tout en présentant l'avantage d'apprivoiser le monde agricole, de faire son éducation au point de vue du crédit, a le vice de l'accoutumer à des taux d'emprunt artificiellement abaissés. Le jour est proche où sera tarie la source des faveurs que la colonie répand par l'intermédiaire des caisses régionales (1) ; sans doute le remboursement des fonds avancés est formellement prévu, à terme fixe, mais combien problématique est cette rentrée ! Elle serait pourtant indispensable pour atteindre pleinement l'objet poursuivi, savoir, d'amener les premiers bénéficiaires à se suffire à eux-mêmes, après avoir grossi leur capital et affermi leur crédit avec le secours temporaire des deniers publics, et d'autre part de faire profiter successivement le plus grand nombre possible d'agriculteurs des moyens disponibles pour cette initiation.

Déjà quelques associations sont entrées bravement dans la voie qui seule est la vraie, celle de la responsabilité solidaire et illimitée des membres de la caisse régionale pour les

(1) Une récente convention avec la Banque de l'Algérie a cependant augmenté le taux de la redevance annuelle que cet établissement doit payer à la colonie et qui s'élèvera à 750 000 francs au minimum de 1912 à 1920.

engagements qu'elle souscrit. Il y a beaucoup à espérer de ce côté : l'esprit du colon est bien différent à cet égard de celui de notre paysan ; l'Algérien plus aventureux, plus novateur, plus ouvert de caractère, sent mieux l'utilité de l'emprunt et de l'entr'aide, la nécessité de se munir réciproquement contre le mal d'argent, contre la froideur du capitaliste et l'astuce des mauvais payeurs.

C'est surtout parmi les musulmans que pareilles ententes seraient indispensables pour assurer à l'agriculture les ressources dont elle est privée. Nous tenons à honneur d'avoir créé, sous la direction de M. Jonnart, les premières caisses régionales composées d'indigènes. Auparavant, quelques établissements européens de crédit agricole, notamment à Constantine, avaient ouvert leurs portes à bon nombre de propriétaires arabes : on ne saurait trop louer et encourager ces initiatives, mais les dispositions des colons ne sont pas partout aussi libérales, et dans beaucoup d'endroits, la méfiance ou la timidité des indigènes les tiennent à l'écart de ces associations où ils se sentiraient trop dominés par leurs voisins européens. En outre, il est intéressant de former, parmi cet élément arriéré, un certain nombre d'hommes à la gestion responsable des intérêts agricoles du groupe dont ils font partie ; en même temps, il faut veiller étroitement à ce que leur action ne tourne pas, ainsi qu'il advient trop souvent dans les milieux musulmans, à l'exploitation du plus grand nombre, et comme l'administration est particulièrement à même d'exercer ce contrôle moral sur les mutualistes indigènes, il lui est plus expédient de les réunir sous sa tutelle, hors des caisses régionales d'Européens.

Dans cette expérience, les obstacles qui se sont rencontrés provenaient non point des intéressés, toujours dociles aux conseils de l'autorité et parfaitement aptes à comprendre les avantages d'un prêt gratuit, mais bien de la routine de beaucoup de fonctionnaires et des hésitations de la finance algérienne. Un certain nombre d'administrateurs se sont pourtant dévoués à cette œuvre nouvelle qui, malgré quelques fâcheux échecs, a déjà porté de bons fruits ; par contre, les banques n'ont guère trouvé moyen jusqu'ici de seconder le crédit mutuel indigène. Sans doute il est trop naturel qu'elles n'ouvrent pas aussi largement leurs guichets à ces emprunteurs qu'aux Européens, dont la situation foncière et mobilière est en général beaucoup plus nette ; en effet, l'avoir d'un indigène, même riche, qui veut se soustraire à un engagement, disparaît avec une merveilleuse facilité : du jour au lendemain on apprend que ses terres ne lui ont jamais appartenu, que ses maisons sont cédées en gage, et que ses troupeaux sont vendus au voisin. Seulement ses chefs sont en état d'empêcher de telles collusions, et dans le fait, les prêts des caisses régionales rentrent et rentreront aussi facilement que ceux des sociétés de prévoyance dans les communes mixtes bien administrées. D'ailleurs le crédit agricole est affaire moins de sécurités matérielles, que de garanties morales : il y faut avant tout connaître son monde, chose difficile au bailleur de fonds qui accepterait le papier d'une foule de petits propriétaires musulmans, chose facile aux gens qui vivent au milieu des emprunteurs. A cet effet, on avait offert, dans un cas tout au moins, la garantie la plus forte qui soit, la solidarité illimitée entre les membres d'une mutualité indigène qui comprenait tous les propriétaires d'une contrée : là plus de complicité possible entre le débiteur et ses amis de la tribu, mais au contraire la surveillance incessante des sociétaires permettant de connaître exactement les facultés de chacun au moment de la discussion des demandes de fonds et d'empêcher l'évasion des ressources au détriment de la caution commune, à l'époque du règlement. Et cependant, ce difficile effort de bonne foi et d'union n'a pu vaincre les appréhensions des capitalistes : prêter à l'Arabe éveille trop d'idées de tracas, de retards, d'exécutions malaisées et odieuses. Hâtons-nous de dire que ces préjugés très compréhensibles n'ont rien d'absolu et qu'ils seraient bientôt dissipés, le jour où une organisation méthodique du crédit mutuel se généraliserait parmi les indigènes, avec l'aide matérielle et morale du pouvoir.

Seulement, pour atteindre ce but, le premier à poursuivre à l'heure actuelle, il faudrait donner à l'Algérie des moyens que ses contrats avec une banque de circulation ne suffiront jamais à lui fournir. C'est en faisant largement appel à son propre crédit, et non autrement, qu'elle pourra étayer celui de ses enfants, et leur ouvrir des champs d'activité fructueux pour tous. Maintenant qu'un vaste programme de travaux publics en cours d'exécution a donné satisfaction pour quelque temps à l'un des besoins les plus pressants de la colonie, aucune tâche plus importante ne la sollicite que de répandre sur son sol l'eau et l'argent qu'il réclame. Or, pour l'une et pour l'autre, le problème est identique. De même que, par un article de loi bienfaisant et ignoré, M. Jonnart a obtenu pour la colonie le droit de garantir les emprunts des syndicats d'hydraulique agricole, on devrait accorder à l'Algérie l'autorisation de cautionner les associations de crédit mutuel. Européens ou indigènes, les petits propriétaires ont le même besoin de cet appui et montreront la même aptitude à s'en servir honnêtement et prudemment. Dût-elle aller plus loin, et fournir aux mutualités agricoles les fonds qu'elle emprunterait à cet effet et dont les preneurs lui serviraient l'intérêt, la collectivité n'y trouverait guère, croyons-nous, de mécomptes. Les retards qui pourraient se produire dans les règlements à la suite d'une mauvaise récolte seraient toujours réparables et se chiffreraient sans doute beaucoup moins haut que les pertes occultes ou visibles subies chaque année par son budget, en raison de l'insuffisance des cultures ou des rendements.

Un danger plus sérieux, et qui s'est déjà manifesté, serait de voir les avances de l'Etat accaparées par un petit nombre d'agriculteurs aisés. On ne saurait trop réclamer que les statuts des caisses régionales abaissent autant que possible, non seulement le maximum du montant des prêts, mais le minimum des cotisations exigibles des adhérents. Il serait souhaitable aussi que les administrateurs de ces associations comprissent, comme ils l'ont fait en quelques endroits, la convenance de ne pas faire escompter leurs effets par la caisse régionale dont ils ont la gestion. C'est assez que la colonie leur donne, en subventionnant ces institutions, un moyen considérable d'influence et d'action utile, sans qu'ils y cherchent un avantage palpable. Dans le monde indigène surtout, il faudra veiller à ce que l'argent provenant des faveurs de la colonie ne soit pas détourné vers des mains trop peu nombreuses ou à des fins peu productives.

C'est ici un des points sur lesquels on peut le mieux se rendre compte des effets pernicieux qu'aurait une émancipation prématurée de nos sujets : le jour où ils seraient libérés de toute surveillance et de tout conseil, il deviendrait à peu près impossible de faire fonctionner utilement parmi eux l'organisation du crédit, qui dégénérerait en une lamentable gabegie. On sait trop ce que devient cette institution parmi nos compatriotes eux-mêmes, là où la politique s'en empare : le moindre mal qui puisse résulter de son intrusion est de détourner les caisses agricoles de leur but en les ouvrant clandestinement au petit commerce. En Algérie, la surveillance de ces associations a été récemment resserrée, sur la demande même de quelques-unes d'entre elles dont la gestion aurait pu servir de modèle à pas mal de leurs congénères de France. On ne saurait trop se prémunir contre toute corruption de cette partie essentielle de notre œuvre.

Négligence et gaspillage, tels sont malheureusement les grands écueils de l'intervention publique, en ce domaine plus qu'en tout autre, et pourtant, elle est indispensable en pareille matière. L'Etat doit agir où l'action privée a défailli; l'agriculture algérienne ne peut progresser sans le crédit ni, sauf exception, y accéder sans l'appui de la collectivité. Un audacieux trouvera des millions dans les banques pour créer un énorme domaine, au mépris de toute prudence, plus facilement qu'un modeste colon ne fera escompter chaque année quelques milliers de francs pour payer ses frais de culture. Si la France, avec sa richesse acquise, et la puissance de son épargne rurale, a jugé utile de mettre plus de cinquante millions à la disposition de ses paysans, combien seraient-ils plus nécessaires à une terre presque entièrement vouée à la culture la plus primitive, faute de disposer de quelques écus par hectare pour les labours de printemps, à un pays où le bétail meurt de faim dans le nord pendant les hivers froids, et végète dans le sud faute de points d'eau aménagés.

Notre suggestion irait d'ailleurs non pas à fortifier l'intervention de l'Etat, mais en un certain sens à la restreindre, en substituant aux avances gratuites la garantie de la colonie ou ses prêts à prix coûtant, tout en imprimant au système une impulsion que la faiblesse des moyens présents ne permettrait pas de soutenir.

IV

L'ASSISTANCE

QUELQUE importante, quelque nécessaire que soit l'organisation du crédit, elle n'intéresse que ceux qui possèdent si peu que ce soit, c'est-à-dire moins de la moitié de nos sujets. Mais les autres, comment leur venons-nous en aide, et comment pourrions-nous le faire ? C'est à ceux-là, nous l'avons dit, que la colonisation profite le plus directement : les salaires qu'elle répand dans le pays font vivre plusieurs centaines de milliers d'indigènes qui sans elle n'auraient de possibilité d'existence qu'en émigrant ou en réduisant encore la part de travail de leurs coreligionnaires. Mais au-dessous du manœuvre qui travaille plus ou moins régulièrement chez l'Européen, au-dessous du khammès qui végète, misérable mais sûr du lendemain, chez son maître indigène, il y a la foule dénuée de tout, le déchet qui demeure au fond de toute société, plus lourd dans celle-ci que dans toute autre, du fait de l'insouciance et de la paresse congénitales comme aussi de l'inconsistance de la famille. Veuves, répudiées, orphelins, vieillards sans enfants, infirmes sans nombre, c'est un véritable peuple de miséreux qui gît dans tous les replis de la plaine et de la montagne algériennes, et dont l'existence est un problème. Encore n'y comptons-nous pas les innombrables *chemmas*, fainéants par goût ou par nécessité, ceux qui ne mendient point faute d'aumônes possibles, mais qui courent çà et là les repas de noces, marchant des journées entières pour disputer aux chiens quelques os à la fin d'une diffa, pauvres hères dont l'organisme est si bien adapté à l'inanition qu'à l'autopsie on a peine, paraît-il, à distinguer leur estomac du reste de leur appareil digestif. Toutes ces larves, tous ces squelettes gémissants, se dressent, se pressent à certaines heures, après une mauvaise récolte, se joignent aux fellahs qui les secouraient hier, pour assaillir, comme d'innombrables remords, l'administration qui s'évertue à les empêcher de mourir.

Elle y réussit à peu près, il faut le reconnaître, car dans la dernière et très cruelle disette dont l'Algérie a souffert, celle de l'hiver 1908-1909, dans la province de Constantine, la mortalité n'a pas été plus élevée qu'à l'ordinaire, et les épidémies dont on craignait la propagation à la suite de ces longues souffrances, sont restées très limitées. Nous sommes heureusement loin de la grande famine de 1867 qui a parsemé de cadavres les chemins de l'Algérie.

Ce n'est pas sans peine que dans cette crise récente les pires malheurs ont été conjurés. Les sociétés de prévoyance du département et de la division vidèrent leurs caisses, les douars, les communes mixtes et le Gouvernement général épuisèrent leurs fonds disponibles, beaucoup de colons et quelques riches indigènes secondèrent l'effort officiel. Cependant, et malgré les appels réitérés du gouverneur d'alors, il ne fut possible ni en France ni en Algérie, d'ouvrir une souscription publique pour ces victimes dont le malheur ne parut pas suffisamment éclatant.

Une des difficultés les plus angoissantes que l'on rencontra fut de pouvoir aller à coup sûr au plus pressé. On sait assez que parmi nos sujets il existe une majorité de très petits propriétaires, dépourvus de toute épargne, qui se trouvent aussi nus que le dernier des vagabonds quand la récolte vient à manquer. Tel fellah qui vit bien cette année tendra la main l'hiver prochain : aussi l'administration n'avait-elle pas songé jusqu'à ces derniers temps à établir dans chaque commune une situation approximative des musulmans indigents, crainte sans doute d'y comprendre la presque totalité des Arabes et une très grande partie des Kabyles. Aussi, le moment venu de distribuer les secours, n'avait-on, pour discerner les plus affamés, que les indications données par les chefs indigènes et, quelque affreux que cela soit à dire, on ne pouvait, même en des circonstances pareilles, s'en rapporter à leur témoignage, presque toujours intéressé, pas plus qu'il n'était loisible de le contrôler. Il en résulta que les ressources bien minces dont on se trouva muni furent employées au petit bonheur.

Cette pénible expérience fut mise à profit, et le gouverneur prescrivit l'année suivante un véritable recensement par catégories des miséreux et de leurs voisins de misère, de ceux qui, par leur situation exiguë ou par leurs charges de famille multiples, étaient particulièrement désignés pour être assistés en temps de calamité publique.

Il fallait tout d'abord mesurer la plaie, mais où trouver le remède ?

L'opinion européenne en Algérie est trop portée à se désintéresser de l'assistance des indigènes, sous prétexte que la solidarité musulmane y suffit : la réalité contredit durement ces suppositions commodes. D'ailleurs, là où il n'y a plus rien, la religion perd ses droits, et les trop rares musulmans qui sont disposés à soutenir leurs frères ne sauraient suffire à la tâche dans les grands désastres. Ce sont des moyens légaux, c'est une organisation qu'il nous faut pour y faire face.

Les bureaux de bienfaisance musulmans, de création récente, n'existent que dans quelques villes et sont très maigrement dotés (1), tant par la colonie que par les communes intéressées et par les particuliers. Dans les campagnes, les sociétés de prévoyance en pourraient tenir lieu, la loi comptant expressément parmi leurs attributions " les secours temporaires aux ouvriers agricoles et aux cultivateurs pauvres gravement atteints par les infirmités ou les accidents " ; le rapporteur de la loi à la Chambre, M. Bour-

(1) Secours en espèces ou en nature distribués par les bureaux de bienfaisance musulmans en 1909, année de grande misère dans la moitié de l'Algérie : 243 140 francs entre 11 609 familles.

lier, insistait sur la nécessité de faire une part dans cette œuvre à la charité pure et simple, ne fût-ce que pour détourner les offrandes indigènes qui s'en allaient aux chefs religieux et aux stériles ou dangereuses zaouïas. Nos sociétés n'ont guère usé jusqu'ici du droit qui leur était reconnu de se montrer généreuses : le total des sommes non remboursables distribuées pendant l'exercice 1907-1908 dépassait à peine 40 000 francs pour toute l'Algérie, dont plus de 36 000 pour Constantine où la faim sévissait déjà. Quant aux marabouts vivants ou défunts, leur industrie n'a pas cessé de fleurir, sans grand profit pour les malheureux dont ils sont censés les dépositaires ; l'administration contrôle bien l'emploi qui est fait des aumônes répandues par les fidèles aux tombeaux des saints et autres lieux de vénération, mais ces caisses pieuses ont pas mal de fissures et on ne les voit guère s'ouvrir pour les vraies misères. A coup sûr, elles ne peuvent grand'chose en cas de détresse générale, car leurs ressources disparaissent en même temps que la prospérité agricole.

En frappant à toutes les portes, nous trouvons à peu près le même accueil, et bien chiche. A coup sûr, il serait absurde d'encourager par des largesses inconsidérées le penchant de l'Arabe à l'abandon de soi et à l'inertie, mais l'humanité, la sécurité, l'intérêt social et économique commanderaient de venir régulièrement en aide à ceux qui sont vraiment hors d'état de se soutenir par eux-mêmes, surtout aux innombrables enfants de veuves ou de femmes répudiées qui végètent dans la pénurie la plus noire, en attendant de grossir l'armée des vagabonds, des délinquants ou des infirmes. Ce sont les mères et les enfants abandonnés qui devraient tout d'abord attirer notre sollicitude avisée, c'est pour eux qu'il faudrait fonder des ouvroirs dans les villes, et c'est à eux tout d'abord que devraient profiter dans les campagnes les libéralités élargies des sociétés de prévoyance : il y va un peu de l'avenir du pays.

Avant de s'étonner qu'on ait si peu fait jusqu'ici, il faut songer que l'Algérie, en prenant possession de son budget il y a dix ans, avait trouvé tout à faire de presque tous les côtés. En fait d'assistance, on a été au plus pressé, aux malades : c'est une des œuvres auxquelles le dernier gouverneur général s'est appliqué avec le plus de soin et le plus de cœur pendant neuf années. Grâce à lui, chacune des communes mixtes de l'Algérie a sur son territoire ou dans son proche voisinage une infirmerie destinée aux indigènes. Ces petits hôpitaux reçoivent chaque année quinze à vingt mille malades et donnent plus de 500 000 consultations gratuites.

En même temps, M. Jonnart s'appliquait personnellement et sans relâche à l'organisation de la lutte contre le paludisme, contre les ophtalmies si fréquentes en ces climats, il faisait décréter et appliquer la vaccination obligatoire et couronnait son œuvre par la fondation de l'Institut Pasteur d'Alger, qui guerroie utilement dans toute la colonie contre les maladies contagieuses de l'homme, des animaux et des plantes.

Notons, sans y attacher trop d'importance, que cette œuvre d'humanité et d'assainissement a été vivement critiquée ; beaucoup raillaient la chasse aux moustiques, les fenêtres grillagées et les gouttes de pétrole précieusement répandues sur les mares. M. Jonnart répondait qu'à supposer que les anophèles ne donnassent pas la fièvre, à coup sûr ils ne faisaient point de bien, et qu'à défaut des travaux de dessèchement longs et onéreux, on ne courait aucun risque à poursuivre cette extermination qui avait si fort amélioré l'état sanitaire d'autres pays.

Surtout on attaquait l'assistance médicale des indigènes, et cela moins par égoïsme et préjugé de race que par manie frondeuse ; pour la plupart des colons, les infirmeries indigènes, où ils n'étaient d'ailleurs jamais entrés, étaient la manifestation du souci ridicule de flatter l'indigène et ses amis de la métropole. Ces petits établissements où en général nos sujets sont traités à bien meilleur marché que dans les hôpitaux, passaient pour une réclame inutile et coûteuse ; ils étaient, dit-on, désertés par les malades et peuplés de vagabonds qui s'y engraissaient aux dépens de la colonie. Les Arabes, assurait-on, n'avaient souci de notre médecine ou l'accommodaient à leur manière : ils suspendaient au cou de leurs chevaux les fioles de médicaments qu'on leur donnait dans nos dispensaires ou bien vidaient en un jour le flacon de pharmacie qu'ils devaient épuiser en un mois.

En réalité, si les infirmeries indigènes méritent un reproche, ce n'est pas d'être peu appréciées de leur clientèle : nos musulmans y trouvent plus de confort que dans leurs pauvres gîtes, une nourriture meilleure et plus abondante, en même temps mieux appropriée à leurs goûts que le régime des hôpitaux ordinaires ; ils y ont plus de liberté que dans les grands établissements régis à l'européenne ; ils y conservent leurs vêtements après désinfection, au lieu de revêtir l'uniforme de laine brune qui sent la prison ; ils n'y souhaiteraient que la facilité d'y demeurer plus longtemps dans le doux loisir des convalescences, tandis que l'infirmerie est forcée de réserver ses salles trop étroites aux malades les plus mal en point.

Au demeurant, sans faire état des bons contes du bled, il y a beaucoup à reprendre dans le fonctionnement de ce service qui est confié, moyennant rémunération spéciale, aux médecins de colonisation, fonctionnaires rétribués par la colonie pour assurer leurs soins aux habitants des régions dépourvues d'autres secours médicaux. Dans ce personnel comme dans tout autre, on rencontre de beaux dévouements avec bien des indifférences machinales ; ce qui lui est particulier, c'est la difficulté de le contrôler. Dame Politique fait encore ici des siennes : en ce pays plus qu'ailleurs, le médecin, l'homme qui pénètre partout et voit toute sorte de gens, est une puissance électorale. L'autorité municipale, chargée de la surveillance directe des infirmeries indigènes, est souvent mal à l'aise pour faire accepter ses avis par ces fonctionnaires qui d'ailleurs dépendent d'administrations multiples et savent jouer des unes contre les autres. Nous avons pu constater personnellement maint cas d'incurie dans ces établissements, mais nous avons surtout noté qu'un grand électeur ne saurait guère condescendre à faire un pansement ou à veiler à la propreté de son local.

Nous découvrons ici le faible de l'institution, la dissémination des efforts et des ressources qui rendent plus difficiles les améliorations et la surveillance. Mais comment aurait-on pu opérer autrement pour atteindre le but, pour mettre les soins à la portée du malade ignorant, misérable, perdu au fond de la campagne ? Nos médecins pouvaient bien naguère et peuvent bien encore, en théorie, être obligés à faire des tournées dans les douars ou sur les marchés (1) ; mais ce service, là même où il est régulièrement prescrit, rémunéré et contrôlé, ce qui est bien rare, ne répond évidemment pas aux mêmes besoins qu'un établissement fixe, et constitue bien plus que l'infirmerie un moyen de fortune. Cette dernière création est bien conforme à ce qui doit être notre devise coloniale : simplicité, économie et rapidité d'exécution ; c'est une étape entre la médecine de la tente et la grande organisation perfectionnée et coûteuse, de même que nos médecins, s'ils ne sont pas tous capables de briller dans les congrès scientifiques, n'en font pas moins merveille auprès de la clientèle des *toubibs* et des sorciers du bled. Ils déclarent modestement que les spécifiques les plus ordinaires produisent des résultats surprenants sur ces organismes vigoureux et vierges d'alcool : plus d'une cure qui a surpris le praticien lui-même retentira longtemps dans les gourbis, à la gloire de la science des infidèles.

Alors même que cet effort récent d'assistance aurait été moins efficace, il aurait eu une réelle importance au point de vue moral. Il faut que çà et là un symbole de la bonté française se dresse, visible à tous ; il faut que les indigènes ne nous considèrent pas seulement comme des gendarmes ou des marchands et qu'ils puissent trouver chez nous, aux heures de souffrance, un souper, un gîte, et la bénédiction d'Allah sur les médecines.

(1) Voir notamment circulaire du 5 juillet 1904, Estoublon, 1904, p. 44.

(321)

V

AUTRES MODES DE COLONISATION
FORÊTS, INDUSTRIES, MINES

LABOURAGE et pâturage sont-ils les seules sources de richesse en Algérie ? N'en a-t-elle pas d'autres que nous puissions alimenter et recueillir ? Une d'abord se présente, toute proche et rivale aussi de l'agriculture, l'industrie forestière.

Grand sujet d'affliction, de convoitises, de déclamations, de critiques et d'ironies, la forêt algérienne que les Français n'ont purgée des fauves que pour la remplir des pièges à loups de notre réglementation, est menacée de tous les côtés, par le colon qui veut la faire déclasser et la défricher, par l'indigène qui la dévaste et qui la brûle, par le climat qui achève l'œuvre de l'homme, par les soi-disant savants qui de temps à autre proclament son inutilité, et par les forestiers eux-mêmes qui jusqu'à ces derniers temps se montraient trop sceptiques sur la possibilité de la préserver et de l'exploiter.

Du temps de Jules Ferry, la pauvre forêt n'apparaissait, — telle jadis la colonie elle-même, — que comme un repaire de fonctionnaires tyranniques et un gouffre de dépenses et d'abus. Il est certain qu'il existe une cruelle antinomie entre l'obligation où nous sommes de sauvegarder, avec ce qui nous reste de bois, l'avenir agricole du pays et les nécessités de l'existence de l'indigène qui, voisin de boisements vagues et clairsemés, y conduit ses chèvres, y va cueillir des herbes sauvages et couper des perches pour construire son gourbi, et qui souvent n'apprend à distinguer le bien domanial que lorsqu'il a été frappé d'une lourde amende pour un crime de ce genre. Mais il faut bien le dire, à côté du pauvre hère qui gueuse sa vie dans ce qu'il considère comme les champs du bon Dieu, il y a aussi l'enfant et le vaurien qui détruisent par plaisir, qui font mourir un pin pour mâcher un morceau d'écorce, qui mettent le feu à un cèdre séculaire pour se chauffer par un temps de neige ou simplement pour voir un beau jet de flamme claire jaillir des plaies résineuses de l'arbre.

D'autre part, on reproche, non sans raison, au service forestier d'appliquer rigoureusement ses règlements tutélaires dans des terrains qui n'ont de la forêt que le nom et qui ont été classés naguère au petit bonheur, en vue d'un reboisement problématique. Il nous souvient d'un certain aspect de la gorge d'El Kantara, par une radieuse matinée : les falaises rouges qui s'ouvrent en forme de lyre sur la plaine de Biskra, flamboyaient au soleil et, entre elles deux, la masse rocheuse qui barre le défilé était pareille à une toile d'argent tendue à l'horizon et semblait presque diaphane à force de lumière et de nudité ; nous apprîmes un moment plus tard que cette muraille splendide était une forêt.... Seulement il faut voir la contre-partie, d'abord le fait qu'on est arrivé en quelques endroits à la régénération spontanée des boisements sur des terrains complètement dénudés, en préservant simplement les jeunes pousses de la dent et de la serpe. Il faut aussi savoir ce que deviennent les forêts, quelle que soit leur épaisseur, là où elles sont abandonnées aux indigènes ; c'est ainsi que, dans les chênaies de l'Aurès méridional, quand les chèvres et les moutons ont eu raison des derniers vestiges de végétation qui se trouvent à leur portée, on voit les bergers couper les branches des arbres pour nourrir leurs troupeaux. Ailleurs, sur les pentes abruptes qui découragent un peu les méfaits du bétail et des hommes, l'incendie a tôt fait de nettoyer les broussailles, et quand les herbes ont remplacé les arbustes, des mains et des mâchoires affamées viennent encore arracher ce reste de verdure, en attendant que les pluies torrentielles enlèvent la terre elle-même.

Le feu est le grand vengeur de l'indigène, l'instrument de ses colères contre l'administration ou simplement contre un caïd, contre une tribu sur laquelle on veut attirer le châtiment du beylik. C'est aussi un moyen de s'assurer des pâtis plus gras dans les clairières ouvertes par l'incendie, où foisonnent les savoureuses graminées, où toute une flore nouvelle s'épanouit sur le sol libéré des arbres ; le parcours est bien interdit pendant dix ans sur les cantons dévastés par le feu, mais Dieu est généreux et on voit venir de loin le garde. La grande coupable, la grande dévastatrice, c'est surtout l'incurie, depuis celle du passant qui jette sa cigarette sur le sentier jusqu'à celle du fonctionnaire résigné à voir disparaître peu à peu la parure et la sauvegarde de ce pays : on peut dire que si les allumettes avaient été inventées cent ans plus tôt, l'Algérie n'aurait plus d'ombrages que dans ses jardins. De 1876 à 1897, 900 000 hectares de forêts ont brûlé, causant 39 millions de pertes à l'État et aux particuliers (1). Si l'argent est bien perdu, heureusement la forêt repousse tant bien que mal, sauf dans les régions escarpées, où le sol miné et raviné par les pluies ne peut toujours attendre que la patiente Pénélope vienne le consolider et le tapisser de son riche tissu. Parfois même l'incendie est bienfaisant : il a, dit-on, restauré certains boisements de chênes-liège en les débarrassant des espèces rivales, plus sensibles à l'action du feu ; encore y perd-on de nombreuses années de récoltes.

Jusqu'à ces dernières années l'administration ne connaissait guère qu'une parade à ces coups répétés qui venaient entailler le manteau royal de l'Algérie. Quand la malveillance paraissait établie, — une fois sur trois ou quatre, — on frappait d'une amende collective les douars jugés responsables ; dans tous les autres cas on accusait le sirocco. Il nous souvient d'avoir entendu un conservateur déclarer fort simplement que lorsque ce vent soufflait, il n'y avait qu'à laisser le feu courir. Et de fait, les sinistres se reproduisaient

(1) Exposé de la situation de l'Algérie pour 1901, p. 172.

par périodes presque régulières, les années d'accalmie succédaient aux grands désastres jusqu'au jour où, la série rouge ayant recommencé pendant les deux années 1902 et 1903, qui coûtèrent 234 000 hectares de bois et neuf millions à la colonie, M. Jonnart s'avisa de prendre au collet le sirocco.

Point n'est besoin de détailler les mesures qui furent arrêtées pour réduire le fléau ; elles tiennent en deux mots : ordre et vigilance constante. Le gouverneur d'alors, par la précision de ses instructions, par ses tournées fréquentes dans les régions menacées, par la fermeté avec laquelle il exigea la présence de tous les fonctionnaires forestiers et administratifs pendant les mois périlleux, donna l'exemple et le précepte de ce qui fait la force de toute action gouvernementale et surtout coloniale, l'esprit de suite et d'organisation, le souci du contrôle, et surtout la foi dans l'efficacité de l'effort.

Tant de peines ne furent pas perdues : le sirocco ne cessa pas de souffler et fit même rage en certaines années, et cependant, tandis que de 1892 à 1897, la perte moyenne était de 56 000 hectares par an, et que 275 000 avaient été consumés de 1897 à 1903, pendant les six années suivantes, 43 000 hectares seulement furent mis à mal par l'incendie. C'est encore beaucoup, dira-t-on, étant donnés les moyens dont on dispose, car si les indigènes allument parfois le feu, ils s'emploient presque toujours à l'éteindre avec un zèle et un courage qu'on ne trouverait probablement chez aucune population européenne. Seulement il faut aussi connaître les forces de l'ennemi, la violence et la soudaineté de ces tempêtes de flamme qui se déchaînent dans les ravins escarpés où la chaleur, la fumée, les fourrés permettent à peine d'approcher le lieu du combat, de ces feux qui éclatent dans les futaies de pins desséchés par l'été, couvrant en un moment l'étendue verte qui grésille et se transforme instantanément en une étrange frondaison d'automne, tandis que çà et là les pommes de pins jaillissent au loin comme des grenades enflammées, propageant le désastre au delà des obstacles qui auraient pu l'arrêter.

On ne pourra réduire davantage les sinistres qu'en multipliant les tranchées et les voies forestières, auxquelles on a déjà largement pourvu sur le fonds des deux emprunts coloniaux, et en organisant partout une exploitation rationnelle qui intéressera l'indigène à la conservation des boisements et en même temps nécessitera une surveillance plus continue.

Les forêts d'Algérie rendent quatre à cinq millions au budget de la colonie : c'est quelque chose, si on se rappelle que Burdeau, dans son rapport de 1891, ne consignait pas plus de 500 000 francs pour ces mêmes recettes ; c'est peu pour un domaine de deux millions d'hectares, alors qu'en France les forêts de l'Etat, deux fois moins vastes, rapportent quelque vingt-cinq millions. D'ailleurs, la presque totalité de ces revenus provient des 240 000 hectares de chênes-liège qui ont échappé aux dilapidations de jadis : vers la fin de l'Empire, 170 000 hectares de ces précieuses réserves, qui produisent annuellement pour quatorze millions de liège, ont été concédées à des particuliers pour une valeur de deux millions (1). Une autre espèce, celle des arbres à tannin, commence à donner aussi de bons produits ; quant au restant, le tiers au moins en est probablement inutilisable, mais la plus forte partie en est inutilisée faute de moyens de communication, ou simplement par routine. C'est ainsi que, il n'y a pas longtemps, on était obligé dans les forêts de chênes-liège de faire mourir sur place de magnifiques chênes *zen* (2) qui gênaient l'exploitation principale et que personne ne consentait à enlever gratuitement ; de même l'adjudication des cèdres morts de l'Aurès a rencontré les plus grandes difficultés. D'autre part on admettait jusqu'à ces derniers temps comme un postulat que le pin d'Alep, qui couvre plus ou moins bien 570 000 hectares des forêts de l'Etat, n'était à peu près bon à rien : il fallut qu'une société vînt installer une entreprise de résinage dans la région de Sidi Bel Abbès

(1) Voir Rapport Burdeau, p. 81 et 82.
(2) Chênes à feuilles persistantes, pareilles à celles du marronnier.

pour qu'on s'avisât que cet arbre pouvait avoir une autre destinée que de se muer en poteau télégraphique, de chauffer les fours à boulanger ou d'alimenter les incendies. Il y a là de beaux rendements à attendre, si l'administration forestière se décide à généraliser ce mode d'exploitation, sous forme de concessions ou autrement.

Dans l'ensemble on peut dire que de ce côté aussi, les affaires de l'Algérie sont en bonne voie. Grâce aux premières mises de fonds provenant des emprunts, on doit espérer que les revenus de ce domaine s'accroîtront notablement d'ici à quelques années, en même temps que ses chances de reconstitution et de durée. Du même coup l'indigène, apercevant que la forêt peut lui procurer autre chose que des procès-verbaux, s'accoutumera d'y travailler au lieu d'y envoyer ses enfants et ses chèvres. La nouvelle loi forestière édictée pour l'Algérie en 1903 est d'ailleurs beaucoup moins sévère que la nôtre, qu'elle a abrogée pour la colonie ; pourtant il faut noter que, au dire de quelques-uns, elle serait plus rigoureuse que l'autre dans la pratique, car le vieux code de la Restauration avait des pénalités si exorbitantes qu'elles n'étaient en réalité guère appliquées. A tout le moins, on a réalisé un sérieux progrès en substituant, autant que possible, les journées de prestations aux condamnations pécuniaires qui, même réduites, sont souvent écrasantes pour les délinquants indigènes.

Au demeurant, il faut s'y résigner : tant qu'il y aura des arbres et des Arabes, l'Algérie retentira d'imprécations contre le régime forestier et de lamentations sur le déboisement. Le grand remède est là, comme ailleurs, dans le travail : en Algérie, la campagne et la forêt même étant surpeuplées, par rapport à la capacité de production du pays, les oisifs malfaisants y pullulent : les employer, c'est remédier à la plupart des maux.

*
* *

La vie urbaine ne viendra-t-elle pas recueillir ce trop-plein et utiliser ces forces perdues ? Il semble à première vue que l'industrie devrait trouver un beau champ d'action en Algérie : les bras y sont nombreux, le charbon n'est pas plus cher à Alger qu'à Marseille ou à Naples. Pourtant, au bout de quatre-vingts ans, elle est encore tout à ses débuts : quelques tuileries, quelques fabriques de chaux et ciments, d'autres où l'on tire le crin végétal des feuilles de palmier nain, beaucoup de minoteries et d'huileries, quelques usines à pâtes alimentaires et quelques savonneries, voilà à peu près tout l'étalage de la manufacture algérienne qui compte quelque dix mille établissements et fait vivre quelques dizaines de milliers d'ouvriers (1).

Cette stagnation a des raisons assez claires, l'insuffisance des capitaux et surtout la concurrence des producteurs de France qui sont en possession du marché algérien. On pourrait souhaiter que l'accord se fît par l'installation en Algérie de succursales des grandes maisons métropolitaines, mais pour peu que l'on connaisse les difficultés auxquelles se heurte l'acclimatation d'une industrie, on comprendra que les grandes marques françaises préfèrent envoyer leurs produits en Algérie malgré les frais de transport, plutôt que d'y créer des filiales qui d'ailleurs, si elles réussissaient, auraient tôt fait de les supplanter.

De longtemps l'avenir de la colonie ne sera pas de ce côté : le machinisme moderne réclamant de vastes débouchés, les petits pays ne peuvent aspirer à l'indépendance industrielle. L'union douanière avec la métropole, qui entrave l'activité des fabrications algériennes, avantage assez la colonie pour qu'elle ne songe pas sérieusement à réclamer un autre régime. Si le vignoble de la colonie, comme celui de France, est quelque peu victime du système protecteur, la production essentielle de l'Algérie, celle des céréales qui fait vivre les trois quarts de ses habitants, jouit d'une prime considérable

---

(1) 102555 employés et ouvriers de l'industrie et du commerce au recensement de 1906.

du fait des droits qui frappent les grains étrangers. La liberté commerciale lui fût-elle un jour accordée, ce pays ne saurait guère trouver de marché comparable à celui de la France : alors même qu'il lui fût loisible de négocier des conventions commerciales, l'exportation de ses vins, celle qui lui tient le plus à cœur, continuerait sans doute d'être entravée, comme celle de la métropole, par la fiscalité, par la mode, par mille prétextes d'hygiène et de sécurité commerciale. Assurément la colonie, qui achète pour 450 millions à la France, lui paie une forte dîme sous forme des majorations de prix qui sont la conséquence et la raison d'être d'un régime de protection, et s'il n'était pas si difficile de discerner, pour chaque article d'importation, le renchérissement causé par le tarif, on serait tenté de dire que cette charge n'est pas très inférieure à celle que l'armée d'Afrique impose à la métropole ; empressons-nous d'ajouter que la suppression des deux contributions, par voie de compensation, ne réjouirait ni l'une ni l'autre partie.

*
* *

Une seule industrie, celle des mines, pourrait prospérer en Algérie et développer les échanges de ce pays avec tous les grands marchés sans voir les barrières des douanes se dresser devant elle, mais c'est l'industrie malchanceuse par excellence. Il semble que notre siècle de lumières ait hérité de la méfiance et de la crainte inspirées aux hommes d'autrefois par tous ceux qui touchaient au monde souterrain, qui cherchaient ou traitaient les métaux, tous gens plus ou moins suspects de sorcellerie et de méfaits divers, depuis les cyclopes jusqu'aux alchimistes et à l'humble forgeron, objet de superstitions en maints pays.

Un exemple récent et célèbre a montré que les entreprises minières devaient être désormais considérées comme à peu près interdites dans cette colonie, quand elles dépendent en quelque manière de la métropole. Il est désormais prouvé que l'opération la plus claire, la plus saine, la plus profitable à la collectivité, préparée pendant des années par l'administration algérienne, approuvée par tous les ministères compétents, par les assemblées locales, par le Conseil général des mines et le Conseil d'Etat, exposée et défendue devant la Chambre par le gouverneur général avec une lucidité admirable, avec une énergie, un courage, une patience infatigables, peut demeurer indéfiniment en suspens, arrêtée par les critiques les plus ridicules, par les plus misérables accusations, enfin, toutes objections étant anéanties, par l'obstruction pure et simple, par la coalition des indifférences et des haines de parti.

Pourtant nous reconnaîtrons loyalement que, malgré la prodigieuse complexité de nos formalités administratives, malgré l'esprit soupçonneux de l'administration et des pouvoirs publics, quelques concessions de mines sont accordées de temps à autre en Algérie, six en 1908, une en 1909, une en 1910, cependant qu'une quinzaine de demandes restaient en souffrance à la fin de cette dernière année. Le produit des mines et minières en exploitation s'élève actuellement à une vingtaine de millions par an ; la nature et la quantité des minerais extraits est naturellement très variable suivant le hasard des découvertes et le prix des métaux. Il n'en serait que plus nécessaire de simplifier et d'activer l'intervention administrative pour permettre aux entreprises de répondre aux besoins de l'industrie mondiale ; mais de tels encouragements ne sont guère en faveur. Si le régime minier est modifié, en Algérie comme en France, ce ne sera pas pour diminuer le formalisme, mais seulement pour assurer une plus large participation de la collectivité aux bénéfices de l'industrie extractive. On ne renoncera pas si facilement à des rites anciens qui ne peuvent avoir la prétention de conjurer l'imprudence et l'erreur, ni d'empêcher les aigrefins d'exploiter les filons de la crédulité humaine, mais qui permettent à l'administration de dire qu'elle a fait son possible pour assurer la régularité et la moralité de l'opération. Il en résulte que pour sauvegarder les écus de quelques gogos, souvent moins naïfs qu'ils ne paraissent, on retarde ou on paralyse un grand nombre d'initiatives aventureuses, mais licites et profitables dans leur ensemble ; " Pourquoi se hâter, disait un fonctionnaire, les phosphates d'Algérie ne seront-ils pas toujours là ? " Les Américains ne sont pas de cette école et ils auront bientôt épuisé leurs gisements de la Floride, sachant bien que les valeurs ne sont pas immuables et que demain peut-être une découverte agronomique ou industrielle aura enlevé toute utilité à ces sables précieux.

On se rappelle peut-être les diatribes auxquelles ont donné lieu il y a une quinzaine d'années certains contrats concernant des gisements de phosphates, alors que ces minéraux étaient amodiés par les collectivités propriétaires du sol, dans les mêmes conditions que les carrières et les minières ou mines à ciel ouvert.

Parce qu'une société anglaise avait obtenu d'une commune mixte le droit d'exploiter les phosphates situés sur son domaine propre, alors qu'aucun Français n'avait voulu de l'affaire, on vit toute une partie de l'opinion, dans un soulèvement de patriotisme minier, déclarer qu'on allait affamer et ruiner l'Algérie, en la privant de ces engrais indispensables à son développement agricole. Un décret intervint, imposant la formalité de l'adjudication pour l'amodiation des gisements de phosphates appartenant à l'Etat, aux communes et aux douars et frappant d'une taxe les produits de ces exploitations qui seraient exportés d'Algérie.

La première de ces mesures n'a pas encore été, à notre connaissance, appliquée, les entreprises actuelles étant toutes antérieures au décret de 1898 : ceci d'ailleurs paraît indiquer que le système n'était pas des plus propres à favoriser les initiatives ; au demeurant, l'adjudication est un système qui a fait depuis longtemps ses preuves d'inefficacité et qui aboutit, tantôt à des collusions aux dépens de l'intérêt général, tantôt au succès de soumissionnaires peu sérieux, tantôt à des exactions aux dépens des adjudicataires de la part de concurrents sans scrupules : seulement c'est un procédé machinal qui assure la paix de l'âme à l'autorité. Quant au droit d'extraction sur les phosphates exportés, il ne constitue en réalité qu'une redevance supplémentaire au profit de la colonie. L'usage des superphosphates est encore très limité en Algérie, nous l'avons vu, en raison de l'incertitude des résultats obtenus, du manque d'engrais animaux, et du prix élevé des transports, et la différence de 50 centimes par quintal en faveur des produits traités et consommés en Algérie, qui ne sont pas soumis au droit d'exportation, ne saurait suffire à encourager la consommation.

On peut dire qu'en toute cette matière des mines notre colonie a joué de malheur ; on se plaint que les affaires de ce genre sont trop souvent recherchées par des spéculateurs et des charlatans : l'étonnant est que les honnêtes gens n'en aient pas été complètement dégoûtés par les lenteurs, par l'esprit soupçonneux et chicanier de l'administration et du pouvoir.

Au demeurant, quelle que soit l'importance immédiate de ces questions au point de vue de la prospérité du pays, la répercussion au point de vue social n'en est pas très grande, et c'est ce qui nous excusera de les avoir si rapidement indiquées. L'industrie minière, eût-elle les coudées plus franches, ne mettrait en mouvement qu'une bien petite partie des bras inutilisés en Algérie. Sait-on que l'Espagne, pour son énorme production de minerais de fer, n'emploie pas plus de 20000 ouvriers (1) ?

Il faut en conclure, comme de tout ce qui précède, que l'avenir de la colonie est au soleil plutôt que sous terre, dans les champs plutôt que dans la fumée des villes, et que l'œuvre présente doit être avant tout de tirer meilleur parti du sol et d'ouvrir de plus larges débouchés à ses produits. Les ressources que l'Algérie devrait tirer de ses richesses minérales ne seraient d'ailleurs pas de trop pour l'aider à réaliser ce programme.

(1) Exportation des minerais et pyrites de fer d'Espagne en 1908 : 7 253 000 tonnes (1 387 000 to nes pour les pyrites de fer).
Exportation de l'Algérie en 1908 : 829 000 tonnes

VI

LES TRAVAUX PUBLICS

UN des meilleurs moyens de coloniser, qui pourrait en théorie dispenser de tout autre, c'est la création de grands travaux publics, et d'abord d'un réseau ferré. D'après les difficultés que l'on y rencontre pour les tractations immobilières, nous pouvons juger dès l'abord que dans ce pays le chemin de fer ne saurait, comme en Amérique, suppléer à tout autre procédé de transformation économique. Il ne saurait être question dans un pays presque complètement approprié, surtout dans ses parties les plus fertiles, de rémunérer en concessions territoriales les constructeurs ou les exploitants des voies ferrées. Seul l'argent de la communauté peut encourager de semblables entreprises, d'autant qu'en matière coloniale, le chemin de fer ne doit pas seulement favoriser, mais parfois précéder la production.

En outre, la géographie, le commerce et la politique apportent dans cette question leurs exigences contraires. L'Algérie, considérée à l'origine comme un marché peu extensible, n'exigeait que des moyens d'accès commodes et rapides de la mer aux principaux centres agricoles, d'Oran à Bel-Abbès, et vers la plaine du Chélif, d'Alger dans la Mitidja, de Bougie ou de Philippeville à Sétif, de Bône à travers le bassin de la Seybouse, en prolongeant peu à peu dans chaque région la pénétration vers le Sud, par les passages les plus faciles, pour drainer sans trop de frais le seul trafic possible de ces régions, le transport des moutons vers le Nord et celui des grains en sens inverse. Cependant, dès le début, une direction absolument opposée fut adoptée, la ligne transversale, inutile concurrente de la route maritime qui relie toutes les grandes villes de la colonie. Dès 1857, le chemin de fer d'Alger à Oran était décidé, et depuis lors la conception du Grand Central de Tunis au Maroc, jetant à droite et à gauche ses embranchements, a triomphé. Un intérêt stratégique plus ou moins pressant, un goût de symétrie, qui incitait à réunir, en un plan satisfaisant pour l'œil, les tronçons épars du système, enfin et surtout la commodité ou la gloriole des groupes européens dispersés sur ce vaste espace, amenèrent nos gouvernements successifs à s'engager dans cette orientation et à y persévérer. S'ils ont agi souvent au hasard, et sans considérer les besoins réels ou immédiats, ils n'en ont pas moins bien travaillé pour l'avenir, qui leur a donné raison.

Qui eût voulu écarter dès l'abord les voies déficitaires eût réduit la colonie, jusqu'à nos jours, à quelques centaines de kilomètres de rails dans les environs de ses principales villes, au grand détriment de son développement. En Algérie, presque toutes les lignes sont dures à rétablir et peu payantes. Terres croûlantes, âpres défilés, dangers d'inondation jusqu'au cœur du Sahara, insuffisance de la main-d'œuvre et des entreprises locales, difficulté des travaux et de la surveillance sous un climat pénible, inexpérience des premiers constructeurs, tout s'alliait pour rendre coûteuses les écoles du début dont on peut à peine dire que nous soyons sortis. Quant au rendement, la médiocre densité de la population et des cultures, l'irrégularité, le régime torrentiel, comme on l'a appelé, de la production algérienne concouraient à l'affaiblir. Enfin les vices de l'organisation et de la gestion ont aggravé pendant longtemps les tares initiales de l'affaire. L'indépendance et l'enchevêtrement des divers réseaux apportaient dans les mouvements du matériel, dans le calcul des délais et des prix d'expédition, une singulière complication, que les transbordements nécessités par l'établissement tardif de la voie étroite, en connexion avec la normale, n'étaient pas faits pour atténuer. Des contrats mal conçus par lesquels l'Etat consentait, pour certaines lignes, des forfaits d'exploitation décroissant avec les recettes, encourageaient certaines compagnies à transporter le moins possible. Enfin, sous prétexte de ne pas augmenter les charges du budget métropolitain, on aboutissait au résultat opposé, en bridant par des tarifs trop élevés le développement du trafic, au point de favoriser dans plus d'une région la concurrence du roulage.

En vain la nature et le travail colonial remédiaient-ils de leur mieux à ces erreurs, en vain le courant commercial devenait-il d'année en année plus abondant et plus régulier sur les chemins de fer d'Algérie : le règne de la gêne, de la confusion et de la lésine aurait duré longtemps encore, si la constance de M. Jonnart n'était venue à bout des obstacles tenaces qui obstruaient et engourdissaient l'appareil circulatoire de la colonie.

Il faut avoir suivi la marche pénible de cette réforme pour mesurer l'effort d'intelligence, de volonté, d'adaptation persévérante que représente l'acquisition d'un peu de mieux-vivre social. Ces améliorations matérielles qui viennent sans bruit augmenter, non pas, comme on le dit, le bien-être, mais l'activité saine du plus grand nombre, ne sont jamais poussées par un grand mouvement d'opinion et se heurtent par contre à la coalition des faux intérêts, des préjugés et de la routine.

La loi qui avait prononcé l'émancipation financière de l'Algérie avait laissé en suspens la liquidation de la situation des chemins de fer. Les garanties d'intérêts qui alors se chiffraient annuellement par une vingtaine de millions, devaient s'inscrire au budget français jusqu'en 1926, date à laquelle la colonie y pourvoirait. En attendant, les pouvoirs publics, soucieux avant tout de ne risquer aucune dépense nouvelle qui vînt accroître la charge énorme et séculaire de la conquête algérienne, manifestaient la résolution bien nette de ne pas toucher au mécanisme discord et mal jointé de nos voies ferrées d'outre-mer. En vain le gouverneur général, quand l'argument de l'œuvre française à accomplir paraissait trop peu pesant, alléguait-il la certitude de rentrer à brève échéance dans ces débours, de voir à la fois diminuer les insuffisances de recettes dues aux compagnies, et augmenter, par le développement général des ressources de l'Algérie, les plus-values budgétaires auxquelles le Trésor français participait alors. Les bureaux de Paris ne croyaient pas à la récolte et ne voyaient que la semence à jeter au vent.

Il fallut donc poser la question de l'autonomie du réseau algérien ; mais alors, les difficultés devenaient montagne. Qui veut être maître, doit payer, et on faisait état de la confiance de la colonie dans son avenir pour tâcher de réduire la contribution métropolitaine au budget de ses chemins de fer ; on ne voulait ni subvenir à la mise en état de la machine, ni laisser tout le bénéfice éventuel de l'affaire à qui s'en chargeait. En même temps la crainte vague de laisser trop d'indépendance à cette province séparée hantait bien des esprits dans les administrations et dans le Parlement. Les lignes ferrées, instrument de domination et gage de sécurité nationale, allaient être, selon certains, livrées sans contrôle à des représentants locaux de la France, trop souvent influencés par un particularisme exigeant et mesquin.

Cependant le bon sens et la largeur de vues triomphèrent, et les démonstrations lumineuses du chef de l'administration algérienne, sa conviction persuasive de servir avant tout la France en plaidant pour l'aînée des possessions françaises, eurent raison des âpres chicanes de chiffres, des doutes apeurés des statisticiens et de la rigueur des légistes. La loi de 1904 donna au gouverneur général les pouvoirs du ministre des Travaux publics pour l'administration des chemins de fer en Algérie, et prolongea jusqu'à la fin des concessions de voies ferrées, soit d'une cinquantaine d'années, la participation de la métropole au paiement des garanties d'intérêt, tout en réduisant progressivement cette annuité forfaitaire dès les premières années du siècle. En même temps elle supprima le partage du fonds de réserve, qui n'encourageait pas l'esprit d'économie dans la gestion des finances algériennes.

Cet arrangement généreux et sage, qui laissait à la colonie une belle marge pour solder les frais de l'opération, fut d'abord déclaré désastreux par quelques porte-paroles de l'opinion dans l'outre-Midi : des calculateurs trop subtils établirent que l'Algérie perdrait plusieurs centaines de millions dans ce compromis. Depuis lors, ces appréciations ont fait place au silence, tandis que de côté-ci de la Méditerranée, on commence à supputer les bénéfices considérables que l'Algérie a retirés, d'une part du forfait des garanties d'intérêt qui s'est trouvé toujours supérieur aux paiements effectués (1), d'autre part de son fonds de réserve désormais laissé à sa seule disposition. Cependant la conscience des financiers de la métropole peut s'apaiser : le budget algérien n'a guère chance de devenir bien opulent en faisant face à la quantité de besoins divers et pressants qui le sollicitent, et tout d'abord à cette même amélioration des moyens de transport dont le commerce français est le premier à bénéficier.

A peine en possession de cette liberté si précieuse, M. Jonnart se mettait à la tâche, et après plusieurs années d'un travail incessant, il achevait cette œuvre d'unité et de communauté des tarifs qui supprime, au point de vue des expéditeurs, la plupart des inconvénients de la multiplicité des réseaux, œuvre épineuse et obscure dont le bienfait ignoré se retrouvera dans tous les progrès ultérieurs de la colonie. Cette simplification comporte en même temps l'abaissement des prix de transport pour maintes catégories de marchandises favorisées jusqu'alors sur certaines lignes seulement, et elle facilitera des dégrèvements plus nombreux et plus forts, notamment sur les taux de la petite vitesse, qui, bien que réduits, sont encore moitié plus lourds que sur les chemins de France (2).

L'unification qui rétablissait l'égalité des conditions de transport entre les diverses régions, et qui, moyennant un

(1) Voir pour les années 1905-1906 et 1907 le rapport de M. Cochery, . I, p. 265.
(2) Voir *Ibid.*, t. I, p. 258.

enjeu de 2 millions 223 000 francs de recettes que la métropole n'avait pas voulu risquer, ouvrait le champ à de larges espérances de développement, cette œuvre de bon sens et de justice n'a pu s'accomplir par la seule force de la persuasion ; il a fallu recourir au rachat de l'Est-Algérien intéressé par ses conventions à entraver les progrès du trafic. Cette même considération, l'impossibilité de faire fonctionner utilement le système des contrats forfaitaires avec les compagnies et les difficultés insurmontables qui s'opposèrent à l'adoption de tout autre mode d'association entre cette société et l'État, ont aussi amené l'Algérie à reprendre les lignes du Bône-Guelma.

Quelque opinion qu'on ait sur l'exploitation des chemins de fer par la collectivité, il faut reconnaître que cette solution était en l'espèce inévitable, et qu'en outre elle présente, dans ce pays, les moindres inconvénients et les meilleures possibilités de profit général.

En France, les compagnies ont généralement un souci de bien faire et de ne pas trop mécontenter qu'on trouve à un bien moindre degré chez leurs congénères coloniales, dirigées de Paris par des conseils trop indifférents au sentiment local. Les réseaux métropolitains présentent d'ailleurs des ressources de trafic assez larges pour solliciter l'activité des directions responsables, et pour amener les conseils d'administration à consentir les dépenses nécessaires à l'amélioration des services, sûrs qu'ils sont de rentrer tout au moins dans leurs débours. En Algérie, au contraire, il faut presque toujours placer à fonds perdus, ou du moins à longue échéance. Pour améliorer à la fois le fonctionnement et le rendement de ces chemins de fer, pour les distinguer définitivement de la diligence et des charrois, il faut réaliser un large programme de travaux et d'allègement des tarifs dont la collectivité seule est disposée à faire les frais : il est dès lors assez naturel qu'elle veuille conserver tout le produit de l'exploitation, et qu'elle écarte un intermédiaire dont l'utilité ne lui est pas démontrée.

Seule la colonie, habituée à ménager le contribuable, est

capable de réaliser les réductions nécessaires dans les prix des transports, et si l'on prévoyait déjà le moment où ces sacrifices deviendraient exagérés, nous dirions cette crainte excessive. Entre les deux dangers de gaspillage que présente l'exploitation par l'État, abaissement inconsidéré des taxes et faveurs indues au personnel, le premier nous semble chimérique. Les intérêts engagés dans les questions de tarifs sont trop divers pour s'unir dans une pression efficace sur les représentants de l'opinion, et d'ailleurs, s'il fallait tomber dans un excès, mieux vaudrait transporter à perte les marchandises que de surpayer sous l'empire de la menace le travail d'employés indisciplinés. Quant à ce dernier abus, l'Algérie n'en saurait malheureusement être indemne, quel que soit le régime de ses chemins de fer, si la métropole lui donnait l'exemple de fâcheuses complaisances.

Il est possible que plus tard une Algérie plus riche, et à la fois plus grevée dans ses finances, ait intérêt à faire exploiter ses lignes par une société animée de l'esprit commercial et de l'entrain que demandent de telles entreprises dans un pays en plein épanouissement. Aujourd'hui, sans parler des entraves que l'esprit formaliste et niveleur de l'administration métropolitaine apporte à toute amélioration des tarifs combinée pour favoriser telle industrie ou telle culture, c'est le manque de foi qui paralyse la plupart des hommes d'expérience, accoutumés à considérer les subventions, les projets mort-nés et les faillites comme les principales productions de l'Algérie.

Cependant les exhortations et même la leçon des faits ne leur ont pas manqué. Avec un coup d'œil pénétrant d'homme d'État, l'initiateur de la réforme des chemins de fer algériens avait saisi le moment propice pour ouvrir les écluses rouillées qui retardaient de tous côtés la circulation des produits. Il affirmait sans cesse, parmi les hochements de tête des incrédules et les invectives de quelques furieux acharnés contre toute œuvre saine et utile, il ne se lassait pas de dire sa confiance imperturbable dans le résultat final des efforts individuels ou collectifs qui depuis tant d'années se prenaient à cette terre riche et dure. Personne n'a mieux compris que lui le rôle de haut conseiller, d'excitateur, de chef menant avec sang-froid et bonne humeur son armée au combat du travail, un des plus beaux thèmes d'action qui appartienne de nos jours à l'homme public. Les conducteurs de peuple ne se targuent plus de faire tomber la pluie, bien qu'on les rende encore un peu responsables de celle qui ne tombe pas, mais ils peuvent encore beaucoup pour qu'elle ne demeure pas stérile.

L'Algérie a déjà donné raison à celui de ses gouverneurs qui a cru le plus fermement à ses destinées ; le mouvement de ses chemins de fer manifeste un déploiement remarquable de sa vitalité ; en vingt ans, les recettes brutes ont doublé, passant de 23 à plus de 46 millions ; depuis 1905 elles ont augmenté de moitié et on peut entrevoir le moment où ces lignes, qui, du temps de Burdeau, coûtaient par an une vingtaine de millions à l'État, arriveront à ne plus rien demander à aucun budget, tout en centuplant les activités productrices du pays.

Entre temps, il est vrai, le récent programme des voies nouvelles à construire sur fonds d'emprunt sera venu grever la dette algérienne et par suite le compte de premier établissement du réseau, et d'autre part, il n'est guère possible qu'un certain nombre des voies nouvelles ne soient pas, dans les débuts, déficitaires.

On a vivement critiqué, dans les assemblées mêmes de la colonie, le plan d'après lequel l'Algérie va procéder à l'extension de ce réseau de 3 000 kilomètres, évidemment insuffisant pour resserrer les échanges sur 300 000 kilomètres carrés peuplés de 5 millions d'âmes. En dehors des travaux de réfection et même des modifications complètes de tracés nécessitées par les négligences et les erreurs d'autrefois, outre la ligne de Djelfa dotant la région d'Alger de la voie vers le sud qui lui manquait, le tronçon d'Aïn Beïda à Tébessa, et la jonction Mascara-Bel-Abbès-Tiaret, dont l'utilité ne paraît pas contestée, les projets en cours d'exécution comportent trois nouveaux chemins d'accès à la mer sur Djidjelli, Tenès et Beni Saf. Il est facile d'accuser à ce propos l'intérêt électoral, de faire ressortir la misère actuelle et l'âpreté d'une partie des régions traversées, ainsi que l'état languissant des ports qui la desservent ; mais il faut bien le redire, si l'on s'était arrêté jadis à des objections semblables, on n'aurait pas posé cent lieues de rails en Algérie.

Remarquons aussi que, lorsqu'on parle des abus de la politique locale, on veut dire que des dépenses trop considérables ont été consenties en faveur de groupements peu importants de Français ; mais les contrées mal peuplées d'électeurs comptent un nombre d'autant plus grand de sujets, qui ont bien droit aux chances de prospérité apportées par la voie ferrée. Il est curieux qu'en France, ce point de vue ne soit guère considéré sérieusement et que des esprits avertis paraissent moins bien comprendre que le plus ignare de nos musulmans, l'avantage que cette population retire de ces grandes entreprises, assurément conçues dans une autre pensée que celle de son intérêt exclusif.

Tout ce qui a été dit des chemins de fer peut s'appliquer aux routes algériennes : mêmes difficultés dues au terrain et au climat, pauvreté des ressources locales en eau, en pierres, en machines, en personnel tant administratif que privé, dissémination des centres à relier qui oblige le transporteur à des trajets ou le constructeur à des tracés inutiles. On a reproché à ces voies de faire souvent double emploi avec les lignes ferrées ; mais qui connaît la complication et la cherté des envois à petite distance sur les chemins de fer algériens, admettra que, jusqu'à présent du moins, ces communications parallèles n'étaient pas un luxe.

On peut espérer que les lourds charrois à destination lointaine, désastreux pour les chaussées, disparaîtront peu à peu, les trains étant devenus plus hospitaliers et plus rapides. Quant à la diligence, on peut penser que d'ici longtemps, elle ne sera pas détrônée en Algérie ; longtemps encore on verra ces sympathiques véhicules, évocateurs de la vieille France, se traîner dans les ornières des steppes et dévaler sur les pentes du Sahel, cahotant, sonnant, brimballant, balançant sous leurs énormes bâches un amoncellement de marchandises, entassant dans leurs compartiments bariolés tous les échantillons des races de l'Algérie et promenant, avec les colis postaux des grands magasins de Paris, l'ombre immortelle de Tartarin. En bien des cas, l'antique voiture défie toute concurrence, grâce au bon marché et au bas prix d'entretien des chevaux efflanqués et infatigables qui la tirent de tous les mauvais pas et qui bien des fois ont laissé derrière eux le train essoufflé ou l'orgueilleux service d'automobiles. Surtout elle est secourable au pauvre hère qui, moyennant quelques sous, se glisse entre les sacs et les caisses jusqu'à la ville prochaine.

Que n'a-t-on pas dit sur ces routes ! On a prétendu en Algérie même que les Arabes ne s'en servaient point, préférant à nos voies aveuglantes et dures leurs vieilles pistes qu'on voit s'assouplir, ondoyer, s'élargir en rubans effilochés le long des pentes, entre les lentisques tondus et les palmiers nains. Pour croire à ces contes, il faut n'avoir jamais été immobilisés par le passage d'innombrables troupeaux ou par l'afflux des chalands en burnous vers un marché.

Les assemblées algériennes ont fait sagement en votant sur les fonds du dernier emprunt 32 millions, soit environ le tiers de la somme consacrée aux chemins de fer, pour compléter ces affluents du trafic, plus nécessaires par suite du manque de cours d'eau navigables.

Bien plus indispensables encore sont les travaux des ports auxquels 16 millions ont été consacrés ; bien plus difficiles à décider et à exécuter, bien plus propres à engendrer les compétitions et les erreurs coûteuses.

Le rivage abrupt de l'Algérie est presque partout battu par une mer importune, et comme les anciens maîtres du pays ont recherché les parties les plus escarpées du littoral pour y installer leurs villes, leurs réduits de défense et leurs points d'appui, il en résulte que tous les abris naturels sont situés assez loin des principaux centres de population, et qu'il a fallu doter à grands frais toutes ces petites capitales, contre courants et tempêtes, de jetées en eau profonde.

Non seulement les ports algériens sont malaisés à construire et à entretenir, mais ils se partagent le trafic d'une façon très inégale : les uns seront toujours trop étroits pour le mouvement des échanges qui grandit beaucoup plus rapidement que leurs bassins. Les autres resteront peut-être à peu près déserts, le cabotage disparaissant de plus en plus devant la concurrence du chemin de fer, et la grande navigation délaissant de plus en plus ces points secondaires. De plus en plus le commerce réclame des services réguliers et point trop lents ; le temps n'est plus où, dans toutes les criques de la côte africaine, des petits voiliers venaient charger la récolte des colons romains pour nourrir la ville des Césars : notre marine n'est plus outillée pour ce genre de transports ; de leur côté les expéditeurs, pour éviter les incertitudes et les retards, délaissent parfois tel port voisin et concentrent autant que possible leurs opérations dans les principales villes maritimes. En 1909, Alger et Oran prenaient, sur un total de 26 621 000 tonnes entrées et sorties, 19 765 000, y compris 3 775 000 pour les relâcheurs d'Alger ; Bougie, Philippeville et Bône en enregistraient 4 221 000 ; Nemours, Arzeu, Mostaganem, Djidjelli et Collo en avaient deux millions et demi à se partager : encore faut-il faire état de l'appoint considérable apporté dans les petits ports par le mouvement de la pêche locale.

L'Algérie aurait donc mieux fait, comme aussi la France, de ramener tout son effort sur quelques grands centres, et d'y tailler de plus larges accès à la voie de mer : elle n'a pu rompre avec les erreurs d'antan. Politique à part, il en coûte d'abandonner une œuvre commencée et de hâter la ruine d'un foyer de vie locale. Les plus somnolents de ces ports auxquels le programme de 1908 consacre quelques millions, n'obéreront guère la colonie, et s'ils sont sans grand avenir, du moins faut-il reconnaître qu'aucun d'eux n'est en régression évidente.

On ne peut s'étonner de voir ces petites cités réclamer de vivre, fût-ce aux dépens de l'intérêt général, quand les exigences déraisonnables des plus puissantes et de la France elle-même empêchent le bon ménagement des relations maritimes de la colonie. L'Algérie, on le sait, dépend étroitement de la métropole à ce point de vue ; non seulement l'union douanière y assure une part tout à fait prépondérante aux échanges avec la France, mais les transports entre les deux pays sont réservés, par la loi du 2 avril 1889, au pavillon national. Régime désastreux, destructif de tout progrès, aboutissant aux coalitions entre les transporteurs et au renchérissement des frêts, et bien plus nuisible encore depuis que, les inscrits s'étant arrogé le droit de grève, notre armement se voit parfois hors d'état d'exercer le privilège qu'il a réclamé. Bien illusoire est le remède apporté par la loi récente qui autorise le gouvernement à suspendre le monopole en cas d'interruption des services : alors même que cette menace dût jamais se réaliser, encore faudrait-il que la navigation étrangère fût prête à suppléer aux défaillances de la nôtre ; nous avons pu constater que la chose n'est pas aisée et que les armateurs étrangers ne seraient guère disposés à improviser des transports avec la perspective d'être chassés le lendemain par notre marine.

Bloquée en cas de crise, l'Algérie est, en temps normal, assez mal desservie. Pour le trafic courant des marchandises, notamment pour les expéditions des vins (1) et des céréales, ses communications sont convenablement assurées avec la métropole, grâce au concours des lignes de l'Océan qui maintiennent des taux sortables de fret. Mais les transports rapides, qu'il s'agisse de voyageurs ou de colis, sont bien insuffisants. Ici, la colonie peut s'en prendre tout d'abord à elle-même ; si chaque département n'exigeait d'être relié à la France par des lignes accélérées et directes, il serait facile

(1) On nous indiquait il y a quelques années le prix de 13 fr. 50 les mille litres d'Alger à Rouen et 18 fr. 50 d'Alger à Paris par la même voie.

d'obtenir, même sans subvention, un excellent service quotidien sur Alger ; mais il est d'autant plus difficile de faire entendre raison aux intéressés que ce sont là questions, non d'intérêt, mais d'amour-propre ; ceux qui réclament le plus aigrement le maintien à grands frais des communications directes entre Marseille et Oran ou Philippeville sont les premiers à venir prendre le paquebot à Alger.

Grâce à ces querelles de clocher et malgré l'activité et l'incontestable bonne volonté qu'a montrée depuis quelques années la compagnie chargée des principaux services subventionnés, il n'y a guère de progrès sérieux à espérer. Ajoutez-y une certaine étroitesse d'esprit des administrations métropolitaines qui ne veulent consentir aucun nouveau sacrifice pour l'amélioration des ces transports, alléguant que, service postal à part, ils n'intéressent que l'Algérie : assertion étrange venant de celui des deux pays qui vend le plus à l'autre et le plus de marchandises de prix, qui ne veulent point de retards. Toutes les personnes qui ont habité l'Algérie savent combien la consommation des objets d'utilité ou de demi-luxe est gênée, grevée et forcément restreinte par les difficultés que le commerce local rencontre pour s'approvisionner et le chaland pour se faire expédier directement. Quand on observe ce côté des relations franco-algériennes, on s'étonne de voir combien en France les intérêts engagés dans cette question sont peu attentifs et peu groupés : un syndicat des exportateurs français en Algérie pourrait être d'une immense utilité, si du moins il poursuivait un but autre que décoratif.

Qu'il s'agisse de voies terrestres ou maritimes, les travaux sont aussi difficiles à bien utiliser qu'à établir dans ce pays. Il n'en est pas différemment de l'hydraulique agricole ; seulement, tandis qu'il faudrait à l'Algérie peu de grands ports, elle devrait avoir beaucoup de petits barrages.

Point de tâche plus importante, de besoin plus immédiat

que d'organiser la lutte contre la sécheresse dans ce pays ; c'est le premier obstacle auquel on aurait dû s'attaquer et celui qu'on a le moins entamé jusqu'ici, faute de moyens bien ajustés. La Pluie, cette grande fée de la Berbérie, généreuse, fantasque et cruelle, se laisse parfois asservir par les ruses patientes de l'homme, mais quand on est arrivé à l'emprisonner et à la faire travailler, elle garde toujours son penchant sauvage et réserve à ses maîtres de fâcheuses surprises. Inutile de rappeler l'histoire lamentable des grands barrages-réservoirs d'Algérie, trop coûteux et presque tous voués aux catastrophes ou à la mort lente par l'envasement, conséquence du déboisement des montagnes. On se contente aujourd'hui d'ouvrages moins ambitieux, mais aussi moins dangereux, moins chers et d'utilité plus sûre, destinés à augmenter la surface et le rendement des exploitations ordinaires, au lieu de favoriser à grands frais, sur des terrains restreints, des cultures riches et multiples. Au point de vue des intérêts du plus grand nombre comme à celui des facilités matérielles, tout l'avantage est pour le barrage de dérivation qui, sans conserver l'eau en vue de la saison sèche, permet du moins de mettre à profit l'afflux des pluies de printemps sur la plus large étendue possible.

Malheureusement, ces simples entreprises elles-mêmes ont donné lieu à bien des déboires et des bévues, et la fausse science de l'Europe s'est montrée trop souvent inférieure à l'instinct du castor que les autochtones çà et là ont conservé. On a vu par exemple notre génie civil faire honte aux indigènes des rigoles en troncs d'arbre qui arrosaient leurs oasis et leur construire un noble canal maçonné que les sables salés du désert détruisirent complètement en quelques mois. De tous temps les montagnards de ce pays ont su, en multipliant sur le cours des torrents de petits ouvrages en branchages, en pierrailles, en argile battue, rompre l'élan des crues et les employer à féconder les rives ; nous avons vu, dans l'oasis de Béchar, un long barrage de terre qui, de l'avis général des Européens, n'avait aucune raison de résister, comme il le faisait depuis nombre d'années, à la pression des eaux. Aussi bien, quand ils cèdent, ces travaux primitifs ont-ils le mérite de se réparer aussi rapidement qu'ils s'édifient.

Les aménagements collectifs d'hydraulique agricole devraient être laissés autant que possible à l'initiative et à la direction des intéressés. Avec les subventions du budget, nos ingénieurs apportent leurs idées préconçues, leur lenteur, leur superstition des beaux profils et des aspects cossus, leurs procédés autoritaires et leur mépris de l'expérience pratique ; les administrés, ceux du moins qui sont électeurs, y répondent par l'inertie, par un esprit chicanier et querelleur, quelquefois par une réelle volonté de manquer aux engagements pris, notamment pour l'exécution ou l'entretien des canaux secondaires.

M. Jonnart avait réalisé une innovation excellente en obtenant pour la colonie l'autorisation législative de garantir les emprunts des syndicats d'irrigation. Il est bien regrettable que cette combinaison si heureuse de l'action privée, libre de ses moyens et responsable de ses avis, avec l'intervention administrative, réduite à une caution qui peut très bien dans la plupart des cas rester purement morale, ait été bien rarement réalisée jusqu'ici. Trop habitués à frapper aux guichets du Trésor, la plupart des colons aisés se considéreraient comme naïfs de demander au crédit ce qu'ils peuvent obtenir de l'influence, et ils ajournent indéfiniment une affaire utile, dans l'espoir d'une libéralité presque toujours tardive, insuffisante ou mal appliquée. Il serait à souhaiter que les indigènes, plus maniables et moins favorisés, fussent persuadés de recourir à ce procédé si profitable ; malheureusement la routine des administrateurs ou des commandants de cercle s'accommode mieux de requérir du Gouvernement général quelque subside pour un projet de barrage dont le dossier, ballotté du conducteur à l'ingénieur ordinaire, de l'ingénieur en chef à l'inspecteur général, tombe finalement dans un état cataleptique dont aucun Messie administratif ne viendra le tirer.

On peut en dire autant et davantage des petits travaux de même ordre, plus nécessaires encore à la vie agricole et pastorale, puits, abreuvoirs, citernes. Là le dédain des besognes modestes et la ladrerie municipale apportent de nouveaux obstacles : les communes mixtes ou indigènes, sans parler des françaises, les plus pauvres de toutes, s'efforcent d'échapper à ces dépenses, alors même que leur caisse pourrait y suffire, et l'administration centrale répond à leurs sollicitations en les renvoyant à leurs comptes de fonds libres. Trop souvent d'ailleurs elles ont des raisons majeures pour ajourner les projets les plus utiles, ne fût-ce que l'effort scolaire imposé par le Parlement qui les engagera dans des dépenses d'entretien sans cesse grandissantes. La seule solution de ces difficultés qui peuvent ajourner indéfiniment l'essor de la production est dans l'inscription au budget spécial de plus larges crédits pour ces petits ouvrages.

Il serait très important également de constituer un corps spécial d'ingénieurs de l'hydraulique agricole qui ne fût pas imbu de traditions pédantes et qui se consacrât uniquement à guider les collectivités intéressées dans l'emploi des ressources mises à leur disposition par la colonie.

On ne saurait trop dire quelle place tiennent dans l'hygiène d'une société en voie de croissance ces détails de la vie de relations. Plus de chemins et plus d'eau, partant plus de blé, de troupeaux, de minerai, de négoce, plus de mouvement, de vie et de travail, voilà ce que nous devons avant tout à ce pays : le reste viendra par surcroît. C'est pourquoi il faut applaudir à l'effort accompli pendant ces dernières années, aux ports élargis, aux voies ouvertes, aux transports libérés, en souhaitant qu'un bon régime de travaux hydrauliques complète ces progrès et qu'une large impulsion donnée au crédit agricole mette en branle toutes les énergies de la terre algérienne.

CONCLUSION

Nous avons passé en revue les forces dont la France dispose pour contenir ou pour attirer à elle cette humanité ignorante et peut-être hostile : nous avons vu que, si notre armée et notre administration nous faisaient respecter, notre législation, notre formalisme, notre procédure, nos hommes de loi surtout, nous faisaient trop souvent maudire, et que, si notre enseignement était à même d'ouvrir les intelligences, il n'atteignait guère les cœurs et n'améliorait pas les conditions de la vie pratique. Nous avons montré que notre premier devoir vis-à-vis d'un peuple aussi misérable était de faciliter son existence matérielle et que, avant de relever leurs âmes, il fallait songer à nourrir un peu mieux leurs corps. Nous avons reconnu que l'occupation d'une partie du sol par les Européens, loin d'appauvrir les indigènes, leur avait procuré des ressources nouvelles et qu'elle leur en procurerait chaque jour davantage par le perfectionnement des cultures et la mise en valeur des terres inutilisées ; mais comme l'effort de la colonisation ne peut indéfiniment s'étendre, il nous est apparu que le seul moyen de parer à la gêne croissante de nos musulmans, conséquence inéluctable de l'augmentation de leur nombre, était d'activer la production par le développement des transports, de l'irrigation et du crédit.

Nous avons insisté sur la nécessité de laisser au délégué de la France en Algérie et à ses agents une action libre et forte, et de maintenir la discipline parmi les indigènes, leur émancipation économique et sociale devant précéder l'octroi de nouvelles franchises. Nous avons admis d'ailleurs que les libertés concédées à l'Algérie pour le ménagement de ses affaires, pourraient être encore élargies sans danger pour la domination de la France.

Et maintenant, en supposant ce programme d'ordre et de travail réalisé sans encombre, quelles perspectives prochaines s'ouvrent à nous ? Quel sera pour la France le prix de tant de peines ?

Cette question qui se pose toujours, après qu'on a mesuré un grand effort humain, n'est rien moins que celle des destinées de notre pays, et c'est dire qu'on ne la peut résoudre que par un acte de foi et d'espérance. Si l'arbre reste vert et puissant, ses rejetons, au lieu de l'étouffer, s'incorporeront à lui et prolongeront sa force et sa vie.

Quant à l'œuvre en elle-même, fût-elle inutile à son auteur, elle durera et prospérera.

La réussite matérielle, tout d'abord, n'est pas douteuse : l'Algérie sera bientôt un des plus gros clients de la métropole, et sans doute en même temps deviendra-t-elle assez riche pour ne plus imposer aucune charge au vieux pays. On peut avoir d'autant plus de confiance dans le développement de ses ressources que, nous l'avons vu, elles s'accroissent régulièrement depuis longtemps, et cela, sans que les méthodes de culture soient encore entrées dans une phase vraiment perfectionnée et scientifique.

Mais que pouvons-nous attendre du côté moral ? Ce sol nous donnera-t-il la seule richesse véritable, des millions d'hommes unis à nous dans les mêmes aspirations et dans le même idéal ?

Tout d'abord, il faut bien accepter la conséquence de toute évolution, qui est de rendre plus compliquées et plus imprévues les relations d'un groupe social avec l'ensemble dont il dépend. Qu'on le veuille ou non, l'enfant grandira, et ce n'est pas sans quelques heurts qu'il prendra quelque jour, aux conseils de la famille, la place à laquelle il aura droit. Du côté européen nous nous refusons à envisager des difficultés graves : les protestations, les récriminations s'apaiseront toujours en de sages compromis. Mais l'indigène, que dira-t-il, quand nous lui aurons donné la parole ? Deviendra-t-il sincèrement des nôtres ? Dira-t-il du fond du cœur adieu aux rêves de domination islamique ? Se donnera-t-il à nous, en toute sécurité de conscience, comme un catholique fervent peut servir une patrie qui ne connaît pas la loi de Rome, comme un chrétien d'Orient pourra se dévouer à la Turquie régénérée ?

Une chose est certaine, c'est qu'il restera musulman, non seulement de religion, mais de race. La foi dût-elle devenir beaucoup moins forte, beaucoup moins combative surtout à notre endroit, le bloc confessionnel n'en sera pas atteint : tout ce que nous savons de la survivance indéfinie des groupements religieux, fussent-ils peu attachés à leurs dogmes et dispersés comme les Juifs dans un océan de races étrangères, tout permet d'affirmer que ces millions d'hommes concentrés, accrochés à leur sol, en face d'une minorité d'émigrés, conserveront leur langue, leurs lois, leurs usages, leurs traditions. Faut-il cependant en conclure qu'ils resteront toujours méfiants ou hostiles à notre égard ? Pourquoi admettre de prime abord que le temps et le jeu des intérêts ne continuera pas à amortir les passions et à entamer les préjugés ?

Sans doute la conciliation complète des principes de la société moderne et de ceux de l'Islam est impossible, mais des empêchements tout semblables ne refroidissent pas le patriotisme d'autres croyants. Davantage, il est probable que notre pays trouverait plus de sympathies et de sûretés dans une collectivité de musulmans policés à notre contact, mais fidèles aux leçons de leurs ancêtres, que dans une population d'indigènes libérés de tous principes, qui ne se réclamerait de nos idées que pour fortifier chaque jour davantage leurs prétentions et leurs exigences. Il faut se garder de confondre assimilation et rapprochement : on peut très bien détester ceux qu'on imite le mieux.

Au surplus, la réalité ne se présente guère sous des aspects aussi tranchés : autant qu'il soit possible de discerner un avenir point trop éloigné, on peut prévoir la formation, parmi les autochtones, d'une classe d'intellectuels ballottés entre l'Europe et l'Islam, bavards, écrivassiers, remuants, sans cohésion et sans autorité réelle sur le reste des musulmans, censeurs tour à tour et flatteurs du pouvoir, bons fils au demeurant, qu'il sera loisible de guider et parmi lesquels on pourra former d'aventure quelques auxiliaires sérieux et honnêtes de l'idée française ; autour d'eux, si la France a bien maintenu sa sauvegarde de la petite propriété, une forte démocratie agricole tiendra le pays, conservatrice et pacifique, satisfaite d'un régime qui lui aura fait un sort moins précaire, plus soucieuse de ses croyances et de ses affaires que de lutter pour la prépondérance politique.

A côté des Arabes et participant à cette double tendance, les Kabyles étendront de plus en plus leur action dans tout ordre d'idées, sans cependant arriver à dominer, arrêtés par les jalousies de races et aussi par cette médiocrité d'ambitions et de génie qui les marque. Enfin, il faut bien prévoir que, malgré tout l'effort cultural et industriel que pourront donner quelques générations après la nôtre, un déchet considérable de plèbe indigène continuera à végéter, misérable, semi-oisive, souvent turbulente, dans les campagnes et dans les bas-fonds de la ville : il n'est guère probable en effet que la fécondité de ces races se ralentisse d'ici longtemps et il est à craindre que leur accroissement ne devance celui des entreprises et des ressources.

Une telle situation, malgré les éléments de désordre qu'elle comporte, en haut et en bas, serait favorable et solide. Assurément, on n'éviterait pas ainsi entre les races diverses de l'Algérie, ces malentendus et ces tiraillements qui ne manquent pas dans les amitiés les plus étroites. Les Européens garderont toujours en ce pays, quel qu'en soit le régime politique, une action prépondérante ; ils ont d'autant moins de chances d'être noyés dans la masse croissante des indigènes qu'ils continueront, sans aucun doute, à former des groupes compacts dans les villes et dans certaines régions agricoles, tout en répandant partout leurs établissements et leur influence. Leur collaboration chaque jour plus étroite avec les plus intelligents et les plus actifs de leurs compatriotes musulmans arrivera sans doute à dissiper les malentendus qui les séparent.

Collaboration, travail, c'est le refrain de ce livre. Seul, le travail aura sur ces peuples un effet apaisant et fortifiant, montrera cette vertu éducatrice que nous attribuons trop volontiers à la diffusion de nos idées. Ce pays qui a été pendant des siècles la patrie d'élection du fanatisme, a plus besoin qu'aucun autre de trouver dans l'activité matérielle un contrepoids aux agitations collectives, aux brusques déchaînements de l'imagination et du sentiment.

D'autres nous ont devancé sur cette terre africaine et, moins soucieux que nous de justice, y ont pourtant laissé une noble empreinte, pour y avoir apporté l'ordre et le travail. Allons à Timgad, et là, entre les pierres romaines, nous respirerons le souffle léger et vivifiant des infatigables renouveaux. La ville exhumée s'étend, toute froide dans la plaine inculte : ici rien du charme des ruines tunisiennes, des Dougga et des Sbeïtla chauffant au soleil leurs débris mordorés parmi les frissons clairs des oliviers. L'archéologie a passé sur ces murs, les a déblayés, restaurés, égalisés, étiquetés, donnant à la cité morte l'aspect d'un plan en relief, moitié coupe et moitié élévation. Mais sans nous arrêter aux enfantillages du culte scientifique, aux insipides restitutions de masures antiques, aux moignons de colonnes consciencieusement rangés le long des voies, sans même nous attarder aux grâces qui çà et là ont survécu, à la fine colonnade de la Bibliothèque, à l'Arc de triomphe, témoin hâlé de tant de combats, de neiges et de soleils, contemplons seulement la claire ordonnance de ces avenues dallées, de ce large Forum où les ombres des piliers et des piédestaux s'allongeant à la fin du jour semblent tracer des inscriptions gigantesques.

Écoutons la rumeur amortie des souvenirs qui défilent dans

cette bourgade solennelle, le pas lourd des légions, les cahots des charrois, les cris du marché, les discours et les proclamations des assemblées, puis le tumulte des invasions, des esclaves et des chrétiens insurgés contre la dure sagesse de Rome, des circoncellions, brigands pieux qui, retranchés dans ce lieu même, s'en allaient ravager la campagne au cri de " *Laus Deo!* "; puis c'est la trombe des montagnards tombant de l'Aurès, dévastant la petite capitale, s'installant dans les demeures de pierre et les ruinant peu à peu, comme font les Arabes dans nos villages dépérissants ; voici maintenant les Byzantins, arrière-garde de la paix et de la civilisation, bâtissant ici avec les débris des édifices et des temples leur citadelle informe et durable comme un code de Justinien ; puis les rafales arabes et berbères se sont entrechoquées dans cette arène, jadis verdoyante, qui s'étend aujourd'hui à peu près aride jusqu'aux crêtes rouillées de l'horizon. Ces siècles de fureurs religieuses et guerrières, depuis les temps épiques de la Kahina, la reine berbère de l'Aurès, la juive devineresse, brûlant et ruinant ton empire pour en écarter la conquête musulmane, jusqu'aux infinies guérillas de tribus qui ont succédé à ces luttes grandioses, ont laissé ici même des traces profondes, comme sur un vieux visage s'écrivent les souvenirs d'une jeunesse violente : le torrent desséché qui dévale contre cette enceinte, amoncelant les décombres qui naguère couvraient presque entièrement Timgad, c'est toute l'incurie de ces peuples dédaigneux de l'avenir, ennemis de tout ce qui demeure, cités ou forêts.

Ils ont trouvé quelqu'un sur leur chemin, ces passants superbes qui s'en allaient en chantant, jetant leur poudre et leur grain au hasard, promenant leur misère dorée entre les razzias, les bombances et les famines. Le Nord a opposé à leurs vaillantes hordes le front calme de ses bataillons et l'élan calculé de ses cavaliers ; après les fastes brillants, les tourbillons de shakos et de turbans dans la poussière ardente, les feintes et les retours, les surprises de la brousse ensanglantée, est venue l'acceptation de la sentence d'en haut, le respect de l'ordre morose oublié depuis mille ans ; et quand l'Arabe suit du doigt sur les pierres antiques les grandes lettres latines, il hoche la tête et se dit que les fils de Rome sont revenus.

La France ne montre encore ici qu'une mauvaise chaussée, une auberge et un musée ; aux alentours, la terre est à peine effleurée par la charrue arabe, et de loin en loin autour d'une source, un peu de verdure s'égaie. Bientôt sans doute cette terre, avide de labours plus encore que de pluie, se réveillera ; Français et indigènes parsèmeront de leurs fermes ce champ romain. Et puis, qui sait ? Après les phases brillantes et paisibles, peut-être le vieux ferment de luttes soulèvera-t-il de nouveau ce monde ; quelque nouveau dogme politique ou social enflammera peut-être ces races à des pillages et à des destructions enthousiastes ; une nouvelle éclipse viendra peut-être effacer nos vestiges, moins nets que ceux du vieux municipe.

Alors l'histoire dira que, sévère comme celle de l'antiquité ou bienveillante comme la nôtre, la discipline pèse toujours au plus grand nombre et qu'il ne s'y soumet jamais sans retour, surtout quand elle vient du dehors ; elle dira qu'en imposant ici sa loi, notre pays n'a pas fait œuvre intéressée et vaine, mais bien qu'il a suivi, parfois à regret, l'instinct irrésistible et fécond qui porte les éléments dominants de l'humanité à façonner les groupes voisins à leur image. Nous n'avons étouffé dans ce peuple aucune aspiration supérieure et viable ; nous nous efforçons d'élargir sa conscience, de lui faire une existence moins étroite et plus haute, et dussions-nous échouer dans notre dessein ou par impossible y trop bien réussir, en édifiant dans l'Afrique antérieure une puissance rivale dont l'ombre inquiétante s'étendrait jusqu'à nos rivages, il nous faudrait quand même poursuivre notre tâche. La France ne peut se dérober à sa destinée africaine, dût-elle l'accomplir aux dépens de son sang et de sa substance ; ainsi elle aura créé, agi, au lieu de s'asseoir en attendant le déclin qui atteint si vite les nations quand elles ont cessé de grandir. Elle doit suivre hardiment le courant qui l'entraîne dans cette dernière croisade, et si quelque doute venait parfois l'assombrir, elle devrait le chasser en répétant ce dernier mot de toute sagesse : " Fais bien, advienne que pourra ! "

TABLE DES MATIÈRES

415-12. — Corbeil. Imprimerie Crété.